KB174029

국제 언어학 연구를 위한

현대 일본어의 연어론 연구

[연어]
[連語]
[단어결합]
[単語結合]
[Collocation]
[Word-groups]
[Combination-Word]

SUZUKI yasuyuki(鈴木康之) 저자
설근수(薛根洙) 역자

역락

“이 책은 교육부 및 한국연구재단 CORE 사업의 지원을 받아 출판되었음”

国際言語学の研究のための

現代日本語の連語論研究

[연어]
[連語]
[단어결합]
[単語結合]
[Collocation]
[Word-groups]
[Combination-Word]

鈴木康之(SUZUKI yasuyuki) 著者
薛根洙(설근수) 訳者

머리말

본서 국제 언어학 연구를 위한 [현대 일본어의 연어론(現代日本語の連語論)연구]는 일본의 SUZUKI yasuyuki(鈴木康之)교수가 직접 집필한 것이다. 스즈키 교수는 현재, 大東文化(Daito Bunka)大学의 명예교수이자, 国際連語論学会의 명예회장으로 활약하고 있고 번역자도 이 학회의 한 사람이다.

연어론 연구는 일본의 언어학 학회의 하나인 [언어학 연구회(言語学研究会)]에서 주로 연구된 이론이다. 이 연구회는 OKUDA yasuo(奥田靖雄)를 중심으로, 鈴木康之, 鈴木重幸, 高橋太郎, 宮島達夫, 鈴木泰, 松本泰丈, 湯本昭南, 工藤真由美, 工藤浩, 佐藤里美, 田中克彦, 村上三寿,上村幸雄, 大野晋, 金田一春彦 등과 같은 수많은 각계각층의 연구자들에 의해 일본어의 연구에 큰 영향을 미쳤다고 할 수 있을 것이다.

이 책은 오늘날 국제적으로 주목을 받고 있는 [연어(連語)], [Collocation], [Word-groups], [Combination-Word], [단어결합(単語結合)]이라고 불리는 이론을 상세하고 구체적으로 다양한 연구자들의 논문의 이론과 많은 용례를 사용하여 체계적으로 구축된 언어학 연구 학술서적이다. 이 책은 이미 2013년도 중국에서 북경대학 교수인 Peng GuangLu(彭広陸)씨에 의해 『現代日本語詞組学』이라는 책명으로 번역된 바 있다.

본서에서 다루고 있는 [연어론(連語論)]은 언어학 영역에 있어 문법론의 하나이며, 두 개 이상의 단어가 결합된다는 점에서 관용구(IDIOM)와 혼동하기 쉬우나 그 관용구와는 차원이 다른 문법적 영역에 속한다. 이 連語論을 연구하기 위해서는 먼저 문법론 연구와 어휘론 연구가 선행되어야 하며, 문법적 연구를 위한 언어학 이론에 전반적으로 통용될 수 있는 분야라고 사료된다.

한국의 국어학자인 남기심씨는(1993) [국어 조사의 용법] 서광학술자료사

(P219)에서 연어론 연구의 필요성에 대하여 다음과 같이 기술하고 있다.

(중간 생략)

따라서 “로”의 다양한 쓰임을 살피기 위해서는 그것이 쓰여진 예문 안에서의 연어론적(連語論的)인 고찰이 필수적이다. 실은 연어론적인 연구의 필요성은 비단 조사 “로”에 국한된 것이 아니라 모든 조사에 다 적용되는 것이다.

본서는 10장으로 구성되어 있고 그 세부항목은 다음과 같다.

Ⅰ. 序論

<1> 語彙と文法(어휘와 문법)

<2> 名づけの単位としての連語(표현 단위인 連語)

<3> 連語研究の経緯(連語 연구의 경위)

Ⅱ. 上篇

動詞を核とする連語(동사를 중심으로 하는 連語)

<제1장> ヒトの 動作を 意味する動詞連語(인간의 동작을 의미하는 동사연어(No1)

<제2장> ヒトの動作を意味する動詞連語(인간의 동작을 의미하는 동사연어(No1)

<제3장> モノの動きを意味する動詞連語(사물의 움직임을 의미하는 동사 連語)

Ⅲ. 中編

名詞を核とする連語(명사를 중심으로 하는 連語)

<제4장> 基本的な用法(기본적인 용법),

<제5장> 今後の研究のために(앞으로의 연구에 대하여)

Ⅳ. 下篇

連語論の研究史(連語論의 연구사)

<제6장> 連語論研究のあけぼの(連語論 연구의 여명기)

<제7장> 『日本語文法・連語論(資料編)』の刊行(『일본어 문법・連語論 (자료편)』의 간행
<제8장> 鈴木康之研究室での連語論研究(SUZUKI Yasuyuki 연구실에서의 連語論 연구
<제9장> 資料「動作を具体化する連語」について(자료 [동작을 구체화 하는 連語]에 대하여,
<제10장> これからの連語論研究のために(앞으로의 連語論 연구를 위해서)

이 중에서 [序論]은 <1>語彙と文法(어휘와 문법), <2>名づけの単位としての連語(표현 단위인 連語), <3>連語研究の経緯(連語 연구의 경위)등과 같이 개설되어 있다.

[上篇]・動詞を核とする連語(동사를 중심으로 하는 連語)의 제1장. ヒトの動作を意味する動詞連語(인간의 동작을 의미하는 동사연어(No1))에는 1-1.モノへのはたらきかけ(사물에 작용), 1-2. 場所へのかかわり(장소와 관계), 1-3. 所有的なかかわり(소유적인 관계), 1-4. 心理的なかかわり(심리적인 관계), <4>論理操作的な心理活動(윤리 조작적인 심리활동), <5>Modalな心理活動(모덜적인 심리활동), <6>発見的な心理活動(발견적인 심리활동) 개설되어 있고, 1-5. 言語的なかかわり(언어적인 관계)에는 < 1 >情報の伝達(정보의 전달), < 2 >情報の受理(정보의 수리) 개설되어 있고, 제2장. ヒトの動作を意味する動詞連語(인간의 동작을 의미하는 동사연어(No2))에는 2-1. 社会的な人間活動について(사회적인 인간활동에 대하여), 2-2.動作的な態度について(동작적인 태도에 대하여), 2-3.ひとへのはたらきかけについて(사람에 대한 작용에 대하여), 2-4.ことへのはたらきかけ(사항으로 작용에 대하여), 2-5.時間へのかかわりについて(시간과의 관계에 대하여)개설되어 있다. <제3장>モノの動きを意味する動詞連語(사물의 움직임을 의미하는 동사 連語)

에는 3-1. [ヒトの動作]と[モノの動き](사람의 동작과 사물의 움직임),

3-2.[ヒトの動作]に対応する[モノの動き](사람의 동작에 대응하는 사물의 움직임), 3-3.[モノへのはたらきかけ]と[モノの動き](사물에 작용과 사물의 움직임), 3-4.[ことへのはたらきかけ]に対応する[ものの動き](사항의 작용에 대응하는 사물의 움직임), 3-5.奥田論文[に格]での[モノの動き]について(오쿠다 논문[に格])의 [사물의 움직임]에 대하여, 3-6.＜보충설명＞이 개설되어 있다.

[中編]・名詞を核とする連語(명사를 중심으로 하는 連語)의 <제4장>基本的な用法(기본적인 용법)에는 4-1.規定的な連語(규정적인 연어), 4-2.属性規定的な連語(속성 규정적인 연어)이 계설되어 있고, 4-1.特徴規定的な連語(특징 규정적인 연어)에는, 1.感情形容詞について(감정형용사에 대하여), 2.特徴となる側面を他のものでいいかえる連語について(특정한 측면을 다른 단어로 바꿀 수 있는 連語에 대하여), 3.特徴となる側面を具体化する連語について(특정한 측면을 구체화하는 連語에 대하여), 4-2.関係的な連語(관계적인 연어)에는 1.ヒトとの関係を指定する連語(사람과의 관계를 지정하는 連語), 2.場所との関係を指定する連語(장소와의 관계를 지정하는 連語), 4-3. 関係規定的な連語(관계규정적인 연어)에는 1.どんなヒトが所持・使用するかという特徴を指定する連語(어떤 사람이 소유・사용한다는 특정을 지정하는 連語), 2.なにに使用するか(使用されているか)という特徴を指定する連語(무엇에 사용하는가? (사용되는가?) 라고 하는 특정을 지정하는 連語), 3.なにを材料としているかという特徴を指定する連語(어떤 재료로 하고 있는가? 하는 특정을 지정하는 連語), 4.ヒトの専門領域を指定する連語(사람의 전문영역을 지정하는 連語). ＜제5장＞今後の研究のために(앞으로의 연구에 대하여), 5-1.内容を規定する連語について(내용을 규정하는 連語에 대하여)에는 1.表現作品の内容を指定する連語(표현작품의 내용을 지정하는 連語), 2.言語作品の内容を指定する連語(언어작품의 내용을 지정하는 連語), 3.思想の内容を指定する連語(사상의 내용을 규정하는 連語), 4. Modalityな内容を指定する連語(모덜한 내용

을 지정하는 連語), 5-2.目的や原因を規定する連語について(목적과 원인을 규정하는 連語에 대하여) 1.目的を指定する連語(목적을 지정하는 連語), 2.原因を指定する連語(원인을 지정하는 連語)로 개설되어 있다.

[下篇]・連語論の研究史(連語論의 연구사)에는 ＜제6장＞連語論研究のあけぼの(連語論 연구의 여명기), ＜제7장＞『日本語文法・連語論(資料編)』の刊行(『일본어 문법・連語論(자료편)』의 간행, ＜제8장＞鈴木康之研究室での連語論研究(SUZUKI yasuyuki 연구실에서의 연어론 연구, ＜제9장＞資料「動作を具体化する連語」について(자료 [동작을 구체화하는 連語]에 대하여, ＜제10장＞これからの連語論研究のために(앞으로의 連語論 연구를 위해서) 등으로 개설되어 있다.

국제 언어학 연구를 위한 『현대 일본어의 연어론(現代日本語の連語論)』의 연구서가 언어학의 이론과 관련된 일본어나 한국어, 다른 외국어에 이르기까지 보다 폭넓게 알려지고 한국학계에서 한층 더 토론이 활성화 되었으면 하는 바람을 가지고 있다.

특히 [連語]의 용어는 새로운 이론이라는 점에서 언어학계에서 익숙하지 않은 용어들이 많다. 그런 점에서 가능하면 원문을 훼손하지 않는 정도 또 원문을 존중하며 번역에 임하였다는 점을 이해 바란다. 번역자는 일본에서 석・박사 과정에 걸쳐 [連語論]을 연구한 바 있다. 이러한 경험을 살려 한국어로 연어론 이해도를 높이기 위해 노력하였으나 아쉬움은 남아 있다. 아무쪼록 이 연어론의 번역서가 [연어론]은 물론, 문법론과 어휘론과 같은 영역을 넘어 다른 언어학연구의 영역에 이르기까지 도움이 될 수 있는 기회가 됐으면 한다.

마지막으로 본 번역서가 완성되기까지 많은 지원군이 있었다. 특히 전북대학교(일어일문학과) 석사과정의 이효순 학생과 베트남의 Ninh Thi Phuong Hong 학생의 적극적인 도움과, 순조롭게 출판될 수 있도록 지원해준 전북대학교 [CORE 사업]을 진행하고 있는 관계자 교수님들께 이 자리를 빌려 감사의 말씀을 전하고 싶다. 또 흔쾌히 출판을 허락해주신 도서출판 [역락(亦樂)] 관계자 여러분들과 이대현 사장님께도 심심한 감사의 말씀을 전한다.

2016년 11월 11일
전북대학교 설근수 연구실에서
역자 薛根洙(Seol, GeunSoo)
sgs@jbnu.ac.kr

차례

Ⅲ. 中篇_名詞を核とする連語(명사를 중심으로 하는 連語)

Ⅳ. 下篇_連語論の研究史(連語論의 연구사)

Ⅰ. 序論

1. 語彙と文法(어휘와 문법)

2. 名づけの単位単位としての連語(표현 단위인 연어)

3. 連語研究の経緯(연어 연구의 경위)

1. 語彙と文法(어휘와 문법)

인간은 언어로 자신이 생각하는 것과, 사고하는 것을 누군가에게 전할 수 있다. 언어는 인간이 사회활동을 영위함에 있어 빼놓을 수 없는 전달수단이다. 인간이 언어를 사용하는 여러 행위를 일반적으로 [언어활동(말하기 · 듣기 · 쓰기 · 읽기)] 이라고 한다. 그 언어활동에 있어 구체적인 언어단위는 [문장]이다. (보통 [문장]이라 함은 문자로 쓰여진 단위를 의미하지만, 언어학에서는 음성으로 말해진 경우의 단위로도 [문장]이 사용된다.)

물론, 보통의 대화가 하나의 [문장]으로 이루어진 경우는 드물고, 대부분 몇 개의 문장을 결합하여 하나로 정리된 [이야기(소설)] (문장어 경우에는[문장])로 구성된다. 하지만 그 경우 [이야기] 나 [문장]을 구성하고 있는 단위(즉, 언어활동의 구체적인 단위)가 [문장]인 것을 부정하는 것은 아니다. 하나의 [문장]이라도 구체적인 언어활동을 가능케 하는 [문장]은 틀림없는 언어활동의 단위라 할 수 있다. 그런데 그런 언어활동의 구체적인 단위인 문장은 구성상으로 보면 단편적인 현실을 표현하는 단위인 [단어]를 기본으로 만들어져 있다. 단어는 현실관계의 관점에서 보면 일부분의 현실(현실의 일부, 현실의 한 측면)을 표현하는 한편, 문장과의 관계에선 문장을 구성하는 기본적인 구성단위로써의 기능을 가진다. 즉 인간은 단편적인 현실을 표현하는 단위인 단어를 결합하여 현실을 비추고 구체적인 언어활동의 단위인 문장을 (또한, 하나로 정리된 [이야기]나 [문장]을) 만드는 것이다.

<언어활동 구조도>

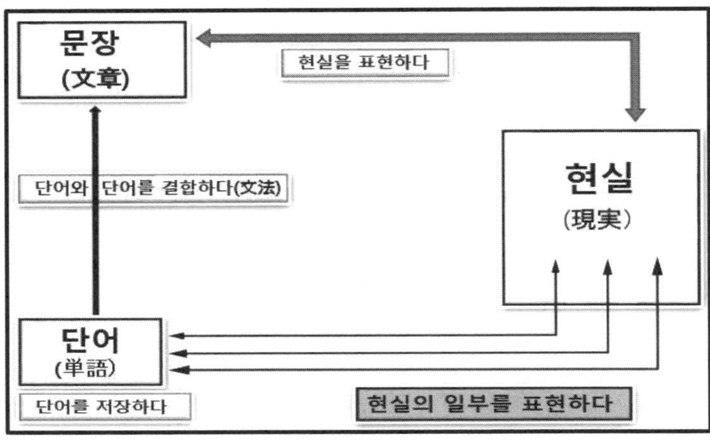

언어의 특성을 단편적인 현실을 표현하는 단위인 단어를 결합하여 언어활동의 구체적인 단위인 문장을 구성하는 것이라고 한다면 언어는 우선 단편적인 현실을 표현하는 단위인 단어를 저장해 둘 필요가 있다.

단어를 모아놓은 것을 [어휘(語彙)]라고 한다. (덧붙이자면, [어휘]의 [휘]는 집합, 또는 모으다라는 의미를 가진다) 또한, 언어는 그 단어를 결합해서 문장을 만드는 규칙도 필요로 한다. 단어를 결합해서 문장을 만드는 규칙을 [문법]이라고 한다. 즉, 언어는 어휘(어휘의 규칙)와 문법(문법의 규칙)에 의해 구성된다고 할 수 있다. 또한 어휘의 규칙과 문법의 규칙을 연구대상으로 하는 부문을 각각 어휘론・문법론이라고 한다.

그런데 인간은 현실에 존재하는 삼라만상 모든 것을 [단편적 현실]로 표현하고 있는데 그런 표현이 [단어]로 존재하는 것이다. 즉, 단어라 함은 [단편적 현실을 표현하는 단위]라고 할 수 있는 것이다. 이처럼 삼라만상을 단어라는 형태로 표현하는 것은 비단 일본어뿐만이 아니라 영어나 중국어, 한국어 등 언어라면 기본적으로 이런 공통성향을 가지고 있다.

(注)

여기서 [단어]라 하는 것은, 명사・동사・형용사・부사 등의 이미지를 가지고 있다. 이것들은 단편적인 현실을 표현하는 단위로써 문장의 구조를 결합하는 소재이다.

名詞	▪太郎・花子・父・母・あに・いもうと・先生・生徒・医者・漁師 ▪イヌ・サル・はと・白鳥・キリン・くじら・マグロ・はまぐり ▪サクラ・梅・ネギ・ミカン・ジュース・ケーキ・ごはん・みそ汁 ▪いす・つくえ・黒板・戸棚・冷蔵庫・ガス台・食器・茶わん ▪山・川・道路・橋・公園・駅・学校・病院・廊下・階段・居間
動詞	▪たべる・あるく・あそぶ・はたらく・かんがえる・よろこぶ ▪うごく・もどる・あつまる・はなれる・にごる・とける・もえる
形容詞	▪あかい・あおい・おおきい・きれいな・しずかな・おだやかな ▪うれしい・かなしい・さびしい・ゆかいな・微妙な・奇妙な
副詞	▪ゆっくり・急に・しきりに・しばしば・かなり・少し・よく

더욱이, 인간이 [문장]을 결합하여 현실을 표현하고 있다고 함을 비유적으로 표현한다면 인간은 문장을 결합하여 [이야기] [문장]을 만들어 현실을 재구성하고 있다고도 말할 수 있다. 물론 문장으로 재구성된 현실은 현실을 반영시킨 것이지만, 진정한 현실과는 차이가 있다. 문으로 재구성된 현실에는 화자(필자)의 짐작이나 바람 등이 내포되어 있다. 미래의 현실을 예상할 수도 있고, 때론 거짓말을 할 수도 있다. 이 같은 현상이 나타나는 이유는 언어가 모든 현실을 반영하고, 단편적 현실을 표현하는 단위인 언어를 결합해서 [문장]의 형태로 화자(필자)가 현실을 재구성하기 때문이다.

2. 名づけの単位としての連語(표현 단위인 연어)

인간의 언어는 고도로 발달되어 있어 복잡한 구조로 구성되어 되어 있다. 그리고 그것은 어휘와 문법의 복잡한 속성으로 구성되어 있다. 예를 들면, [먹는다]라는 인간의 동작은 [사과를 먹는다], [빵을 먹는다], [밥을 먹는다]등 실로 다양하다. 그런 다양한 인간의 동작을 모두 [단어]로 표현해야 한다면 천문학적인 숫자에 필적하는 무한한 [단어]를 만들어 내야 한다. 그러나 인류는 지혜롭다. [먹는다]라는 동작의 다양함을 그대로 단어를 결합해 [사과를 먹는다], [빵을 먹는다] 등으로 그 형태(먹는다라는 형태) 그대로 표현해 현실화 한다. 본래 단어를 결합하는 수법은 표현의 기본적 단위인 [단어]를 재료로 사용해 언어활동의 구체적 단위인 [문장]을 만들기 위함이다. 또한 그 규칙은 [문법]에 속해 있다. 하지만 인류는 그 문법규칙을 그대로 [표현]에 적용해 온 것이다.

여기에서 다시 한번 고도로 발달한 현대의 [連語(언어)]를 살펴보고자 한다. 단편적 현실을 표현하는 단위인 단어는 문장의 재료이긴 하지만, 어떤 문장을 결합하든 그 단어의 표현적 의미를 구체화해야 하는 필연성 면에서 다른 단어와 결합되는 의무를 가지고 있다. 즉, 連語(단어와 단어의 결합)에 관한 규칙이다. 連語는 단어와 단어를 결합해 보다 구체적 표현행위를 실현시키는 언어의 구조물인 것이다.

게다가 連語의 [사과를 먹다], [빵을 먹다], [밥을 먹다]등은 모두 표현의 단위이지만, 구체적인 언어활동의 각각의 발화 [(누군가)사과를 먹었다], [(누군가)빵을 먹었다], [(누군가)밥을 먹었다] 등은 원래 [문장]이다. 그런 면에선 [표현적 단위인 連語]와 [문장을 구성하는 단어의 결합] 사이를 기계적으로 구분하는 것엔 무리가 있다.

표현적 단위인 連語는 단어처럼 문장의 재료이다. 단, 문법규칙을 내

재시키며 단어와 단어를 결합시키기에 連語의 단어와 단어의 결합은 각각의 단어로 분해되어 문장의 구조에 활용되는 것이다. 예를 들면 連語 [リンゴをたべる(사과를 먹다)], [パンをたべる(빵을 먹다)] 등은 문의 재료로 우선 [太郎が(主語)リンゴを(対象語)たべる(述語)。(타로가(주어) 사과를(대상어) 먹는다(술어))], [花子が(主語)パンを(対象語)たべた(述語)。(하나코가(주어) 빵을(대상어) 먹었다(술어))] 같이 사용된다. 즉, 극히 평범한 문장에 사용될 경우 [リンゴを (사과를)], [パンを (빵을)]은 대상어로 [たべる(먹는다)]는 술어로 문장의 구조에 참가하는 것이다. 예를 들면,

○太郎は リンゴまでも たべた。 (타로는 사과까지도 먹었다)
○花子は パンを たべるつもりだ。 (하나코는 빵을 먹을 생각이다)
○リンゴは 太郎が たべた。 (사과는 타로가 먹었다)
○花子が たべたのは パンだった。 (하나코가 먹은 것은 빵이었다)

위 예문과 같은 문장에도 사용된다. 이처럼 사용되면 連語의 구조와 문장의 구조를 동일하게 할 수 없게 된다. 연어론(連語論)이 대상으로 하는 連語라 함은 문장의 재료의 자격으로, 독자적으로 참가할 수 있는 단어를 결합한 표현적 단위인 것이다. 따라서 구체적인 [문장]에 참가된다는 것은 여러 가지 현상을 나타낼 것이다. 連語의 구조가 어떻게 문장에서 활용되는지는 구체적으로 자세히 조사할 필요가 있다. 이 부분은 앞으로 이와 관련하여 언어연구자들에게 기대할 부분이다.

여기에서 언어의 단위인 [連語]을 고찰해두고 싶다. 단어를 결합하는 수법은 본래 표현의 기본단위인 [단어]를 재료로 언어활동의 구체적 단위인 [문장]을 만들어 내는 것이다. 그 규칙은 문법영역에 속해 있다. 그 [문법]의 규칙을 [표현]행위에 활용한 것이다. 이 부분은 (필자는 새삼)

인류의 위대한 지혜의 위대함이라 생각한다.

이번에는 이 같은 어휘와 문법 사이에서 생긴 언어현상에 대해 고찰하고 싶다. 우리가 連語論의 대상으로 하는 [표현적 단위인 連語]를 어디에서 어디까지라고 한정하는 건 어렵다. 일반적으로 인류의 지혜의 산물인 언어현상은 단순하게 해명할 수 있는 성향의 것이 아니다. 고도로 발달해 온 인류의 언어는 계속 모순을 만들며 더욱 고도로 발달을 거듭하고 있다.

그와 같이 고도로 발달해온 현대일본어에 대해(그리고 이 부분은 비록 일본어에 한정되는 문제가 아니다) 우리들은 그 발달, 발전의 원리, 원칙을 끝까지 탐구하는 동시에 더욱 실무적・실용적인 관점에서 현대일본어의 언어현상을 상식적으로 정리・정돈해야 하지 않을까 생각한다. 이 [현대 일본어의 연어론(現代日本語の連語論)]은 이 같은 취지에서 집필・간행된 것이다.

특히 실무적・실용적인 관점에서 [동사를 중심으로 하는 連語(동사가 의미하는 내용을 구체화하는 連語)]와 [명사를 중심(core)으로 하는 連語(명사가 의미하는 내용을 구체화하는 連語)]로 한정하여 이 사항을 개관했다.

(注)

일본어의 連語論을 개척한 것은 OKUDA yasuo(奥田靖雄)교수를 필두로 하는 [言語学研究会] 이다. 連語論에 관계된 오쿠다 교수의 기본적인 연구논문(특히 [を格のかたちをとる名詞と動詞との組み合わせ][を格の名詞と動詞との組み合わせ] [に格の名詞と動詞との組み合わせ]등)은 언어연구학회 『日本語文法・連語論(資料編)』(むぎ書房, 1983)에 실려있다. 이 책은 필자와 SUZUKI sigeyuki(鈴木重幸)씨가 편집책임을 맡은 바 있다. 그런데 필자는 젊은 시절부터 오쿠다 교수에게 連語論 연구를 담당하라는 권유를 받았다. 오쿠다 교수께서는 만년에도 그 일을 의식하셔서 누차 連語論 관한 지시, 조언을 해주셨다. 이 『現代日本語の連語論』은 오쿠다 교수의 지시, 조언을 살려 필자 나름대로 정리한 것이다.

또한 이 『現代日本語の連語論』에선 더욱 깊이 있는 連語論 연구를 추구하는 분들을 위해 필요에 따라 『日本語文法・連語論(資料編)』에 실린 오쿠다 교수의 논술을 언급했다. 따라서 이 『現代日本語の連語論』 에서 일본어를 학습하려는 초심자들은 일단 오쿠다 교수의 논술에 대해선 신경을 쓰지 않아도 될 것이다.

다시 한 번 상기해 주었으면 한다. 이 책은 필자가 집필한 『현대일본어의 連語』에 대한 골자를 제시한 것에 지나지 않는다. 필자 입장에선 [連語]라는 표현적 단위에 대해 連語에서 단어와 단어를 결합하는 규칙(본래 [문법]에 속한 규칙)의 원리・원칙을 제시한 것이다. 따라서 일본어를 학습하는 여러분들은 필자의 집필을 교과서로 유용하고 유익하게 활용할 수 있도록 이용해주기 바란다.

3. 連語研究の経緯(연어 연구의 경위)

오쿠다 교수의 지도하에 連語연구를 시작할 당시엔 아직 連語에 관한 개념이 불안정했다. 단어와 단어의 결합을 연구함에 있어 종속어(수식하는 단어)를 [종속어(カザリ)]로, 수식을 받는 단어(피종속어)를 [중심어(カザラレ)] 로 부르게 되었다. 본래, 단어와 단어의 결합은 문장의 구조연구의 기초로 인식되어 우리들은 문법연구(구문론 연구)를 하였다. 단, 막연하긴 했으나 표현적 의미를 나타내는 단어와 단어의 연관을 연구대상으로 한 것이다.

예를 들어 [コップをこわす], [テーブルに茶わんをおく] 등은 모두 일

정한 표현적 의미를 나타내고 있는 것으로 생각되고, 여기에서 보여지는 단어와 단어의 연관을 연구하려 했던 것이다. [コップをこわす]의 경우, 동사 [こわす]을 축으로 거기에 [ヲ격] 명사 [コップを]이 부가된 것인데 여기에서 [コップを]을 [종속어], [こわす]을 [중심어]라고 칭한 것이다. [テーブルに茶わんをおく]에선 [テーブルに], [茶わんを]을 [종속어] [おく]을 [중심어]라고 칭했다.

그런데 [ヲ格の名詞と動詞との組み合わせ]에 관한 오쿠다 교수의 연구가 진행되는 도중에 오쿠다 교수는 [コップを]와 [こわす] 관계를 [もようがえ(모양변화)の結び付き], [茶わんを]와 [おく]의 관계를 [とりつけの結び付き]라고 표현하게 되었다. [組み合わせ(結び付き)]라는 것은,連語의 일정한 [구조적인 타입]에 의해 실현된 단어와 단어의 관계를 의미하는 것이다.

즉 [もようがえの組み合わせ] 라는 것은 [ヲ격] 사물명사를 종속어로 하고, もようがえ동사(사물에 작용해 그 사물의 형태를 바꾼다)를 중심어로 하는 구조에 의해 실현된 종속어와 중심어의 관계를 의미하는 것이다. 또한 이 같은 [もようがえの組み合わせ] 을 실현시키는 구조적 타입을 [もようがえ 구조]라고 한다.

이와 같이 [とりつけの組み合わせ]는 [ヲ격]의 사물명사를 첫 번째 종속어로 하고, 거기에 [ニ격] 사물명사를 두 번째 종속어로 하여 とりつけ동사([ヲ격]으로 나타나는 사물을 [ニ격]으로 나타나는 사물에 붙인다)를 중심어로 하는 구조에 의해 실현된 [ヲ격]의 종속어와 중심어의 관계를 의미하는 것이다. 또한 이 같은 [とりつけの組み合わせ]를 실현시킨 구조적 타입을 [とりつけ의 구조]라고 부른다.

당초 오쿠다 교수의 연구단계에선 [とりつけ구조]에 의해 실현된 [ヲ격] 명사와 동사의 관계(두 단어의 관계)를 [とりつけの組み合わせ]로 불렀지만, 필자는 그 후 [とりつけ구조]에 의해 실현된 3단어의 관계([ヲ격] 명사와 [ニ격] 명사와 동사의 관계)를 [とりつけの組み合わせ]로 불러오고 있다. 이 차이는 중요한 것이다.

과거 오쿠다 교수를 필두로 우리들이 [単語와 単語와의 결합] 연구에 종사한 것은 구문론 연구였다. 우리들은 連語論을 문법론(구문론)속에 위치시켜 놓았었다. 그러는 사이, 오쿠다 교수의 [ヲ격] 연구가 진행됨에 따라 단순한 [단어와 단어의 결합] 연구에서 표현적 단위인 [連語]을 의식화하게 되었다. 즉, [단어와 단어의 결합] 연구에 입각해 [표현적 단위인 連語]를 인식하게 된 것이다. 이 [표현적 단위인 連語]라 함은 단어와 단어를 결합하는 문법적 수법을 이용해서 표현을 보다 구체화, 정밀화 시킨 것이다. 우리들은 이 같은 [언어의 단위인 連語]를 의식하게 된 것이다.

이와 같은 [언어의 단위인 連語]연구는 표현을 보다 구체화・정밀화 시킨 것에서 문법론(구문론)엔 속하지 않을 것이다. 당초 連語연구에 있어서 그 연구대상을 단어와 단어의 결합전체로 했었지만 그 뒤 필자는 표현적 단위인 連語를 [단어와 단어를 결합하여 보다 구체적인 표현을 실현 시키는 말의 구조물]로 생각하게 되었고 連語論을 문법론에 위치시키지 않고 독립된 연구분야로 취급해왔던 것이다. 우리들이 連語論 연구로 취급해온 연구분야에 대해서는 정식으로 표현을 구체화・정밀화 시켜 보이는 [언어의 단위인 連語]의 연구와 문법론(특히 구문론)속에 속해야 할 [단어와 단어의 결합]의 연구를 체계적으로 정리해야 할 것이다. 이 부분은 앞으로 진행될 연구에 기대해야 할 부분이다.

이 연구회는 한때 連語論 연구의 대상을 문법현상인 [단어와 단어의 결합]으로 다루었기 때문에 당연하게도 [명사를 중심어로하는 連語], [동사를중심어로하는 連語], [형용사를 중심어로하는 連語], [부사를 중

심어로하는 連語] 등을 상정했다. 또한 동사를 중심어로 하는 連語에선 [状況的なむすびつき], [規定的なむすびつき] 등 표현적 단위인 連語영역을 초월한 사례까지도 다루었었다. 이것들은 표현적 단위인 連語를 연구하는 [連語論]의 대상이 될 수 없을 것이다. 이 같은 동사 連語는 문장구조의 차원에서 연구해야 할 것 같다. 또한 형용사를 중심어로 하는 連語도 기본적으로 문장구조의 문제의 범주 안에서 고찰해야 한다고 생각하기에 이르렀다. 더욱이 부사를 중심어로 하는 連語도 대부분 連語論의 대상으로 다루지 않아도 될 것 같은 생각이 든다. 정식으로 문제를 제기하고 싶다. 이처럼 한때 連語論이 대상으로 했던 사례 중 [문장]의 구조를 전제로 한 문제가 있다면 소위 말하는 [논문]의 영역을 재검토 해야 하지 않을까? 필자는 이점에 대해서 통감하고 있다. 이 부분은 이 분야를 연구하는 중견연구자, 젊은 연구자에게 기대하는 바이다.

(注)

필자는 [規定的なむすびつき]으로 표현된 단어의 결합은 표현의 문제가 아닌 [문장]의 문제라고 생각한다. 예를 들어 [ゆっくり食べる][きれいに食べる]등은 표현적 레벨에선 문제시하기 곤란한 면이 존재하지 않을까. 이것들은 구체적인 언어활동 레벨에서 리얼한 현실동작을 [ゆっくり][きれいに]라고 묘사하고 있다고 생각된다. 덧붙여, 30분 동안 케이크를 다 먹었다고 한다면 [ゆっくり食べた]라고 묘사되겠지만, 30분 동안 회식요리를 다 먹었다면 [ゆっくり食べた。]라고 할 수 없을 것이다. 필자가 생각하는 표현적 단위인 [連語]는, 기본적으로 [대상적인 결합]이라고 불리는 것이다.

그러한 이유에서 이 현대 일본어의 연어론『現代日本語の連語論』에선 [동사를 중심으로 하는 連語](사람의 동작을 의미하는 동사連語, 사물의 움직임을 의미하는 동사連語)]와 [명사를 중심으로 하는 連語]를 대상으로 했다. 連語論 연구를 실천적・실용적으로 실현시키고 싶은 뜻이 담겨 있다.

이미 앞에서 서술한 내용이지만 단어를 결합한다는 수법은 표현의 기본적인 단위인 [連語]를 재료로 언어활동의 구체적인 단위인 [문장]을 만들어내기 위함이다. 그 규칙은 [문법]에 속해 있다. 하지만, 인류의 지혜는 그 [문법]의 규칙을 [표현]행위에 응용한 것이다. 連語論의 연구대상은 단어를 결합시키는 수법에 의해 표현을 구체화・정밀화하는 [連語] 그 자체라 할 수 있다. 필자는 이 같이 생각하고 있다. 이『現代日本語の連語論』은 그런 사고에 입각해 집필되었다.

Ⅱ. 上篇상편

動詞を核とする連語(동사를 중심으로 하는 연어)

＜제1장＞ヒトの動作を意味する動詞連語(No1)
(인간의 동작을 의미하는 동사연어(No1))

＜제2장＞ヒトの動作を意味する動詞連語(No2)
(인간의 동작을 의미하는 동사연어(No2))

＜제3장＞モノの動きを意味する動詞連語
(사물의 움직임을 의미하는 동사 連語)

동사를 중심으로 하는 連語로 여기에선 실무적・실용적인 관점에서 [인간의 동작]을 의미하는 경우와 [사물의 움직임]을 의미하는 경우를 다루기로 한다.

일본어에서 [동사]라고 불리는 것 중에는, 예를 들어 [似る], [違う]와 같은 [인간의 동작]이나 [사물의 움직임]을 의미하지 않는 동사가 있다. 또, [ある], [いる] 같은, 소위 말하는 존재동사도 [인간의 동작]이나 [사물의 움직임]을 의미하는 동사가 아니다. 여기에선 이 같은 동사를 제외한, [인간의 동작을 의미하는 동사 連語]와 [사물의 움직임을 의미하는 동사 連語]을 다루기로 한다. 또한 이 두 종류의 連語동사를 다룬다는 것은 [동사를 중심으로 하는 連語] 전체를 대부분 개관할 수 있다는 의미이기도 하다.

(注)

소위 말하는 존재동사 [ある][いる]에 대해선 [1-2. 場所へのかかわり(장소와 관계)]에 나오는 [おぎない] 부분에서 언급하기로 한다. 또한, [＜제3장＞モノの動きを意味する動詞連語(사물의 움직임을 의미하는 동사 連語)連語] 에 포함되어있는 [3-5.奥田論文[に格]での[モノの動き]について(오쿠다논문[に格])의 [사물의 움직임]에 대하여도 관계사항을 다루어 놓았다.

제1장

ヒトの動作を意味する動詞連語(No2)

(인간의 동작을 의미하는 동사연어(No1))

<기본적인 용법>

이번 장에서는 현대일본어의 [인간의 동작을 의미하는 동사連語]을 개관하는 차원에서 우선, Ⅱ. 上篇 動詞を核とする連語(동사를 중심으로 하는 連語) 의 내용으로는 [1-1.モノへのはたらきかけ(사물에 작용)], [1-2.場所へのかかわり(장소에 관계)], [1-3.所有的なかかわり(소유적인 관계)], [1-4.心理的なかかわり(심리적인 관계)], [1-5.言語的なかかわり(언어적인 관계)]와 같은 종류의 連語를 다루기로 했다. 이 내용들은 언어학연구회 오쿠다 교수의 連語論 연구의 골자를 이루는 것들이다. 이 내용들은 일본어 連語論 연구의 기초가 될 것이다.

다음으로 ＜제2장＞ヒトの動作を意味する動詞連語(No2)(인간의 동작을 의미하는 동사연어(No2))의 내용으로는 [2-1.社会的な人間活動について], [2-2.動作的な態度について], [2-3.ひとへのはたらきかけについて], [2-4.ことへのはたらきかけについて] 등을 다루었다. 오쿠다 교수의 연구 중 이미 부분적으로는 언급된 사항이지만 [인간의 동작을 의미하는 동사連語]라는 관점에서 문제를 설정해 보면, 그 내용과 위치에 관한 사항은 앞으로 우리가 풀어야 할 과제일 것이다.

만년의 오쿠다 교수에게 [인간의 동작]의 관점에서 [동사 連語]를 재고해 보면 어떤가? 라는 의미의 지시를 받았었다. 그 지시에 따라서 필자 나름대로 그 내용을 재고해 보기로 했다. 정식으로 앞으로의 連語論 연구를 고찰해 보고 싶다. 또한 連語論에 관심을 가진 기존의 연구자와 젊은 연구자들에게 진심으로 기대하는 바이다.

1-1. モノへのはたらきかけ(사물에 작용)

[モノへのはたらきかけ(사물에 작용)]을 나타내는 連語는 사물을 대상으로 하는 인간의 구체적인 활동을 의미한다. 이 같이 사물을 대하는 인간의 구체적인 활동은 그 사물이 존재하는 공간적인 환경 속에서 실현되는 경우와 그 같은 공간적 환경과 상관없이 실현되는 경우가 있다고 생각된다. 예를 들어 [ナニカをいじる], [ナニカをこわす] 등의 連語는 공간적인 환경과는 무관하게 실현된다. 한편, [(ドコカに)ナニカをおく], [(ドコカから)ナニカをとる], [(ドコカから)(ドコカに)ナニカをうつす]등의 連語에선 그 사물이 존재하는 공간적 환경에서 행위가 실현된다.

여기에선 전자처럼 공간적인 환경에 상관없이 실현되는 활동은 [モノだけへのはたらきかけ(사물만에 작용)]을 의미하는 경우로 하고, 또 후자처럼 그 사물이 존재하는 공간적인 환경 속에서 실현되는 활동은 [モノへの空間的なはたらきかけ(사물의 공간적인 작용)]을 의미하는 경우로 구별하기로 한다. 連語의 구조적인 타입에 주목한다면 [モノだけへのはたらきかけ(사물만에 작용)]을 의미하는 連語는 2개의 단어(2단어)로 구성된 連語를 원칙으로 하고, [モノへの空間的なはたらきかけ(사물에 공간적인 작용)]을 의미하는 連語는 3개의 단어(3단어 이상)로 구성된 連語를 원칙으로 한다.

또한 [モノへのはたらきかけ(사물에 작용)]을 의미하는 連語는 그 이외에 [재귀(再帰)적 동사]을 의미하는 것이 있다. [재귀적 동사]을 의미하는 連語는 [モノへの空間的なはたらきかけ]을 의미하는 連語의 변형이라고 말할 수 있을 것이다.

그런데 이 논문에서 다루는 連語는 오쿠다 교수의 [を格の名詞と動詞との組み合わせ]에 나오는 [物にたいするはたらきかけ(사물에 대한 작용)]에 상당한다. 단지, 필자는 오쿠다 교수의 논문에 기술된 내용을 재현하려는 것은 아니다. 오히려, 내용면에선 적지 않게 오쿠다 교수의 기술과는 다른 내용을 기술하였다. 예를 들면, 오쿠다 교수의 논문 [を格の名詞と動詞との組み合わせ(を격에 대한 명사와 동사와의 결합)]에선, [物にたいするはたらきかけ(사물에 대한 작용)]에 대해 [モノだけへのはたらきかけ(사물만에 작용)]과 [モノへの空間的なはたらきかけ(사물에 공간적인 작용)]처럼 두 개로 구분 짓지 않고 있다. 또한 [재귀적 동사]에 대해서는 약간 언급하고 있지만, 連語의 구조문제로 그것을 적극적으로 다루진 않았다. 그렇지만 필자의 기술은 결과적으로 오쿠다 교수의 생각을 전승한 것이라고 생각한다. 즉, 만년의 오쿠다 교수가 시사한 내용이라고 보는 것이 무난하다.

다시 언급하지만 필자는 이 논문에서 오쿠다 교수의 連語論 연구논문을 소개하는 것이 아니다. 오쿠다 교수에게 지도를 받아온 한 사람으로 부족하지만 오쿠다 교수가 개척해온 連語論을 구체화하고 많은 이들에게 連語論을 이해시키기 위함이다.

＜１＞ モノだけへのはたらきかけ(사물에 작용할 경우)

[モノだけへのはたらきかけ(사물만의 작용)]을 의미하는 連語는 공간과의 관계를 불문한다. 이 경우, [ナニカをいじる]와 같이 단순한 접

촉을 의미하는 것(접촉방식)과 [ナニカをこわす]와 같이 그 사물에 일정 변화를 발생시키는 것(형태 변화) 등이 있다. 전자는 [さわりかたの結び付き(접촉의 결합)], 후자는 [もようがえの組み合わせ(모양변화의 결합)]라고 부르기로 한다. 또한, 설명이 용이한 관계로 [①もようがえの組み合わせ],[②さわりかたの組み合わせ] 순서로 논문을 전개해 나갈 것이다.

① もようがえの組み合わせ(모양변화의 결합)

[もようがえの組み合わせ]는, [ヲ격] 종속어명사가 사물을 나타내고, 중심어동사가 그 사물에 작용해서 그 사물의 형태를 바꾸어 버리는 것을 나타낸다. 連語의 구조적 타입으로는 [ヲ격] 종속어 동사는 [사물명사], 중심어동사는 [형태변화 동사]이다. (여기에 나오는[もようがえの組み合わせ]은 오쿠다[を格の名詞と動詞との組み合わせ(を격의 명사와 동사와의 결합)]에서도 [もようがえの組み合わせ(모양변화의 결합)]으로 다루어졌다.)

<table>
<tr><th>종속어(従属語・カザリ)</th><th>중심어(中心語・カザラレ)</th></tr>
<tr><td>〜を</td><td>〜する</td></tr>
<tr><td>モノ名詞
(사물 명사)</td><td>もようがえ動詞
(모양 변화의 동사)</td></tr>
<tr><td colspan="2">○コップを こわす。(컵을 깨뜨리다)
○鉄棒を まげる。(철봉을 구부리다)
○ノートを(まっくろに)よごす。(노트를 (새까맣게) 더럽히다)
○くるみを わる。(호도를 까다)
○髪の毛を たばねる。(머리카락을 묶다)
○くつを(きちんと)そろえる。(구두를 (가지런히) 정돈하다)
○手ぬぐいを(あかく)そめる。(손수건을 (빨갛게) 물들이다)
○だいこんを切る。(무를 자르다)</td></tr>
</table>

○茶を あたためる。(차를 데우다)
○さんまを(こんがりと)やく。(꽁치를 (바삭하게) 굽다)
○板を(ふたつに)おる。(널빤지를 (두 쪽으로) 쪼개다)

이 連語는 [ヲ격] 종속어명사와 중심어동사로 구성된 2단어 連語인데 그 사물의 상태변화를 나타내는 부사(혹은 부사적으로 사용된 명사)를 끼워 넣어 [くつをきちんとそろえる], [さんまをこんがりとやく], [ノートをまっくろによごす], [板をふたつにおる] 같이 3단어로 이루어진 連語도 적지 않다. 또, もようがえの結び付き(모양변화의 결합)에선 형태변화를 실현시키기 위한 도구를 [~で]로 나타내고 [くるみをハンマーでわる], [だいこんをナイフで切る]같이 자주 3단어로 이루어진 경우를 볼 수 있다. 이 같은 성향은 [もようがえの結び付き]의 특징 중 하나이다.

또한 もようがえの結び付き에 대해 [그 사물의 형태를 바꾸어 버린다] 라고 규정하고 있지만, [くつを(きちんと)そろえる] 같이 그 사물을 변화시키는 것이 아닌 그 사물의 상태를 변화시키는 경우도 있다.

② さわりかたの組み合わせ(접촉의 결합)

さわりかたの組み合わせ는 [ヲ격] 종속어명사가 사물을 나타내고, 그 사물을 만지거나 주무르는 행위를 중심어동사가 의미하는 것이다. 종속어동사는 [사물명사], 중심어동사는 [접촉 동사]이다. (이 [さわりかたの組み合わせ]은 오쿠다 교수의 [を格の名詞と動詞との組み合わせ]에 나와 있는 [ふれあいの結び付き(접촉 결합)]에 상당한다. 단, 그런 의미의 동작은 [ふれあう]라고 하기보다 [さわる] 라고 하는 편이 적절한 것 같다. 때문에 [さわりかたの結び付き]라고 표현해 본 것이다.)

さわりかたの結び付きは もようがえの結び付き(모양변화의 결합)와

닮아 있다. 하지만 똑같지는 않다. もようがえの結び付き에선 사물의 형태를 바뀐다는 의미가 내재되어있는 반면, さわりかたの結び付き에선 단순히 사물을 접촉하나 주무르는 것만을 의미하는 것으로 기본적으론 사물의 형태를 바꾸지 않는다고 할 수 있다.

さわりかたの結び付き에선 대상이 되는 사물의 형태를 바뀌지는 않는다. 단, 실제로는 어떤 의미변화가 생기기 쉽다. 예를 들면, [ヤキイモをつつく]라는 동작은 대부분의 경우 변화가 생기고, 그 결과로 예를 들면 [ヤキイモをつついて, そのヤキイモをくずした。] 같이 말 할 수 있다. 허나, [つつく(접촉방식)]와 [くずす(형태변화)]는 별개의 동작이다. [ヤキイモをつつく]는 접촉방식을 의미하는 連語고, [ヤキイモをくずす]는 형태변화를 의미하는 連語다.

이 부분에 대해서 좀 더 생각해보자. さわりかたの結び付き [冷たい手をこする]는 손을 따뜻하게 하기 위한 동작이다. 동사 [こする]에 만약 [따뜻하게 하기 위해서(그 표면을 강하게 연속적으로 마찰시킨다)]라는 의미가 있다고 한다면, もようがえの結び付き라고 할 수 있다. 꼭 그렇지 않더라도 [따뜻해지도록]과 같은 변화의 결과를 의미하는 말을 첨부해 [차가운 손을 - 따뜻해지도록 - 문지른다]라는 문장을 만든다면 형태변화의 連語라고 할 수 있다.

아마, 동사 [こする]의 기본적인 의미에서 보면 [따뜻해지도록]이라는 의미를 내포하고 있지 않다. 하지만 실제로 사용되는 경우를 보면 [따뜻해지도록]을 상정하는 것이다. 이것은 [さわりかたの結び付き]가 [もようがえの結び付き]에 인접해 있다는 증거가 될 것이다.

덧붙여 [妹をたたく], [だれかをなぐる] 등은 사람을 대상으로 하는 동작이지만, 이 동작들은 사물에 대한 동작을 의미하는 [たたく], [なぐる]라는 동사가 사람에게 작용한 것이다. 구체적인 동작의 관점에서 보면 [モノをたたく], [モノをなぐる]와 [ヒトをたたく], [ヒトをなぐる]엔 미묘한 차이가 있으나, 連語의 구조에서 보면 동일하다고 말할 수 있다. 사람을 사물 취급한 동작인 것이다.

그런데 [背なかをかく], [手をこする] 등의 連語는 대부분의 경우, 재귀적 의미(즉, [自分の背中をかく], [自分の手をこする])로 사용되는데, 이 경우에 대해선 [＜3＞再帰的な動作について]에서 언급하겠다.

또, 동사 [さわる], [ふれる]에 대해 여기에선 [(あかちゃんの)ホッペタをさわる], [(階段の)手すりをふれる]의 용례를 제시했는데 동사[さわる], [ふれる]는 [ナニカをさわる], [ナニカをふれる]보단 [ナニカにさわる], [ナニカにふれる]처럼 쓰이는 쪽이 일반적이다. 이것에 대해선 [1-2. 場所へのかかわり] ＜보충설명＞에서 다루도록 하겠다.

＜2＞ モノへの空間的なはたらきかけ(사물에 공간적인 작용)

モノへの空間的なはたらきかけ(사물에 공간적인 작용)을 의미하는 連語는 예를 들면 [(ドコカに)ナニカをおく], [(ドコカから)ナニカをとる], [(ドコカから)(ドコカに)ナニカをうつす] 등과 같이 그 사물이 존재하는 공간적 환경과 관련되어 실현되는 인간의 동작을 의미한다. 이런 종류의 連語에는 [①とりつけの結び付き], [②とりはずしの 結び付き], [③うつしかえの結び付き] 등이 있다. 이 3종류의 連語는 모두 3단어(이상)로 구성된 連語다.

① とりつけの結び付き(붙힘의 결합)

とりつけの結び付きは [ヲ격] 종속어명사가 사물을 나타내고, 중심어동사가 그 사물에 작용해 그 사물을 ニ격 종속어명사로 나타낸 곳에 결합된다는 의미이다. 連語의 구조적인 타입으로는 [ヲ격] 종속어명사는 [사물명사], [ニ격] 종속어명사는 [장소적 명사], 중심어동사는 [とりつけ동사]이다. 또한 이 타입의 連語는 [ヲ격] 종속어명사와 ニ격 종속어명사, 중심어동사 이렇게 3단어로 구성된다. 또한 とりつけ동사로는 언어 구성적으로 [~つける]와 같은 복합어가 눈에 띈다. [とりつけの結び付き]는 오쿠다 교수의 [を格の名詞と動詞との組み合わせ(を격 명사와 동사와의 결합)]에서도 [とりつけの結び付き]로 다루어졌다.)

종속어(従属語・カザリ)		중심어(中心語・カザラレ)
~に	~を	~する
場所名詞 (장소 명사)	モノ名詞 (사물 명사)	とりつけ動詞 (붙힘 동사)
○かべに ポスターを はる。(벽에 포스타를 붙히다) ○アルバムに 写真を はりつける。(엘범에 사진을 붙히다) ○髪に リボンを むすびつける。(머리에 리본을 묶다) ○むねに ブローチを つける。(가슴에 브롯치를 달다) ○うでに バンドを はめる。(손목에 벤드를 차다) ○テーブルに 茶わんを おく。(테이블에 찻잔을 놓다) ○机に ビールびんを のせる。(책상에 맥주병을 놓다.) ○くぎに 帽子を かける。(못에 모자를 걸다)		

とりつけの結び付き의 [~に]에는 사물을 의미하는 명사가 사용되지만, 비단 [사물]만이 아닌 장소화도 되어 있다. 즉 이들 [사물]을 의미하는 ニ격 단어는 [とりつけの結び付き]라는 구조적 타입 속에서 결합되는 곳을 의미하는 것으로, 결과적으론 장소화 된다고 말할 수 있다. 그 예로 [テーブルに茶わんをおく]는 [テーブルのうえに茶わんをおく]로 [くぎに帽子をかける]는 [くぎのところに帽子をかける]로 [かべにポス

ターをはる]는 [かべの表面にポスターをはる]로 바꾸어 말할 수 있다. とりつけの結び付き에서 특히 일본어의 경우 결합되는 곳 [~に]는 사물명사의 형태를 그대로 유지하지만, 그렇다고 해도 극히 자연스럽게 장소화된다고 할 수 있다. 게다가 [テーブルに茶わんをおく], [くぎに帽子をかける] 등은 일시적인 상황변화의 동작인데 반해, [かべにポスターをはる], [アルバムに写真をはりつける] 등은 항구적인 결과를 낳는 동작이다. 이 같은 일시적, 항구적의 차이는 とりつけの結び付き에 있어서 본질적인 속성인 것 같다.

(注)

소위 말하는 어순에 대해서 언급하고자 한다. 일본어의 명사는, 다른 단어와의 관계를 타나 내기 위한 어형으로 [격]의 형태가 발달하였다. 본래, 영어나 중국어에선 어순이 중요한 요소다. 하지만 [격]의 형태가 발달한 일본어에선, 어순은 2차적인 문제로 여겨진다. 예를 들어, とりつけの結び付き의 경우, [~に~を~する]와 [~を~に~する]를 비교할 경우, 뉘앙스의 정도의 차이를 느낄 것이다. 하지만, 일본어의 경우라도 어순을 무시할 수 없다. 여기에 도식화된 [구조적인 타입]은 기본적인 어순을 상정한 것이라고 생각해주길 바란다.

② とりはずしの結び付き(떼어냄 결합)

とりはずしの結び付き는, [ヲ격] 종속어명사가 사물을 나타내고, 중심어동사가 그 사물에 작용해 그 사물을 [カラ격] 종속어명사로 나타내어지는 곳에서 분리하는 것을 의미한다. 連語의 구조적인 타입으로는 [ヲ격] 종속어명사는 [사물명사], [カラ격] 종속어명사는 [장소적명사],중심어 동사는 [とりはずし동사]이다. 이 連語는 [ヲ격]종속어명사와 [カラ격]종속어 명사와중심어 동사로 구성된 3 단어 連語다. 게다가 [とりは

ずし동사]는 언어구성적인 측면에서 [~とる], [~おとす]와 같은 복합어가 주목할 만한 대목이다. (이 [とりはずしのむすびつき]은 오쿠다 교수[を格の名詞と動詞とのむすびつき]에서도 [とりはずしの結び付き]라는 용어로 다루어졌다.)

종속어(従属語・カザリ)		중심어(中心語・カザラレ)
~から	~を	~する
場所的な名詞 (장소적인 명사)	もの名詞 (사물 명사)	とりはずし動詞 (떼어냄 동사)
○赤ちゃんのホッペから ごはんつぶを とる。(아기볼에서 밥풀을 떼다) ○はしらから 時計を はずす。(기둥의 시계를 걷어내다) ○封筒から 切手を はがす。(봉투의 우표를 떼다) ○ゆびから トゲを ぬく。(손가락의 가시를 빼다) ○コートから ほこりを はらい おとす。(코트의 먼지를 털어내다) ○はちまきを 頭から とる。(머리수건을 머리에서 풀다)		

とりはずしの結び付き에선, [赤ちゃんのホッペからごはんつぶをとる], [はしらから時計をはずす], [封筒から切手をはがす]같은 예문처럼, 사물이 제거되는 곳 [~から]를 나타내는 경우인데, 실제로는 사물을 제거하는 곳[~から] 생략하고, 단순히 [ごはんつぶをとる], [時計をはずす][切手をはがす]와 같은 형태로 쓰이는 경우가 적지 않다. 대부분의 경우 화자 또는 청자(독자)가 [ごはんつぶ], [時計], [切手]같은 사물의 존재장소를 인지하고 있어, 사물이 제거되는 곳을 추측 할 수 있기 때문이다.

그런데 자주 [赤ちゃんのホッペのごはんつぶをとる], [はしらの時計をはずす], [封筒の切手をはがす]와 같은 문장을 볼 수 있다. [~の]는 사물이 존재하는 장소를 나타내고, 이 같은 경우 본래 사물이 제거되는 장소 [~から]를 필요로 하지 않는다.

게다가, [ふたをとる], [センをぬく]와 같이 종속어명사 [~を]가 특정한 어떤 사물의 부분을 의미할 경우엔 일반적으로 사물이 제거되는 곳 [~から]는 사용되지 않고(즉, [なべからふたをとる], [ビールからセンをぬく]와 같은 표현은 사용되지 않고) [~の]를 사용해서 [なべのふたをとる], [ビールのセンをぬく]와 같이 표현한다. 또한 とりはずしの結び付きの [~から]에는 사물을 의미하는 명사가 사용되는데 とりつけの結び付きでの [~に]와 같이 단지 [사물]이 아닌 [とりはずしの結び付き]라는 구조적 타입 속에서 장소화 된다고 말할 수 있다.

③ うつしかえの結び付き(이동 결합)

[うつしかえの結び付き]는 [ヲ격] 종속어명사가 사물을 나타내고, 중심어동사가 그 사물에 작용해 그 사물을 [カラ격] 종속어명사로 나타내는 곳에서 [ニ격]이나 [ヘ격]으로 나타내는 곳으로 옮긴 후 변환시키는 것을 의미한다. [ヲ격] 종속어명사는 [사물명사], [カラ격・ニ격・ヘ격・マデ격] 종속어명사는 [장소명사], 중심어동사는 [うつしかえ동사]이다.(여기서의 [うつしかえの結び付き]는, 오쿠다 교수의 [を格の名詞と動詞との組み合わせ]에서도 [うつしかえの結び付き]라는 용어로 다루어졌다.)

<table>
<tr><td colspan="2">종속어(従属語・カザリ)</td><td>중심어(中心語・カザラレ)</td></tr>
<tr><td>~を</td><td>~に(まで)</td><td>~する</td></tr>
<tr><td>モノ名詞
(사물 명사)</td><td>場所名詞
(장소 명사)</td><td>うつしかえ動詞
(이동 동사)</td></tr>
<tr><td colspan="3">○ピアノを 音楽室から 講堂に 移す。(피아노를 음악실에서 강당으로 옮기다)
○荷物を 二階から 玄関に 下ろす。(물건을 2층에서 현관으로 내리다)
○雑誌を 図書館に 運ぶ。(잡지를 도서관으로 옮기다)</td></tr>
</table>

○うらにわに ツバキを 移しかえる。(뒷마당에 동백나무를 옮겨심다)
○ゴミを おもてまで 出す。(쓰레기를 밖으로 내놓다)
○窓ぎわに 机を よせる。(창가쪽으로 책상을 붙이다)

이들 連語는 [ヲ격] 종속어명사로 나타내어진 것을 [カラ격] 명사로 나타낸 곳에서 [ニ격・ヘ격・マデ격] 명사로 나타내어진 곳으로 옮겨진 것으로 일단, 4 단어 連語(예를 들면 [ピアノを音楽室から講堂に移す])가 된다. 하지만 실제로는, 사물이 존재하는 장소 [音楽室]을 나타내지 않고, [ピアノを講堂に移す]와 같은 3단어로 구성된 경우가 적지 않다. 또한, 자주 [音楽室のピアノを講堂に移す]같은 문장도 쓰인다.

또 [音楽室からピアノを移す]같은 예문같이 옮겨지는 곳을 나타내지 않는 경우도 있다. 마치 옮겨지는 곳을 화자(필자)가 알고 있는 듯한 뉘앙스이다.

うつしかえの結び付き(이동 결합)는 [とりつけの結び付き(붙힘 결합)]나 [とりはずしの結び付き(떼어냄 결합)]부류에 접해있다. 예를 들어 [トラックに荷物を運ぶ]라는 예문은 [うつしかえ]이지만 [トラックに荷物をのせる]라는 예문에선 일단 とりつけ동사 [のせる]을 사용하고 있기 때문에 とりつけの結び付き가 되는 것이다. 또한 [たなから茶わんをとる]은 とりはずし이지만 [たなから茶わんをおろす]와 같은 連語는 うつしかえ가 되는 것이다. 게다가 [たなからゆかに茶わんをおろす]라는 표현도 가능하다.

그런데 とりつけの結び付き에선 [~に]가 일반적으로 쓰이고 [~へ]을 쓰지 않는데 うつしかえの結び付き에선 [~へ]도 사용된다. うつしかえ에선 공간적 이동방향을 의미하기 때문에 방향성을 부가하는 [~へ]의 사용도 가능하다.

좀 덧붙이자면, うつしかえの結び付きの [~から], [~に], [~へ], [~まで]는 장소명사를 원칙으로 하고 있다. 사물명사 (예를 들면 [教卓], [書棚]등)가 사용되는 경우 [教卓のところから書棚のよこへピアノを移す] [教卓のまえから書棚のそばまでピアノを移す]같은 예문같이 [~のところ], [~のよこ], [~のまえ], [~のそば] 등이 쓰인다.

그런데 [雑誌を(ドコカから)図書館に運ぶ], [雑誌を図書館から(ドコカに)運ぶ] 같은 예문은 [うつしかえの結び付き(이동의 결합)]를 의미하고 있지만 [雑誌を書棚に運ぶ][雑誌を書棚から運ぶ]같은 예문의 경우 とりつけ적・とりはずし적 의미를 강하게 띄게 된다. [書棚]는 가구를 의미하고 있기 때문에 본래 장소명사가 아니다. 따라서, 마치 とりつけの結び付き([書棚に雑誌をおく], [書棚に雑誌をのせる])나 とりはずしの結び付き([書棚から雑誌をとる], [書棚から雑誌をはずす]) 등과 유사한 뉘앙스를 가지고 있다. 즉, [うつしかえの結び付き]는 [とりつけの結び付き], [とりはずしの結び付き]에 인접해 있고, 하나의 그룹을 형성하고 있다고 볼 수 있다.

＜３＞ 再帰的な動作について(재귀적인 동작에 대해서)

再帰的な動作について(재귀적 동작)에 대해선 일반적으로 [(むねに)ブローチをつける], [セーターを着る] 나 [(手くびから)腕時計をはずす], [ねまきをぬぐ]등과 같은 예문처럼 자기 자신의 신체와 관련된 동작을 의미하는 것이다. [つける]나 [はずす]는 일반적인 [とりつけ동사], [とりはずし동사]가 재귀적인 의미로 사용된 것인데, [着る], [ぬぐ]등은 본래 재귀동사(재귀적인 의미만을 나타내는 동사)로, 재귀적인 의미 이외로 사용되는 경우는 없고 특수한 連語를 만드는 동사이다. 더욱이 재귀동사에는 [着る]와 같은 [とりつけ 재귀동사], [ぬぐ]와 같은 [とりはずし 재귀동사] (또한, 오쿠다 교수의 [を格の名詞と動詞との組み合わせ]에선 재귀동사를 중심으로 하는 連語에 대해 특별히 설명되어있지는 않지만, 오쿠다 교수가 필자에게 재귀동사를 중심으로 하는 連語의 필요성을 강조했다)

여기서 다루는 連語는 재귀적인 의미만을 가진 재귀동사(재귀적인 의미 이외에 사용되는 경우가 없는 재귀동사)와 관련된 부분을 대상으로 하고 있다. 그리고 그 특징을 분명히 하기 위해 일반적인 [とりつけ 동사], [とりはずし동사]가 재귀적인 의미로 사용되는 경우도 언급할 것이며, 그것(재귀적인 의미만을 가진 재귀동사)과의 차이를 논하기로 한다.

그런데 재귀동사로 만들어진 連語는 [とりつけ]나 [とりはずし]에 대응되는 것으로 보인다. 즉, [もようがえ]나 [さわりかた]에 상응하는 경우는 찾아볼 수가 없다. 게다가, [手をあらう], [頭をあらう] 등은 [もようがえ]에 상당하는 재귀적 동작인 뉘앙스가 있는데, 連語구조면에서 보면 [セーターをあらう]와 같은 경우가 거기에 해당하는 것 같다. 또한, [背なかをかく], [手をこする] 등과 같은 連語는, 자기 자신의 [背なか][手]을 대상으로 하는 경우가 많은데 [父親の背中をかく], [赤ちゃんの手をこする] 같은 連語도 존재하고 있기 때문에, 이것을 근거로 일반적인 [접촉동사]가 재귀적으로 사용되었다고 할 수 있을 것 같다.

일반동사가 재귀적으로 사용되는 경우와 독자의 재귀동사가 사용되는 경우는 차원이 다르다. [手ぶくろをはめる] 경우 일반적인 とりつけ동사 [はめる]을 상용해서 재귀적 동작을 의미하는 것이다. 하지만

[くつしたをはく] 경우 とりつけ적인 재귀동사 [はく]가 사용되었다.

이 같은 논리로 생각해나가다 보면 인간의 [재귀적인 동작]을 의미하는 連語는 굉장히 다양하다고 생각할 수 있지만, 이 파트에서는 일단 [①再帰的なとりつけの結び付き], [②再帰的なとりはずしの結び付き]에 주목해서 이 두 부분에 대해서 논할 것이다.

① 再帰的とりつけの結び付き(재귀적인 붙힘 결합)

[再帰的とりつけの結び付き]는 [ヲ격]종속어명사는 사물을 나타내고, 중심어동사가 그 사물을 자기 자신의 몸에 부착하는 것을 의미한다. 連語의 구조적인 타입에서 보면 [ヲ격]종속어명사는 [사물명사], 중심어동사는 [とりつけ적 재귀동사]이다.

종속어(従属語・カザリ)	중심어(中心語・カザラレ)
~を	~する
もの名詞 (사물 명사)	とりつけ的な再起動詞 (붙힘적인 재귀적 동사)
○セーターを　着る。(스웨터를 입다) ○ゲタを　はく。(나막신을 신다) ○帽子を　かぶる。(모자를 쓰다) ○リュックを　背負う。(배낭을 매다) ○赤ちゃんを　だく。(아이를 껴안다)	

일반적으로 [とりつけの結び付き]에선　とりつける곳 [~に]의 존재가 의무적으로 표시되어야 하지만, とりつけ 재귀동사 [着る], [はく], [かぶる], [背負う], [だく]를 사용하면, [セーターを着る], [ゲタをはく], [帽子をかぶる], [リュックを背負う], [赤ちゃんをだく]와 같이 [~に]가

문장 안에 존재하지 않게 된다. 즉, 붙이는 곳이 자기 자신의 몸이라는 것이 확실하기 때문에 보통은 붙이는 곳을 나타낼 필요가 없고 2단어 連語로 나타내어진다.

다만, 자기 자신의 몸이 특수화 되어있을 경우에는 [冷えたからだに－セーターを着る], [よごれた足に－買ったばかりのゲタをはく], [つるつるの頭に－帽子をかぶる], [つかれた肩に－リュックを背負う]와 같이 とりつける(붙히는 곳)을 포함해서 3단어 連語가 된다. 2단어로 실현될 [再帰的とりつけの結び付き]가 3단어로 [とりつけの結び付き]로 바뀌게 되는 것이다.

또한, [むねにブローチをつける], [髪にリボンをむすびつける], [うでにバンドをはめる]등은 일반적인 [とりつけ동사]를 재귀적으로 사용했다고 할 수 있다. 단, 이 동사 [つける]에는 [身につける]와 같은 관용적인 결합이 존재해 주목할 필요가 있다. 이 경우 [コートを身につける] 라고 할 수 있어도 어순을 바꾸어 [身にコートをつける] 라고는 말하기 곤란한 부분이 있다. 즉, [~を身につける]는 일종의 관용구(관용적인 결합)인 것이다. 게다가 [湯をかぶる], [水をかぶる], [湯をあびる], [水をあびる]등은 재귀적인 [とりつけの組み合わせ]를 연상시키지만, 의미・용법이 고정되어 있어 일종의 관용구(관용적인 결합)로 생각해도 좋을 것이다.

② 再帰的とりはずしの結び付き(**재귀적인 떼어냄 결합**)

[再帰的とりはずしの結び付き]는 [ヲ격]종속어명사가 사물을 나타내고, 중심어동사가 그 사물을 자기 자신의 몸에서 떼어내는 것(분리)을 의미한다. 連語의 구조적인 타입에서 보면 [ヲ격] 종속어명사는 [사물명사], 중심어동사는 [とりはずし的な再帰動詞]이다.

<table>
<tr><th>종속어(従属語・カザリ)</th><th>중심어(中心語・カザラレ)</th></tr>
<tr><td>~を</td><td>~する</td></tr>
<tr><td>もの名詞
(사물 명사)</td><td>とりはずし的な再帰動詞
(떼어냄적인 재귀동사)</td></tr>
<tr><td colspan="2">○ねまきを ぬぐ。(잠옷을 벗다)
○セーターをぬぎすてる。(스웨터를 벗어던지다)</td></tr>
</table>

[とりはずし再起動詞]는 [ぬぐ], [ぬぎすてる] 등으로 그 종류가 극히 한정되어 있는 것 같다. 그런데 [(手くびから)腕時計をはずす]나 [(頭から)ハチマキをとる]와 같은 連語는 일반적인 [とりはずし동사]을 재귀적으로 사용했다고 볼수 있다. 또 [子どもの手くびから腕時計をはずす], [赤ちゃんの頭からハチマキをとる]와 같은 경우도 있어 결코 재귀적 용법으로만 사용되는 것은 아니다.

또한, [腕時計]나 [ハチマキ]의 경우, 어디(육체의 부분)에 존재하는지의 여부가 명확하기 때문에, 재귀적인 의미로 사용될 경우에는 2단어 連語 [腕時計をはずす], [はちまきをとる]와 같이 표현되는 것이다. 일반적인 [とりはずし동사]이지만, 이 경우엔 구조적 타입 면에서 [재귀적とりはずしの結び付き]와 일치한다고 할 수 있다.

보충설명

1. モノへのはたらきかけ(사물에 작용의 특징)

モノへのはたらきかけ(사물에 작용)을 의미하는 동사는 그 표현적 의미의 구체화를 위해 거기에 걸맞은 連語구조을 요구한다. 예를 들어 も

ようがえ(모양변화)동사 [わる]는 [くるみを(こなごなに)わる]와 같이 もようがえ 구조적 타입에 입각해서 사용된다. 원칙은 그렇지만 이 같은 동사에도 예를 들어 とりつけの結び付き(붙힘 결합) 구조 속에서 이 동사(わる)가 사용되면, [タマゴをフライパンにわる]와 같이 とりつけ(붙힘)적 의미가 부가된다. 즉, 내용면에선 [フライパンにのせるようにして,タマゴをわる]와 같은 것이지만, 그것을 3단어 連語로 나타내는 것이다. 어떤 특정 結び付き(결합)를 실현시키는 동사라도 다른 구조적 타입 안에서 사용되면 그 구조적 타입에 상응하는 結び付き(결합)를 실현시켜 보이는 것이다.

이 같은, 동사의 표현적 의미와 連語 구조의 관계는 [ものへのはたらきかけ]을 의미하는 동사에 국한되는 것은 아니다. 모든 동사에 대해 많든 적든 이 부분이 적용된다고 할 수 있을 것이다. 그 경우 동사의 표현적 의미자체가 다의적이고 복수의 結び付き(결합)를 실현시키는 경우도 있고 표현적인 의미는 고정되어있지만 어떤 특정 구조적 타입의 連語에 사용됨으로써 임시적으로 그 경우에 걸맞은 표현적 의미를 실현하는 경우도 있다. 또한 단지 뉘앙스적 의미를 부가하는 정도에 그치는 경우도 있다.

동사의 표현적인 의미와 連語의 구조의 관계와 관련된 흥미로운 예를 몇 개 들어볼까 한다. 동사 [かざる]는 [花で部屋をかざる(＝かざりたてる)]와 같이 もようがえ(모양변화)용법으로도 [部屋に花をかざる(＝かざりつける)]와 같이 とりつけ(붙힘)로도 사용된다. もようがえ가 기본인지 とりつけ가 기본인지 대해서는 판단하기 어려운 면이 있다.

동사 [ぬる]와 [(ペンキで)かべをぬる]와 같이 もようがえ을 의미하는 連語를 만든다. 그것이 기본적인 측면인데 그것을 とりつけ의 결합구조에 적응 시키면, [かべにペンキをぬる]과 같은 형태가 되어 とりつけ的な意味(ぬりつける)가 부가된다.

동사 [刈る]는 [髪の毛を刈る(＝刈りとる)], [稲を刈る(＝刈りとる)]와 같이 [とりはずし]적 의미로 사용되는 동사이지만, [頭を刈る], [田んぼを刈る] 처럼 もようがえ(모양변화)적 의미([머리카락]이나 [벼 이삭]의 형태를 바꾼다)를 가진 連語를 만들 수도 있다. [頭を刈る], [田んぼを刈る]같은 문장은 일종의 관용구(관용적인 결합)라고 할 수 있다.

(注)

이상으로 필자가 인식하고 있는 예에 대해 논해보았다. 각각의 동사의 連語論적 특징을 세심하게 조사해가는 일은 連語論 연구 그 자체의 깊이를 더하는 일이다. 게다가 각각의 동사의 連語論적 특징에 대한 세심한 조사를 기본으로 어휘론연구도(또한 사전 만들기 등에도) 많은 성과를 남기게 될 것이다. 또한 실천적인 언어교육 분야에서도 유효하게 공헌할 것이다.

2. のみくいの結び付き(식음의 결합)

[ものへのはたらきかけ(식음의 결합)]을 의미하는 連語 중에는, [のみくいの結び付き]로도 표현해야 할 連語가 존재한다. [のみくいの結び付き]라는 것은 [ヲ격]종속어명사가 [たべもの・のみもの]을 나타내고 중심어동사가 그 먹을 것, 마실 것을 입으로 섭취하는 것을 나타낸다.

종속어(従属語・カザリ)	중심어(中心語・カザラレ)
~を	~する
もの名詞 (사물 명사)	のみくいの動詞 (식음 동사)
○リンゴを たべる。(사과를 먹다) ○おかゆを たべる。(죽을 먹다) ○むすびを くう。(김밥을 먹다) ○牛丼を くう。(소고기 덮밥을 먹다)	

○牛乳を のむ。(우유를 마시다)
○ビールを のみほす。(맥주를 다 마셔버리다)
○クスリを のむ。(약을 먹다)

[のみくい]을 의미하는 동사([たべる], [のむ]등)는 [リンゴをたべる],[牛乳をのむ]와 같은 連語를 만든다. 이 같은 連語를 오쿠다 교수는 논문 [を格の名詞と動詞との組み合わせ]에서 [もようがえの結び付き]의 범주에 소속시켰다. 하지만 다소 무리라고 생각되는 부분이 있어 이 連語를 [のみくいの結び付き]로 독립 시켜야 되는 것이 아닐까 하고 필자는 생각한다.

[のみくい]를 의미하는 連語는 먹을 것, 마실 것을 자기 자신의 입으로 섭취하는 것이 분명해서, 보통은 받아들이는(섭취하는) 곳을 나타낼 필요가 없고, 2단어 連語로 나타낸다. 단, 자기 자신의 입(목)의 상태에 사정이 있을 경우엔, [歯のない口におかゆをたべる], [かわいたのどに牛乳をのむ]와 같은 표현이 가능해서, 흡사 [とりつけの結び付き] 를 연상시키는 뉘앙스도 있다. 이들 連語의 본 모습은 [とりつけの結び付き]였을까? 만약 그렇다면, [歯のない口におかゆをたべる], [かわいたのどに牛乳をのむ] 등은 일종의 본 모습으로 돌아가는 것에 해당하는 것인가? [たべる], [のむ]와 같은 [のみくい 동사]는 의미적으론 [着る], [かぶる]와 같은 とりつけ적 재귀동사와 닮아있는 것 같다.

또한 [歯のない口におかゆをたべる], [かわいたのどに牛乳をのむ]와 같은 표현은, 젊은 세대들에게는 구식표현으로 인식되는 듯 하다. 때문에 젊은 세대들은 보통, [歯のない口でおかゆをたべる], [かわいたのどで牛乳をのむ]와 같은 표현을 사용한다. [歯のない口で], [かわいたのどで]와 같은 표현은 일종의 도구・수단을 나타내는 표현에 준하므로 [のみくいの結び付き] 連語에 부가된 경우라고 할 수 있을 것이다.

그런데 [のみくい동작]은 자주 [日本料理をあじわう]와 같은 連語로 표현되는 경우가 있다. 이 경우에선 노골적인 표현을 피하고, 표현에 우아함을 더하려는 목적을 읽을 수 있다. 결과적으로 [のみくい동작]을 의미하지만, 連語 구조 면에선 [感性の結び付き]([제 4 절,心理的なかかわり]에서 다루었다.)의 일종으로 볼 수 있다. 또 [パンをかじる], [アメをなめる]와 같은 표현도 있다. [パンをかじる], [アメをなめる]등은 連語 구조 면에선 [さわりかたの結び付き]이고, 그것이 [のみくい] 의미로 쓰임이 바뀐 것은 아닐까. 그렇다고 한다면, [のみくい]을 의미하는 [日本料理をあじわう], [パンをかじる], [アメをなめる] 등은, 일종의 관용구(관용적인 결합)로 볼 수 있을 것이다.

3. 手もちの結び付き(수하물의 결합)

[モノへのはたらきかけ(사물에 작용)]을 의미하는 連語는 추가적으로 [手もちの結び付き]라고도 말 할 수 있다. [手もちの結び付き]는 [ヲ격] 종속어명사가 사물을 나타내고, 중심어동사가 그 사물을 손(등)에 소유하고 있는 것을 나타낸다. [ヲ격] 종속어명사는 [もの명사] 중심어동사는 [手もち동사]이다.

종속어(従属語・カザリ)	중심어(中心語・カザラレ)
~を	~する
モノ名詞 (사물 명사)	手もちのの動詞 (수하물의 동사)
○カバンを　もつ。(가방을 들다) ○カサを　もっている。(우산을 가지고 있다) ○(手に・手で)エンピツを　とる。(연필을 쥐다) ○ごみぶくろを　とりあげる。(봉투를 집어들다) ○(イスから)荷物を　もちあげる。(화물을 들어올리다)	

[もちの結び付き(가지다의 결합)] 단순히 무언가를 손에 든다고 하는 의미로, 그 중심어동사는 [もつ], [とる]등으로 한정된다. 그런 의미에선 꽤 특수한 結び付き라고 할 수 있을 것이다. 오쿠다 교수는 이런 종류의 結び付き를 특설하지 않고 [を格の名詞と動詞との組み合わせ]에선 [ふれあいの結び付き] ([＜１＞ものだけへのはたらきかけ]에서 다룬 [②さわりかたの結び付き]에 상당한다)의 한 예로 보고 있다. 또한 동사 [もつ]의 경우엔 [カサをもっている]와 같이 자주 동작의 결과를 나타내는 표현으로 현재 소유하고 있는 상태를 의미하는 표현에 사용된다.

[手もちの結び付き]에선 [手にカバンをもつ], [手にエンピツをとる]와 같이 자주 [二격] 종속어명사를 동반하는 경우가 있다. 마치 [とりつけの結び付き]를 연상시키는 것 같다. 하지만 [手でカバンをもつ], [手でエンピツをとる]와 같은 連語도 사용된다. [手で]는 連語 [カバンをもつ][エンピツをとる]에 부가된 것으로 봐도 좋을 것이다. 그렇다고 한다면 이들 [カバンをもつ], [エンピツをとる]가 재귀적 2단어 連語로 정착된 것을 의미한다.

게다가 [カバンをもつ]나 [カサをもっている]는 손에 들고 있다는 의미가 아닌, 소위 말하는 소유의 의미로 사용된다. 즉 [手もちの結び付き]는 소유를 의미하는 連語([ものもちの結び付き]나 [うけとりの結び付き])로의 진화를 연상시키는 듯 하다. 이 부분에 대해서는 [1-3.所有的なかかわり]에서 다룰 것이다.

그런데 동사 [かける], [さげる]등은 [柱にナニカをかける], [クギにナニカをさげる]와 같이 とりつけの 結び付き에 사용된다. 하지만 [かける], [さげる]을 재귀적으로 사용해서 [肩にナニカをかける], [手にナニカをさげる]와 같이 사용한다면, 일종 [手もち]에 유사한 의미가 생긴다.

일반적인 とりつけ동사 [かける][さげる]을 재귀적으로 사용해서, [手もち]의 의미처럼 해석된다. 라고 생각된다.

또 [だく], [せおう] 등은 본래 재귀동사(とりつけ적 재귀동사)라는 느낌이 있지만, 이들 동사의 경우에도 (예를 들면 [胸にナニカをだく], [背中にナニカをせおう] 등) 흡사 [手もち]의 의미가 부가된 것 같은 뉘앙스가 있다.

한편 [(はしで)そうめんをすくいあげる]도 [手もちの結び付き]를 연상시킨다. 다만, 이 連語 [そうめんをすくいあげる]는 다의적으로 とりはずし[ドコカ(カマやナベなど)から－そうめんをすくいあげる] 連語로도 とりつけ[ドコカ(茶わんや皿など)に－そうめんをすくいあげる] 連語로도 또는 [うつしかえ(이동변화)], [ドコカ(カマやナベなど)から－ドコカ(茶わんや皿など)に－そうめんをすくいあげる] 連語라고도 할 수 있을 것 같다. 일반적으로 [とりはずし], [とりつけ], [うつしかえ] 의 결합이나 [手もち]의 결합은 모두 비슷한 것으로 생략적인 표현으로는 그 속성을 결정할 수는 없다.

4. つくりだしの結び付き(생산물의 결합)

[モノへのはたらきかけ(사물에 작용)]을 의미하는 連語에서는 영향을 받는 대상의 <사물>이 해당 連語의 기본적인 구조로 표현되지 않고 그 사물의 결과를 [ヲ격]종속어명사로 나타내는 타입이 있다. 예를 들면, [ごはんをたく], [お湯をわかす]와 같은 連語다. 여기에서는 이런 타입의 결합을 [つくりだしの結び付き]라고 부르기로 한다. (이 結び付きは 오쿠다 교수의 [を格の名詞と動詞との組み合わせ]에선 [結果的な結び付き]로 명시되어있던 것이다.)

[つくりだしの結び付き]는 중심어동사로 나타내는 작용에 의해 [ヲ

격] 종속어명사로 나타내는 사물이 만들어 진다는 것을 의미한다. 連語의 구조적 타입 면에서 보면 종속어명사는 [사물명사], 중심어동사는 [つくりだし 동사]이다.

종속어(従属語・カザリ)	중심어(中心語・カザラレ)
～を	～する
もの名詞(つくりだされるもの) (사물명사/만들어진 것)	つくりだし動詞 (생산물 동사)
○ごはんを たく。(밥을 짓다) ○お湯を わかす。(물을 끓이다) ○きものを ぬう。(옷을 꿰매다) ○セーターを あむ。(스웨터를 뜨다) ○小屋を 建てる。(오두막집을 짓다) ○なわを なう。(새끼를 꼬다) ○人形を つくる。(인형을 만들다) ○すしを にぎる。(스시를 만들다)	

[つくりだしの結び付き]에선 그 단어를 부가적으로 [～で]로 나타내고, 자주 [新潟の米で－ごはんをたく], [雪どけの水で－お湯をわかす]와 같은 連語로 나타낸다. 이 같은 경우에는 [新潟の米を(ごはんに)たく], [雪どけの水を(お湯に)わかす]와 같이 もようがえの結び付き(모양변화결합)으로 변환하는 것이 가능하다. 단, 단순한 표현 [米をたく], [水をわかす]는 일반적으로 그다지 사용되지 않는 것 같다. [ドンナ米を…], [ドンナ水を…]와 같이 특수한 상태의 사물에 대한 [もようがえ]을 의미하는 것 일까.

동사 [にぎる]는 기본적으로 [手すりをにぎる]와 같이 [さわり동사]로 사용된다. 하지만, [にぎる]는 다의적으로 [すしをにぎる(＝つくる)], [おむすびをにぎる(＝つくる)]와 같이 [つくりだし동사]로도 사용된다.

일반적으로 [ものへのはたらきかけ]에선 [ヲ격]으로 나타내는 사물에 대해, 구체적인 일정한 역할을 한다는 의미를 실현시킨다. 하지만 [つくりだしの結び付き]의 경우에는 작용하는 대상은 [ヲ격]명사로 나타내지는 않는다. 즉, 連語의 구조에 나타나지 않는 대상 (보조적으로는 재료 [～で]로 나타내는 경우가 적지 않다.)에 대해 일정한 작용을 해서 결과적으로 [ヲ격]으로 나타내는 사물을 생산하는 連語다.

또 하나 [つくりだしの結び付き]에 대해 개인적인 사소한 견해를 말해두고 싶다. [つくりだしの 結び付き]는 영향을 미치는 連語가 아니고, 작용의 결과를 상정한 連語다. 인류(일본민족)가 [ものにはたらきかけて,なにかをつくりだす]라고 하는 구체적인 활동을 반복해서 [ごはんをたく], [お湯をわかす]라는 결과의 상황을 상정하게 된 것이다. 인류 고도의 인식활동의 반복에 입각해, 그 인식활동의 결과를 언어의 구조에 반영시킨 것이다.

덧붙이자면 [つくりだし]는 [モノへのはたらきかけ]뿐만이 아니다. 오쿠다 교수의 [を格の名詞と動詞との組み合わせ]에선 [物にたいするはたらきかけ]속에 위치하고 있다. 예를 들면 [会社をつくる], [医者をそだてる], [校歌を作曲する], [日本画を描く], [市民権を確立する], [法律を制定する]등, 여러 분야에서도 [つくりだし]를 관찰할 수 있다. 이와 같이, [モノへのはたらきかけ]이외의 사례도 포함하여 [つくりだしの結び付き]을 의미하는 連語의 내용이나 위치에 대해서는 앞으로의 연구에 기대하는 바이다.

비단 일본어에 국한되지 않고 [つくりだし]를 의미하는 連語는 여러 언어에서도 관찰된다. 근본적으로 표현수단은 다르지만 단어와 단어의 결합으로 각각의 언어에 존재하고 있는 것이라 할 수 있다. [つくりだしの結び付き]는 기본적으로는 그 국가가 의식적으로 일정한 생산을 예상해서 그것을 말로 정착시켜 온 것에 의해 만들어 진 것이라고 생각된다. 새삼스럽게 언어의 구조가 인류의 인식, 사고의 축적에 의해 성립된 것이라는 사실을 생각하게 된다.

1-2. 場所へのかかわり(장소와 관계)

<들어가기>

일반적으로 인간의 동작은 외적인 대상을 전제로 하고 있는 듯 하다. 즉, 인간은 어떤 의미에선 자기 자신을 둘러싸고 있는 외적인 대상과 관련해서 일정한 동작을 실현시킨다. 그 전형적 모습은 [사물]에 대해 영향을 미치지만, 인간동작의 대상은 [사물]에 국한되는 것이 아니라 [장소]을 상정하는 경우도 있다.

소위 말하는 타동사는 인간의 동작을 의미하는 동사이다. 인간동작을 의미하는 타동사는 [사물]에 대한 일정한 작용을 전제로 하고, 그것에 의해 그 표현적인 의미가 상정된다. 한편, 자동사는 일반적으로 대상에 대한 작용이 결여되어 있다고 인식되고 있지만, 자동사도 인간의 동작을 의미하는 자동사의 대부분은 마치 일정한 장소를 대상으로 하는 것 같이 보인다.

예를 들면, 자동사 [立つ]나 [寝る]와 같은 동사는 서있는 장소나 자고 있는 장소가 문장안에 나타나야 한다. 또한 [行く] 나 [来る] 같은 이동동사는 어디로 가는지, 어디에서 오는지 라는 내용이 의식화되어 있다. [散歩する]와 같은 자유도가 높게 느껴지는 동작의 경우에도 어디를

산책하는지 그 장소가 특정화되어 있다.

자동사로 불리는 동사그룹에는 [사물의 움직임]을 의미하는 자동사와 [인간의 동작]을 의미하는 자동사가 있다. 인간의 동작을 의미하는 자동사는 일반적으로 장소와의 관계를 전제로 하고 있는 것 같다. 그런 경우에 한해 인간의 동작을 의미하는 자동사는 자연사물의 움직임을 의미하는 경우하고는 다르게 극히 타동사적인 성향을 나타낸다.

그와 같은 동사를 중심어로 하는 連語에 대해서(즉, 인간의 동작을 의미하는 자동사를 중심으로하는 連語에 대해서), [場所へのかかわり]라는 명칭을 근거로 그런 종류의 連語의 개요를 한번 살펴보기로 한다.

(注)

덧붙이자면, 필자의 연구실에는 이 같은 관점에 착안하여 [인간의 동작을 의미하는 자동사를 중심(＝중심어)로하는 連語]의 연구가 시작되었다. 그 사작은 한국의 설근수(薛根洙) 『動詞連語論の研究：移動動詞の日韓比較研究を中心に』(1997年度, 博士論文, 大東文化大学大学院)이다. 그 뒤엔 高橋弥守彦의 연구가 주목을 받고있다. 필자는 高橋의 연구를 참고하면서, 이 논문에서 필자 나름대로 인간의 동작을 의미하는 連語 [場所へのかかわり]를 개관할 따름이다. 또한 [場所へのかかわり]로 다루어지는 連語는, 오쿠다 교수의 [を格の名詞と動詞との組み合わせ] 와 [に格の名詞と動詞との組み合わせ]에도 다루어져 있지만, 이론의 구조에 차이가 있다. 그 사항에 대해서는 다시 한번 [보충설명]에서 언급하겠다.

여기에선 장소명사에 대해서 보충해 보기로 하겠다. 극히 상식적인 수준에서 보면, 예를 들어 [学校]라는 단어의 의미는 다의적이다. 즉 [学校]는 일종의 건물(사물)의 의미로도, 일종의 장소의 의미로도, 일종의 조직체의 의미로도 쓰여진다. 이 같은 다의적인 의미에 근거하여 첫째, 건축물을 의미하는 [学校(＝校舎)を建築する], [学校(＝校舎)を解体する]와 같은 連語를 만들수 있다. 둘째, 장소를 의미하는 사물인 [学校を一

周する], [学校を通過する]와 같은 連語. 또한 사회적인 조직체인 [学校に就職する], [学校に抗議する]같은 이러한 다양한 連語를 만들수있다. 게다가 [学校を建築する]는 [つくりだしの結び付き], [学校を解体する] 는 [もようがえの結び付き]이다. [学校に就職する]는 사회적 행위를 의미하는 連語다. 또 [学校に抗議する]는 학교에 대한 감정・평가적 언어활동을 의미하는 連語다. 이 같은 連語에 대해서는 다른 장에서 다루기로 한다.

여기에선 일일이 미리 언급하지 않았지만, [場所へのかかわり]에서 다루어지는 종속어명사 [学校]는 (그리고 부가적으로 같은 종류의 명사는) 공간적인 의미(장소)인 [学校]을 상정하고 있다고 생각해 주길 바란다.

① 空間的な位置変化の結び付き(공간적인 위치변화의 결합)

[空間的な位置変化の結び付き(공간적인 위치변화의 결합)]는 [カラ격] 종속어명사로 나타내는 장소에서 [ニ격・ヘ격・マデ격]으로 나타내는 장소까지 이동해 움직이는 것을 의미한다. 구조적인 타입면에선 [장소명사]를 [カラ격]이나 [ニ格・ヘ格・マデ격]의 종속어로 하고 [위치이동 동사]을 중심어로 한다.

종속어(従属語・カザリ)	중심어(中心語・カザラレ)
~から：~に(へ・まで)	~する
場所的な名詞 (장소적인 명사)	位置移動の動詞 (위치이동 동사)
○村から 町に 行く。(시골에서 읍에 가다) ○公園から 学校へ 来る。(공원에서 학교에 오다) ○病院から 家に 帰る。(병원에서 집으로 돌아오다) ○駅から 下宿まで 戻る。(역에서 하숙집까지 돌아오다) ○学校から 帰ってくる。(학교에서 돌아오다)	

○停留所へ 歩いていく。(정류소에 걸어가다) ○店まで 走っていく。(가게까지 뛰어가다) ○家に 逃げてくる。(집으로 도망쳐오다) ○アパートに 戻ってくる。(아파트로 되돌아오다)

[空間的な位置変化の結び付き]는 [場所へのかかわり]의 중심적이라고 할 수 있을 것이다. 일단, 중심어는 넓은 범위를 이동하는 것을 의미하는 동사가 사용된다. 예를 들면, 일정공간을 이동한다는 의미가 희박하다고 해도([歩く], [走る] 등) 그 동사를 [~から：~に・~へ・~まで ~する]의 구조로 사용하면 이동의 의미가 명확해져 [空間的な位置変化の結び付き]를 실현시키게 된다. 예를 들어 [村から町に歩く(＝歩いて行く)], [駅から下宿まで走る(＝走って来る)] 등이 있다. (게다가 [歩く], [走る]는 [~を歩く], [~を走る]와 같이 자주[⑤空間的な移動の結び付き]의 連語로 사용된다.)

그런데 [空間的な位置変化の結び付き]에는 자주 [行く], [来る] 동사가 사용된다. 게다가 자주 [~していく], [~してくる]와 결합된 표현(예를 들면 [歩いていく], [走っていく], [逃げてくる], [戻ってくる] 등)으로 사용된다. 이것에 의해 공간적인 위치변화를 나타내는 [行く], [来る]를 다양화시킨다.

또 [空間的な位置変化の結び付き]는 출발지점 [~から]와 도착지점 [~に・~へ・~まで]의 결합이 원칙이지만, 실체로 사용되는 것을 보면, [停留所へ歩いていく], [学校から帰ってくる]와 같이 한쪽이 결여되는 경우가 적지 않다. 그리고 이 부분은 나중에 다룰 [②到着の結び付き], [③進入の結び付き]나 [④出発の結び付き]와 유사한 면이 있다.

[空間的な位置変化の結び付き]에선 종속어명사 [~から：~に・~

へ・～まで]는 정형적인 장소명사(건축물 명사를 포함해서)가 쓰이는 것이 원칙이다. 게다가 [⑦立ち居の結び付き]에서 종속어에 사용되는 [いす], [ベンチ], [ベッド], [ふみ台], [ソファー]등의 명사에도 그것을 그대로 사용하기 어렵다. 따라서 이런 경우, 장소화 과정을 거쳐 [いすのところから(来る)], [ベンチのそばから(歩いてくる)], [ベッドのところに(戻っていく)], [ふみ台の近くへ(走っていく)], [ソファーのわきまで(逃げてくる)]과 같이 표현하는 것이다.

또한 [空間的な位置変化の結び付き]에선 [公園へ花見に行く], [海へ釣りに行く], [村から町に買い物に行く], [公園から学校へ忘れ物をとりに来る]와 같이, 자주 공간적인 위치변화의 목적을 나타내는 [～に]를 부가시킨다. 이것도 공간적인 위치변화를 다양화시키는 수법의 하나라고 할 수 있을 것 이다.

② 到着の結び付き(도착의 결합)

[到着の結び付き(도착의 결합)]는 [ニ격] 종속어 명사가 장소를 나타내고, 중심어 동사가 그 장소에 도착하는 것을 의미한다. 구조적인 타입면에선 [ニ격] 종속어 명사는 [장소명사] 중심어 동사는 [도착동사]이다.

종속어(従属語・カザリ)	중심어(中心語・カザラレ)
～に	～する
場所名詞 (장소 명사)	到着の動詞 (도착의 동사)
○学校に 着く。(학교에 도착하다) ○駅に 到着する。(역에 도착하다) ○家に たどりつく。(집에 겨우 도착하다)	

[到着の結び付き(도착의 결합)]의 [学校に着く], [駅に到着する], [家にたどりつく]에선 인간의 공간적인 이동 중 도착지점을 강조한다. 즉, 도착을 강조한다 해도 기본적으론 공간적 위치이동을 의미하는 連語다. 따라서, 이들 連語는 [到着の結び付き]로 독립시키기 보단 [①空間的な位置変化の結び付き(공간적인 위치변화의 결합)]의 변형으로 그대로 놓아두어야 할 사항일지도 모른다. 또한 [ドコカから] 을 추가해 [家から学校に着く], [学校から駅に到着する], [駅から家にたどりつく]와 같은 표현도 가능하다. 이런 표현은 [①空間的な位置変化の結び付き]를 연상시킨다.

그러나 [①空間的な位置変化の結び付き]에서 목적지는 [～に]로만 나타내어지는 것은 아니다. 자주 [～へ], [～まで] 등도 사용된다. 이런 경우 [到着の結び付き]는 [～に]를 원칙으로 하고 있다. 그것을 근거로 여기에선 그것을 [空間的な位置変化の結び付き]와 구별하여 [到着の結び付き]로 독립시켜두는 것이 적절할 것 같다.

게다가 [～まで]를 사용해서 [ようやく駅まで到着した]와 같은 표현도 가능하다. 이 경우 [～まで]는 소유를 말하는 격조사가 아니라 부조사이지 않을까. [～まで]에는 [デザートまで(＝デザートを)たべた。], [先生まで(＝先生を)うたがった。]와 같이 격조사가 아닌, 부조사의 기능도 있는데 [ようやく駅まで(＝駅に)到着した。]도 그것과 같은 경우일 것이다.

또, 동사 [着く]는 굉장히 다의적이므로 [席に着く], [スタートラインに着く] 등과 같은 連語는 나중에 다룰 [⑦立ち居の結び付き]로 생각해도 무방할 것이다. 즉, 이들 連語는 [席にすわる], [スタートラインに立つ]와 유사하다고 할 수 있다.

[到着の結び付き]는 [①空間的な位置変化の結び付き]에도 [⑦立ち居の結び付き]에도 닮아있어 총체적인 카테고리인 [場所へのかかわり]의

존재를 보장하는 듯하다.

③ 進入の結び付き(진입의 결합)

[進入の結び付き]는 [ニ격・ヘ격] 종속어명사가 장소를 나타내고 중심어동사가 그 장소에 진입하는 것을 의미한다. 구조적인 타입면에선 [二格・へ格] 종속어명사는 [장소명사]이고 중심어동사는 [進入(진입)동사]이다.

종속어(従属語・カザリ)	중심어(中心語・カザラレ)
~に(へ)	~する
手もちの場所名詞 (주변의 장소 명사)	進入の動詞 (진입 동사)
○家に はいる。(집에 들어가다) ○校舎に はいりこむ。(교사에 잠입하다) ○座敷に あがりこむ。(방으로 들어가다) ○校長室へ はいる。(교장실에 들어가다) ○交番へ 逃げこむ。(파출소로 도망쳐 들어가다) ○銀行へ かけこむ。(은행으로 뛰어들다) ○公園に 進入する。(공원에 진입하다) ○校庭へ 進入する。(교정에 진입하다) ○銀行に 侵入する。(은행에 침입하다) ○交番へ 侵入する。(파출소에 침입하다)	

[進入の結び付き]는 [②到着の結び付き]에 인접해 있다. 단 그 차이점에도 주목했으면 한다. 예를 들면 [どちらの結び付き]라도 [ドコカから]을 부가시키는 것이 가능하지만, [到着の結び付き]의 경우에는 [家から学校に着く], [学校から駅に到着する]와 같이 그 [ドコカから] 는 출발점을 나타내고 있다. 그에 비해 進入の結び付き에선 [裏口から家にはい

る][窓から校舎にはいりこむ]와 같이 진입하는 각각의 장소를 나타내고 있다. 이 같은 사항도 구별해 두어야 할 것이다. 게다가 [進入の結び付き]에선 [~に] 나 [~へ] 모두 쓰이지만, [到着の結び付き]에선 [~に]를 원칙으로 하고 있는 것 같다. 그 점에서도 차이점이 생긴다.

또한 입욕을 의미하는 [湯にはいる], [湯につかる] 등은 [進入の結び付き]를 연상시키지만, 의미・용법이 고정되어있어 일종의 관용구(관용적인 결합)로 생각해도 무방할 것이다.

④ 出発の結び付き(**출발의 결합**)

[出発の結び付き(출발의 결합)]는 [カラ격] 이나 [ヲ격] 종속어명사가 장소를 나타내고 중심어동사가 그 장소에서 출발하는 것을 의미한다. 連語의 구조적 타입은 [カラ격・ヲ격]의 [장소명사]를 종속어로 하고 [出発동사]를 중심어로 한다.

종속어(従属語・カザリ)	**중심어**(中心語・カザラレ)
~から(を)	~する
場所名詞 **(장소 명사)**	出発の動詞 **(출발 동사)**
○家から 出る。(집에서 나오다) ○故郷から 去る。(고향에서 떠나다) ○会場から しりぞく。(회장에서 물러나다) ○礼拝堂から 離れる。(예배당에서 떠나다) ○家を 出る。(집을 나오다) ○駅を たつ。(역을 출발하다) ○町を とおざかる。(읍내를 떠나다) ○ホテルを ひきあげる。(호텔을 철수하다)	

[出発の結び付き]의 連語에선 뉘앙스적 차이는 약간 있지만, 종속어가 [~から] 혹은 [~を]이기도 한 특징을 가지고 있어서 그 점에서 다른 [場所へのかかわり]의 경우와 구별된다.

그런데 현대일본어의 [~を]는 보통 영향을 미치는 대상을 의미한 경우에 사용되지만, 이와 같이 出発の結び付き의 連語에서 [~を]를 사용할 수 있다는 것은, 앞으로 다룰 [⑤空間的な移動の結び付き]나 [⑥空間的な通過の結び付き]와 함께 주목할 만하다. 앞에서 인간의 동작은 [사물]뿐만이 아닌 [장소]도 포함하여 외적인 대상으로 실현된다는 사항을 서술했는데 그것의 간접적인 증거일 것이다.

(注)

[出発の結び付き]의 종속어명사는 [~から] 혹은 [~を] 둘 다 수용한다 했는데, [~を]의 경우, 단순히 공간적인 이동을 위한 출발점을 의미하는 것이 아닌, 일종의 사회적 의미가 부과되는 경우가 많은 듯하다. 예를 들어 [家から出る]와[家を出る]를 비교해보길 바란다. [家を出る]에선 단지 공간적인 출발점을 의미하는 것이 아닌, 집을 떠나서 별거한다・자립한다 등의 의미로도 해석될 수 있을 것이다. 하지만 굳이 이야기 한다면 [~から]쪽이 공간적인 출발점을 의미하는 것 같다. 이 같은 사례를 포함해, 다시 한번 [~を]와 [~から]의 차이에 주목해야 할 것이다.

또한 [家を出る]가 별거한다・자립한다 등을 의미하는 사례는 앞으로 다룰 [社会的な人間活動]에 상당하는 것이다. [＜제2장＞ヒトの動作を意味する動詞連語(No2) (인간의 동작을 의미하는 동사연어(No2))의 [2-1.社会的な人間活動について(사회적인 인간활동에 대하여)] 등을 참조해주길 바란다.

⑤ 空間的な移動の結び付き(공간적인 이동의 결합)

[空間的な移動の結び付き(공간적인 이동의 결합)]는 [ヲ격] 종속어명사가 나타내는 장소를 무대로, 그곳에서 일정한 이동동작을 실현시킨다. 구조적 타입면에선 [ヲ격] 종속어는 [장소명사] 중심어동사는 [공간적인 이동동사]이다. 중심어에 공간적인 이동동사가 사용되지만 [空間的な移動の結び付き]에선 어디에서 어디까지의 이동인지에 대해선 전혀 관심이 없다.

종속어(従属語・カザリ)	중심어(中心語・カザラレ)
～を	～する
場所名詞 (장소 명사)	空間的な移動の動詞 (공간적인 이동의 동사)
○いなか道を 帰る。(시골길을 돌아가다) ○山を 登る。(산을 오르다) ○公道を 逃げる。(국도를 도망가다) ○公園を 歩く。(공원을 걷다) ○校庭を 走る。(교정을 달리다) ○林を さまよう。(숲을 헤매다) ○駅前を ぶらつく。(역 앞을 어슬렁거리다) ○海岸を 散歩する。(해안가를 산보하다)	

[空間的な移動の結び付き]에선 어디에서 어디까지의 이동인지를 묻지 않고, 오직 거기에서 어떤 이동동작을 구체화하고 있는가에 대해서만 관심을 보이는 듯하다. 따라서 대부분 일정한 양태를 수반하는 의미를 가진 동사(예를 들면, [歩く], [走る], [さまよう], [ぶらつく], [散歩する] 등)가 사용된다. 그런데 [空間的な移動の結び付き]는 [①空間的な位置変

化の結び付き]와도 병합하는 성질을 가지고 있다. 예를 들면, [いなか道を病院から家に帰る], [林道を山の頂上まで登る], [おもて通りをお店まで走って来る] 등이 그것이다.

(注)

連語論은 連語의 구조적 타입에 준거해서 각각의 [結び付き]을 구별하는 것인데, 여기에선 ①과⑤ 타입을 구별하는 명칭에 대해서 설명하고 싶다. 필자는 당초, 그 명칭을 [①空間的な移りの結び付き][⑤空間的な移動の結び付き]로 표현해 보았다. 이 두 개의 [結び付き]의 명칭은 단지 필자 생각대로 표현해본 것인데 高橋弥守彦가 충실하게 이 용어를 사용해주고 있기에 책임감을 통감하고 있다. 필자 생각으론 ①에선 A지점에서 B지점에 [移る]하는 점, ⑤에선 일정한 공간을 [移動する]라는 의미로 구별해본 것이다. 하지만, ①과⑤의 명칭을[…移り]과[…移動]으로 구별하는 것은 뭔가 부족한 느낌이다. 그 뒤에 高橋와도 이야기를 한 뒤 일단, ①의 명칭을 [空間的な位置変化の結び付き]로 표현해보았다. 하지만, 아직도 부족한 느낌이다. 高橋를 포함한 다른 분들도 이 부분에 대해선 재고해주었으면 한다.

⑥ 空間的な通過の結び付き(**공간적인 통과의 결합**)

[空間的な通過の結び付き]는 [ヲ격] 종속어명사로 표현된 장소를 통과하는 의미를 나타낸다. 連語의 구조적 타입면에선 [ヲ격], [장소명사]를 종속어로 하고, [공간적통과 동사]을 중심어로 한다.

종속어(従属語・カザリ)	중심어(中心語・カザラレ)
~を	~する
場所名詞 **(장소 명사)**	空間的な通過の動詞 **(공간적인 통과의 동사)**
○税関を とおる。(세관을 통과하다) ○やぶを ぬける。(덤불을 빠져나가다) ○校庭を とおる。(교정을 지나가다)	

○町を とおりすぎる。(읍내를 통과하다)
○川を よこぎる。(강을 가로지르다)
○橋を わたる。(다리를 건너다)
○山を こえる。(산을 넘다)
○ゴールラインを こえる。(골 라인을 넘다)

[空間的な通過の結び付き]는 [ヲ격] 장소명사를 종속어로 하는 것에서 空間的な移動の結び付き와 유사하다. 단, 공간적인 이동의 경우, 꽤 일정한 넓은 범위의 공간(직선적인 공간도 여기에 해당된다)을 필요로 한다. 따라서 일정한 공간성을 가지고 있는 장소명사를 원칙으로 하고 있다. 그에 반해 空間的な通過の結び付き에서는 [税関を(とおる)], [ゴールラインを(こえる)]와 같이 공간성이 부족한 장소명사가 쓰여도 상관없다.

또한, 공간적인 이동의 경우 [村から町に街道を行く], [いなか道を病院から家に帰る]와 같이 [空間的な位置変化の結び付き]와 합병하는 것도 가능하지만, 공간적인 통과를 나타내는 경우에는 이런 표현은 쓰기 어려울 것 같다. 이 경우에는 일반적으로 합병이 아닌 [山をこえて村から町に行く], [校庭をとおって病院から家に帰る]와 같이 병렬의 표현을 쓴다.

게다가 [空間的な通過の結び付き]를 의미하는 連語에선 그 동작의 주체가 인간이 아니라 탈것이나 동물인 경우도 적지 않다. 이것도 이런 종류의 連語의 특징 중 하나라고 할 수 있을 것이다.

그런데 連語 [駅をとおる]는 일반적으론 역구내를 빠져나간다는 의미를 가지지만, [駅をすぎる]의 경우는 대부분 역 앞 광장이나 도로를 통과한다는 의미로 사용되는 것 같다. 또한, 종속어명사 [駅]에 장소적 부사명사를 더해 [駅のところをとおる], [駅のまえをとおる] 같은 표현도

있다. 이 같은 여러 가지 連語에 대해서도 자세하게 관찰해야 할 것이다. 이 부분에 대해서는 앞으로의 연구에 기대하는 바이다.

⑦ 立ち居の結び付き(멈춤의 결합)

[立ち居の結び付き]는 [ニ격] 종속어명사가 장소를 나타내고 중심어동사가 그 장소에 서거나 자는 것과 같이 그 존재를 실현시키는 것을 의미한다. 連語의 구조적 타입면에는 [ニ격] 종속어명사는 [장소적 명사] 중심어동사는 [立ち居の動詞(멈춤의 동사)]이다.

<table>
<tr><th>종속어(従属語・カザリ)</th><th>중심어(中心語・カザラレ)</th></tr>
<tr><td>~に</td><td>~する</td></tr>
<tr><td>モノ名詞
(사물 명사)</td><td>立ち居の動詞
(멈춤의 동사)</td></tr>
<tr><td colspan="2">○いすに すわる。(의자에 앉다)
○ベンチに 腰かける。(벤치에 앉다)
○ベッドに 寝る。(침대에 눕다)
○ふみ台に 乗る。(디딤대에 올라서다)
○ソファーに 寝そべる。(소파에 눕다)
○教壇に 立つ。(교단에 서다)
○スタートラインに 立つ。(스타트라인에 서다)
○廊下に 立つ。(복도에 서다)
○店先に 立ち止まる。(가게 앞에 멈춰서다)
○公園に たたずむ。(공원에서 서성이다)</td></tr>
</table>

이 결합에선 [ニ격] 종속어는 장소적 명사인데 이 경우 소위 말하는 장소명사일 필요는 없다. 대개는 [いす], [ベンチ], [ベッド], [ふみ台], [ソファー] 등과 같은 [사물명사]도 사용된다. 단, 이들 [사물명사]는 일

정한 장소를 의미하는 것으로 [立ち居の結び付き]로 사용된다고 할 수 있을 것이다. 사물명사가 장소화 되었다고 할 수 있다. 즉, 종속어명사 [いすに(すわる)], [ベンチに(腰かける)], [ベッドに(寝る)], [ふみ台に(乗る)], [ソファーに(寝そべる)]등은 사물의 의미를 나타내는 것이 아니라, 그 사물이 있는 장소를 [立ち居] 장소로 나타내고 있는 것이다. 게다가 [ベンチに腰かける], [ベッドに寝る]등 에선 [ベンチ], [ベッド]를 장소화 해서 대체로 [ベンチのところに腰かける], [ベッドのうえに寝る] 등으로 표현한다.

동사 [立つ]는 [教壇に立つ], [スタートラインに立つ]와 같이 어떤 일정한 지점에서 행하는 동작을 의미한다. 하지만 한정된 특정한 지점이 아니라, [廊下に立つ]와 같이 꽤 넓이를 가지는 장소 [廊下]에서 행하는 동작을 의미하는 경우도 있다. 이 같은 경우 [廊下で立つ] 같은 표현도 가능하다. [廊下に立つ]와 [廊下で立つ]의 의미차이에 주목해보자. [廊下に立つ]에선 [~に]에 의해 [서다]라는 동작을 실현시키는 지점이 지정되어 있다고 할 수 있을 것이다. 그것에 반해 [廊下で立つ]에서는 [~で]에 의해 [立つ]라는 동작이 실현되는 공간적인 장소가 나타나있다고 할 수 있을 것이다. 즉, [廊下に立つ]와 [廊下で立つ]는 거의 같은 의미를 가지고 있다하더라도 그와 같은 뉘앙스 차이를 느낄 수 있다.

또 하나 [すわる], [腰かける]등에선 [~に]의 사용을 원칙으로 하는 것 같고, [いすですわる], [ベンチで腰かける]라고 표현하기는 어려울 것 같다. [いすですわる]라는 표현이 사용된다고 한다면 마치, 의자위에 정좌하고 있는 모습을 연상시킬 것이다. 즉, 뉘앙스의 차이가 있는 것이다.

동사 [寝る]는 기본적으로 [睡眠する]를 의미한다고 할 수 있다. 그렇다면 [ベッドに寝る]보다도 [ベッドで寝る]라는 표현이 일반적일지도 모른다. [~で]가 아닌 [ベッドに寝る]로 표현되었다고 한다면, 단지 [睡

眠する] 라는 의미가 아니라, 그 장소에 [よこたわる]라는 뉘앙스가 부가된다고 할 수 있을 것이다. 즉, 수면을 취하지 않아도 그곳에 누우면 [ベッドに寝る]라고 표현할 수 있을 것이다. 다시 한 번 [~に]와 [~で]의 차이점에 주목해 주었으면 한다.

보충설명

1. ひとの動作ということについて(사람의 동작에 대하여)

이미 설명을 했듯이 여기에선 [인간의 동작]이라는 관점에서 連語를 개관하고 있다. 따라서 [사물의 움직임]을 의미하는 連語는 별개로 생각하고 있다. 또한, 사물이나 인간의 존재 (즉 [ある]나 [いる])를 의미하는 連語도 대상외로 하고 있다. 그것이 連語論 연구에 적절한가라는 의의・비판도 있을 것이다.

오쿠다 교수는 [に格の名詞と動詞との組み合わせ]에 관해서 우선, 사물이나 인간의 존재를 의미하는 連語를 다루었고, [ありかの結び付き]를 기본으로 하고 있다. 그리고 [ゆくさき], [くっつき]등의 순서로 논문을 서술해 갔다. 그 논문에선 [ものの動き]와 [ひとの動作]를 구별하는 모습은 찾아볼 수가 없었다.

이 오쿠다 교수의 논문은 1962년 언어학연구회 합숙연구회에 발표된 것이다. 필자를 포함하여 당시 언어연구회 멤버를 사이에서 강한 공감대를 형성한 내용이었다. 하지만 그 뒤 필자는 궁금증을 품게 되었다. 連語論이 대상으로하는 連語는 일정한 표현적 의미를 실현시키는 언어단위로 이해하게 되었고 그 의심은 더욱 커져갔다.

인간의 동작을 의미하는 連語라는 관점에 서면 필자의 견해는 오쿠다 교수의 [を格の名詞と動詞との組み合わせ], [に格の名詞と動詞との組み合わせ]의 내용과는 차이점을 가지게 된다. 오쿠다 교수의 [を格の名詞と動詞との組み合わせ]에선 그 용례의 상당수가 [인간의 동작]을 의미하는 連語를 대상으로 하고 있고 [사물의 움직임]을 의미하는 連語는 거의 찾아볼 수 없다. 따라서, 그 논문에선 그다지 위화감을 느낄 수 없지만, [に格の名詞と動詞との組み合わせ]에선 [인간의 동작]과 [사물의 움직임]이 혼재되어 있어 마치 [표현적 의미]의 단위인 連語를 대상으로 하지 않는 것처럼 보였다. 본래 오쿠다 교수의 [に格の名詞と動詞との組み合わせ]는 문자 그대로, 종속어인 [ニ격 명사]와 중심어인 [동사]의 결합을 연구대상으로 하고 連語의 [표현적인 의미]로의 접근이 경시되어 있는 듯하다.

오쿠다 교수는 만년에 連語論에 대해서 구체적인 연구・집필을 하지 않았다. 하지만 자주 언급하셨다. [사물의 움직임]과 [인간의 동작]은 차원이 다르다. 또 [사물의 존재]나 [인간의 존재]는 이질적인 것이다. 이와 같이 오쿠다 교수 자신이 시사하였다. 즉, 오쿠다 교수의 [に格の名詞と動詞との 組み合わせ]의 [ありかの結び付き]는 참고할 필요가 있을 것이다. 필자는 그렇게 생각하고 있다.

이 같은 오쿠다 교수의 말을 되돌아보며, 필자의 연구실에선 필자의 책임하에(PengGuangLu)彭広陸・(WuDaGang)呉大綱・(설근수)薛根洙・(NAKANO harumi)中野はるみ・(TAKAHASHI)高橋弥守彦・(BAI AiXian)白愛仙 등이 연구를 진행해 주었다. 그 연구결과는 필자의 관점에선 꼭 만족한다고 할 수 없지만, 그 연구를 통해 필자 나름의 일정한 견해를 정리할 수가 있었다고 할 수 있다. 이 『현대일본어의 연어론(現代日本語の連語論)』은 그와 같은 내용을 구체화 시킨 것이다.

2. 動詞[ある][いる]について(동사 [ある][いる]에 대하여)

동사 [ある], [いる]는 잘 알려져 있듯이, 사물이나 인간의 존재를 의미하는 동사로 사용되고, 대개 [존재동사]로 불린다. 현대일본어에선 [(ものが)ある]와 [(ひとが)いる]를 구별하고 있다. 동사 [ある]또는 [いる]로 만들어지는 連語는 [사물의 움직임], [인간의 동작]과 일직선상에서 마주하고 있는 것으로 보이기 때문에 [사물의 존재], [인간의 존재]로 독립 시켜야 한다고 필자는 생각한다.

하지만, 그 경우의 [사물의 존재]나 [인간의 존재]를 의미하는 [표현적 단위]로, 어떤 連語를 상정해야하는지 판단에 어려움이 있다. 동사 [ある][いる]의 경우 [(ナニカが)ドコカにある], [(ダレカが)ドコカにいる] 등은 모두 [문장]의 문제로 생각된다. 그렇다고 한다면 표현적 단위인 連語를 인지하기 어려울 것이다.

그렇게 생각하는 한편, 동사 [いる]의 어원은 [立ち居の結び付き]에 상응하는 의미([すわる]라는 의미)를 가지고 있고, 그 連語의 특징은 [立ち居の結び付き]의 특징과 비슷한 것 같다. 더구나 [立ち居の結び付き]의 [廊下に立つ], [いすにすわる], [ベンチに腰かける], [ベッドに寝る]등을 [~している]로 표현해서, [廊下に立っている], [いすにすわっている], [ベンチに腰かけている], [ベッドに寝ている]로 나타낸다면 [~に(廊下に・いすに・ベンチに・ベッドに・…)－いる]와 같이 일반화(인간의 존재의 일종)가 가능하다.

게다가, 오쿠다 교수는 소위 말하는 [존재동사]에 대해서[に格の名詞と動詞との결합] 안에서 다음과 같이 서술하고 있다.

[に격] 명사는 존재동사와 결합되면 존재라는 상태가 성립하기 때문에 필요한 존재를 나타낸다. 일본어에서 존재동사는 [ある・いる・おる・ございます] 뿐이다. 그 외 [すむ・とまる・のこる・のこす・ほ

うっておく・存在する・滞在する・駐在する・常駐する・宿泊する]와 같은, 존재동사에 가까운 동사가 있어 [存在の結び付き]를 나타내는 단어결합에 가까운 단어결합을 만드는 능력을 가지고 있다. 하지만 이 중에서 몇 개의 동사는 [くっつけ동사] 그룹에 넣는 것이 정당할 것이다.

여기에서 오쿠다 교수는 [ある], [いる], [おる], [ございます]를 [존재동사]로 나타내고 있다. 필자도 이들은 [動詞を核とする連語]의 대상에서 제외하고 싶다는 생각이다. 또한 오쿠다 교수도 지적하셨듯이 [すむ], [とまる], [のこる], [存在する], [滞在する], [駐在する], [常在する] [宿泊する]등은 존재동사와 일직선상에서 마주하고 있는 듯 하므로 필자도 [動詞を核とする連語]의 범위에 포함시키고 싶은 생각이다.

3. とりつきの動作について(부착의 결합)

사물에 대한 인간의 동작은 기본적으로 [第1節,モノへのはたらきかけ]에서 서술한 것과 같다. 하지만, [사물]에 대한 인간의 동작은 그 [사물]을 마치 장소화 하여 실현되는 경우가 있다. 예를 들어 [しがみつく], [よりかかる]와 같은 동사의 경우이다.

이들 동사 [しがみつく], [よりかかる]는 [手すりにしがみつく], [窓によりかかる]와 같은 連語를 만드는데, 이때 [手すりに], [窓に]는 [なにに]로도 [どこに]로도 표현가능하다. [しがみつく], [よりかかる]의 대상은 [사물]임에 분명하지만 [どこに]로 규정하는 것도 가능하다. 이 같은 동사를 중심으로 하는 連語는 [とりつきの結び付き(가칭)]로 칭하고 일반화 해야 하는 것일지도 모른다. 예를 들어 다음과 같은 連語가 있다고 하자.

○手すりに　しがみつく。(손잡이에 매달리다)
○鉄棒に　すがりつく。(철봉에 매달리다)
○柱に　とりつく。(기둥에 매달리다)
○ソファーに　とびつく。(소파에 달려들다)
○窓に よりかかる。(창가에 기대다)
○机に　もたれる。(책상에 기대다)
○テーブルに　もたれかかる。(테이블에 기대다)

이 連語는 오쿠다 교수의 [に格の名詞と動詞との결합]에서는 [くっつきの結び付き]에 소속되어 있다. 오쿠다 교수의 [くっつきの結び付き] 속에서 [인간의 동작]에 상당하는 것을 추려내 보면, 위 예문과 같은 [とりつきの結び付き(가칭)]를 지적할 수 있다. 구조적인 타입면에선 [ニ격] 종속어명사가 [사물(＝장소)]를 나타내고 그 사물에 [とりつく]라는 행위의 중심어동사가 의미한다.

그런데 이 같은 連語 [とりつきの結び付き(가칭)]에서는 자기 자신의 [신체]를 무언가에 접촉시킨다는 동작을 의미한다. 이 경우, 자기 자신의 육체적인 부분을 접촉시킨다는 것이 명백하기 때문에 連語의 의미면에서는 접촉시키는 자기 자신의 육체적인 부분에 무관심한 것 같다. 게다가, 손만 가지고 [ナニカにすがりつく]와 같은 행위도 가능할 것이고, 등만을 가지고 [ナニカにもたれかかる]와 같은 행위도 가능할 것이다. [両手でナニカにしがみつく]라든가 [背中でナニカにもたれかかる]와 같은 連語는 일반적으로 사용되지 않는 것 같다. 즉, 連語의 구조적 타입면에선, 일단 [ナニカに－～する]라는 표현이 되는 것은 아닐까. 하지만 이 경우 대개[(육체의 부분)で]가 부가 된다. 이 連語의 표현적인 기본적 구조면에선 육체적인 부분에 무관심하다고 할 수 있을 것이다.

그런데 [ニ격] 종속어 [～に]는 대개 [場所へのかかわり]를 의미하는

連語에 사용된다. 여기에서 알 수 있듯이 [~に]에는 일종의 공간적인 뉘앙스가 포함되어 있다. 이 같은 경우에서도 이 [とりつきの結び付き(가칭)]는 [⑦立ち居の結び付き]와 유사하다고 할 수 있을 것이다. [1-1.モノへのはたらきかけ]에서 나온 連語등과는 일직선상에서 마주하고 있다.

4. 動詞[さわる][ふれる]について(동사 [さわる][ふれる]에 대하여)

동사 [さわる], [ふれる]는 다음과 같이 사용된다.

○(あかちゃんの) ホッペタに さわる。(얼굴을 만지다) ○(階段の) 手すりに ふれる。((계단의) 손잡이에 닿다)

이들 連語에선 동작의 대상이 [ニ격] 명사로 나타내어지지만, 때로는 [(あかちゃんの)ホッペタをさわる], [(階段の)手すりをふれる]와 같이 [ヲ격] 명사가 사용되는 경우도 있을 것이다. 특히, 노령자・중년의 경우에 이런 표현을 사용하는 경향을 볼 수 있다. 단, [ヲ격]이 사용되는 것은 상당히 의식적인 동작을 의미하는 느낌이다. [(あかちゃんの)ホッペタをさわる], [(階段の)手すりをふれる]와 같은 [ヲ격] 명사와의 결합은 [第1節,ものへのはたらきかけ]에서 설명한 [さわりかたの結び付き]로 생각해도 무방할 것이다.

일반적으로 동사 [さわる], [ふれる]는 [ニ격] 동사를 종속어로 사용하는 것 같지만, 그것은 꽤 단순한 접촉을 의미하기 때문은 아닐까. 즉, 극히 우연하게, 우연한 접촉에 의해 [ホッペタにさわる], [手すりにふれる]라는 상황이 발생하는 것이다. 그에 비해 [ホッペタをさわる], [手すりをふれる]의 경우는 사물을 대상으로 하는 의식적인 동작을 뜻할 것이다.

그런데 동사 [さわる], [ふれる]는 재귀적으로 사용하면 예를 들어 [汚

水を手にさわる], [ゴミを足にふれる]나 [手を汚水にさわる], [足をゴミにふれる]등과 같이 사용될 것이다. 이 같은 連語는, 그대로 [汚水が手にさわる], [ゴミが足にふれる]나 [手が汚水にさわる], [足がゴミにふれる]등으로도 바꿀수 있다. 이런 경우를 생각해보면 [さわる], [ふれる]는 꽤 특수한 동사라고 할 수 있을 것 같다.

5. 動詞[乗る]について(동사 [乗る]에 대하여)

동사 [乗る]는 본래 [立ち居の結び付き]의 전형적인 동사였을 것으로 생각되지만, 인류가 여러 가지 이동수단을 발달시킴에 따라 [馬に乗る] [牛車に乗る]와 같은 連語가 생기게 되었다. 또한 [自転車に乗る], [電車に乗る], [トラックに乗る] 등과 같은 連語도 사용되게 되었다.

그와 함께 동사 [乗る]에는 본래의 뜻과는 다르게 여러 가지 도구・수단을 사용해서 이동한다고 하는 특수한 의미가 부가되었다. 게다가 노령자・중년 사이에서는 [~に]를 대상화 시켜 [馬を乗る], [自転車を乗る], [トラックを乗る]와 같은 표현를 쓰는 경우가 있다.

또, [馬に乗る], [自転車に乗る], [トラックに乗る]와 같은 표현에 거부감이 없는 사람들은 [馬を乗る], [自転車を乗る], [トラックを乗る]와 같은 표현에 위화감을 가지고 있는 것 같다. 이런 위화감을 가진 사람들도 [馬を乗りまわす], [自転車を乗りつぶす], [トラックを乗りこなす]등을 예로 제시하면 이런 표현이 쓰인 것을 납득한다. 또한 [馬に乗りまわす], [自転車に乗りつぶす], [トラックに乗りこなす]등과 같은 표현은 쓰기 어려운 면이있다. 게다가, 동사 [(ナニカを)まわす], [(ナニカを)つぶす], [(ナニカを)こなす]는 일반적으로 [もようがえ]의 의미로 사용된다. 그렇다고 한다면 [馬を乗りまわす], [自転車を乗りつぶす], [トラックを乗りこなす] 등은 もようがえ(모양변화)적인 의미가 부가된 것일까.

또 하나, [馬を乗る], [自転車を乗る], [トラックを乗る]등의 連語는 [馬], [自転車], [トラック] 등에 작용하여 그것을 움직인다는 뉘앙스를 가지고 있다. 그런 의미로 보면 이들 連語는 [もようがえの結び付き(모양변화 결합)]에 속하게 될까. 또한 [学校から公園へ馬を乗る], [家から駅まで自転車を乗る], [工場から倉庫までトラックを乗る]등은 [うつしかえの結び付き]가 되는 것일까. 우선은 그렇다고 생각하자. 이들 모두 [ものへのはたらきかけ]에 속하는 連語다. 이동수단인 [乗る]의 의미는 꽤 개별적이다. [自転車に乗る], [電車に乗る], [トラックに乗る]라는 표현에서 구체적인 동작은 종속어로 나타내어지는 사물을 이동수단으로 사용한다는 의미에선 같지만, 그 구체적인 이동의 구조는 완전히 개별적이다. 각각의 連語를 각각 설명할 수밖에 없는 것이다. 넓은 의미에선 일종의 관용적인 連語로 생각할 수 있지 않을까. 이런 면에서 보면 [乗る]는 특수한 동사라고 할 수 있을 것이다.

6. その他動詞について(그 밖의 동사에 대하여)

동사 [登る]는 [山に登る]로도 [山を登る]로도 사용된다. 또 [木に登る]로도 [木を登る]로도 사용된다. [山に登る]의 [山に]에는 목적지를 [山を登る]의 [山を]는 이동경로를 의미하는 것 같다. 하지만 이 같은 감촉의 차이는 [木に登る], [木を登る]에 적용하기는 어렵다. 즉, 논리적으로는 [木に]를 목적지 [木を]를 이동경로라고 말할 수는 있겠지만, 아무래도 어색한 부분이 있다. 게다가 [(로프를 사용해)ビルの壁を登る]라는 표현은 존재하지만 [(로프를 사용해)ビルの壁に登る]라고 할 수 있을까. 여러가지 사항을 생각해보면 판단하기 어려운 사항이다.

동사 [近づく]는 [病院に近づく], [公園の方から学校へ近づく], [駅の

ところから下宿の方に近づく]와 같이 구조적인 타입 면에선 [~から：~に・~へ・~まで－近づく]와 같은 일반화가 가능한 듯 하고 [空間的な位置変化の結び付き(공간적인 위치변화의 결합)]에 속한 連語라고 할 수 있을 것 같다. 그러나 의미면에서 보면 목적지에 도착한다는 것은 아니다. 이런 점들로 미루어 [近づく]나 [接近する]등은 특수한 동사라고 해야 할 것인가.

[湯にはいる], [湯をあびる] 등은 인간의 입욕동작을 의미하는 連語지만, 일종의 관용구(관용적인 결합)로 정착한 듯 보인다. [湯にはいる]는 목욕을 시작한다는 뜻의 連語를 나타내는 관용구(관용적인 결합), [湯をあびる]는 [とりつけ]를 의미하는 재귀적 連語의 관용구(관용적인 결합)라고 할 수 있을 것이다. 동사 [ぶつかる]는 인간의 동작의 표현에 사용되어, 예를 들어 [歩行者にぶつかる], [電柱にぶつかる]와 같은 連語 만든다. 이 連語들은 인간의 동작을 [사물]에 준하여 표현한 무의지적 표현이라고 할 수 있을 것이다. 이 連語들은 [사물의 움직임]을 의미하는 連語 부분에서 다루어야 할 것 같다. 게다가, 인간의 동작도 무의지적인 경우에는 자주 [사물의 움직임]에 준하는 표현을 취한다.([사물의 움직임]에 대해서는 [＜제3장＞モノの動きを意味する動詞連語]에서 다룰 것이다.)

1-3. 所有的なかかわり(소유적인 관계)

<들어가기>

인간은 사회적인 교류속에서 자주 [ダレカからナニカをうけとる]나

[ダレカにナニカをわたす] 등과 같이 일정 물품을 타인과 주고받곤 한다. 이 [ダレカからナニカをうけとる]나 [ダレカにナニカをわたす]등과 같은 連語는 단순한 소유동작을 의미하고 있지만, 이런 종류의 連語는 [ダレカからナニカをもらう], [ダレカにナニカをやる]와 같이, 대개 사물의 소유권(점유권) 수수(授受)의 의미를 타나내는 경우가 있어 주목할 만하다. 게다가 [ダレカからナニカをうけとる], [ダレカにナニカをわたす]도 각각의 구체적인 사용 장면에선 소유권(점유권) 수수(授受)의 의미를 나타내는 경우가 있다. 이 連語들에 대해서 여기에선 [所有的なかかわり]로 개관해 본다. (괄호안의[점유권]을 부가시킨 것은 [貸す], [借りる]등의 동사를 염두했기 때문이다.)

소유적관계를 의미하는 連語는 오쿠다 교수의 [を格の名詞と動詞との결합]에선 [所有の結び付き]로 논해져 있다. 여기에선 그 구조적 타입에 주목하여 [やりとり]와 [ものもち]로 구분해서 다루어 보기로 한다.

＜1＞ やりとり(수주 관계의 결합)

[やりとり連語]는 [ヲ격] 종속어명사가 인간이 소유하는 것을 나타내고, 중심어동사는 그 사물의 수수(授受)동작을 의미한다. 종속어명사는 수수(授受)의 대상을 의미하는 [ヲ격] 명사만이 쓰이는 경우도 있지만, 원칙적으로 수수(授受)상대를 의미하는 [ニ격]이나 [カラ격]의 명사를 필요로 한다. 수수(授受)를 나타내는 連語는 구조적인 타입의 차이에 입각하여 [①ゆずりわたしの結び付き]와 [②うけとりの結び付き] 2종류로 구분된다.

① ゆずりわたしの結び付き(주다의 결합)

[ゆずりわたしの結び付き]는 [ヲ격] 종속어명사로 나타내어지는 것을 [ニ격] 명사로 나타내어지는 인간에게 넘겨준다는 것을 의미한다. 중심어동사는 [わたす]와 같이 단순히 이양을 의미하는 동사에서 [やる], [あげる]와 같이 그 사물의 소유권(점유권) 이양을 의미하는 동사까지 포함한다. 連語의 구조적인 타입면에선 [ヲ격] 종속어명사는 [사물명사] [ニ격] 종속어명사는 [인간명사]중심어동사는 [ゆずりわたし를 의미하는 동사]이다. 또 [ニ격] 종속어명사는 [へ격]이 쓰이는 경우도 있는데 두 경우 모두 사물을 건내는 상대를 의미한다. 그리고 [ヲ격] 종속어명사는 사물을 건내받는 대상을 의미하며, 대개 자산을 의미하는 일종의 추상명사도 사용된다.

종속어(従属語・カザリ)		중심어(中心語・カザラレ)
~に	~を	~する
ひと名詞 (사람 명사)	もの名詞(資産の名詞も) (사물 명사(자산의 명사)	ゆずりわたしを意味する動詞 (주다를 의미하는 동사)
○先生に　クラブ日誌を　わたす。(선생님에게 클럽일지를 건네다) ○父に　カギを　手わたす。(아빠에게 키를 건네다) ○妹に　ハンカチを　あげる。(여동생에게 손수건을 주다) ○マイカーを　中古業者に　売る。(자가용차를 중고업자에게 팔다) ○壷を　骨董屋へ　売りはらう。(도자기를 골동품상에게 팔아버리다) ○友人に　ポケットマネーを　貸す。(친구에게 돈을 빌리다) ○息子に　資産を　ゆずる。(자식에게 재산을 양도하다) ○子どもに　土地の所有権を　わたす。(자식에게 토지소유권을 건내주다) ○計算機を　売る。(계산기를 팔다) ○営業資金を　貸しだす。(영업자금을 빌려주다) ○財産を　手ばなす。(재산을 처분하다)		

[わたす], [あげる] 등은 양도를 의미하는 기본적인 동사라고 할 수 있지만, 본래 [ドコカにナニカをわたす([とりつけ]의 의미, 예 : 川に橋をわたす)], [ドコカにナニカをあげる([うつしかえ]의 의미, 예 : 棚に荷物をあげる)]와 같이 사용되는 동사이다. 이 같은 連語가 인간을 대상으로 하는 동작으로도 사용되게 되어 [ダレカにナニカをわたす], [ダレカにナニカをあげる]와 같은 [ゆずりわたしの結び付き]가 생기게 되었다는 추측이 가능하다. 새삼 인간의 동작을 의미하는 連語의 다양성을 실감하게 된다. 그런데 [売る], [貸す] 등은 소유권(점유권)의 [양도]에서만 사용되는 전용동사이다. 이 같은 동사가 존재한다고 하는 것은, 連語의 구조 속에 구조적인 타입 [ゆずりわたしの結び付き]가 확립되었다는 의미를 가지게 되는 것으로 보여진다.

또한, 이런 종류의 連語에서는 자주 [ニ격] 종속어명사(사물을 건내는 상대)가 나타나지 않는다. 예를 들어 [計算機を売る], [営業資金を貸しだす], [財産を手ばなす]와 같이 단지 [~を~する]가 되는 경우가 있다. 이 같은 連語는 특정한 상대를 상정하지 않고, 소위 말하는 상업적 소유권(점유권)의 이동을 의미한다.

② うけとりの結び付き(받다의 결합)

[うけとりの結び付き]는 [ヲ격] 종속어명사로 나타내어지는 것을 [カラ격] 명사로 나타내어지는 인간에게서 받는다는 것을 의미한다. 중심어동사는 [うけとる]와 같이, 단지 수리(受理)를 의미하는 동사에서 [もらう] 같이 그 사물의 소유권(점유권)의 수리(受理)를 의미하는 동사까지를 포함한다. 連語의 구조적인 타입면에선, 수리(受理)의 대상을 나타내는 [사물명사]를 [ヲ격] 종속어로 하고, 그 상대를 나타내는 [인간명사]를 [カラ격]를 종속어로 하며, [수수(授受)를 의미하는 동사]를 중심

어로 한다. (수리(受理)의 대상을 의미하는 [ヲ격]명사에는 자산을 의미하는 추상명사도 사용된다.)

<table>
<tr><th colspan="2">종속어(従属語・カザリ)</th><th>중심어(中心語・カザラレ)</th></tr>
<tr><td>~から(に)</td><td>~を</td><td>~する</td></tr>
<tr><td>ひと名詞
(사람 명사)</td><td>もの名詞(資産の名詞も)
(사람/자산 명사)</td><td>うけとりを意味する動詞
(받다를 의미하는 동사)</td></tr>
<tr><td colspan="3">○先生から クラス日誌を うけとる。(선생님으로부터 학급일지를 받다)
○兄から 時計を もらう。(형으로부터 시계를 받다)
○親から 資産を うけとる。(부모로부터 재산을 받다)
○友人から 時計を 買う。(친구로부터 시계를 사다)
○先生から 生活費を 借りる。(선생님으로부터 생활비를 빌리다))
○おじさんに 資金を 借りる。(아저씨로부터 자금을 빌리다)
○借り手から 手数料を とる。(빌린사람으로부터 수수료를 받다))</td></tr>
</table>

[うけとりの結び付き]는 [ゆずりわたしの結び付き]와 같이 [モノへのはたらきかけ]를 의미하는 連語를 연상시킨다. 예를 들어 [とる]라는 동사는 [スーツからボタンをとる]와 같이 기본적으론 [とりはずしの結び付き]에 사용되지만 [借り手から手数料をとる]와 같이 [うけとりの結び付き]에도 사용된다.

부차적으로 [スーツからボタンをとる]와 [借り手から手数料をとる]를 비교해 보기로 하자. 사물명사 [スーツから]가 인간명사 [借り手から]로 바뀌어있는 것, 또 사물명사[ボタンを]가 요금을 의미하는 [手数料]로 바뀐 사항은 주목할 만하다.

또한 [うけとりの結び付き]에선 상대는 [~から]로 나타내는 것이 일반적이지만, [借りる][拝借する]와 같은 소유권(점유권)의 이양을 명확하게 나타내는 동사가 쓰였을 경우에는 [先生に生活費を借りる], [おじさんに資金を借りる]와 같이 [~に]가 사용되는 경우도 있다. 게다가 상대가 개인이 아니라 [郵便局から切手を買う]의 경우처럼 일정한 조직일 경우 [郵便局で切手を買う]와 같이 장소를 의미하는 표현으로도 변환이 가능하다.

그런데 [(おじさんから)家を買う], [(同僚から)マンションを借りる] 등은 취득대상이 부동산을 의미하고 있어 약간은 특수한 경우이다. 대개는 [ダレカから]를 묻지않고 단순히 [家を買う], [マンションを借りる]와 같이 쓰이기 쉽다. 이 같은 連語는 다음에 다룰 [ものもちの結び付き]라고 할 수 있을 것이다. 덧붙여, 부동산취득의 장소를 지정하여 [郊外に家を買う], [市内にマンションを借りる]와 같이 표현하는 것도 가능하다.

부차적으로 [子どもにセーターを買う]라는 連語가 있다. 이 경우 [子どもに]는 판매자가 아니다. [子どものためにセーターを買ってやる]라는 의미로 [子どものセーターを買う]라고도 할 수 있다. 이런 종류의 連語는 문법적인 카테고리인 [ヤリモライ](예를 들어 [子どもにセーターを買ってやる])에 해당한다. 문법적인 카테고리인 [ヤリモライ]의 구조 속에서 사용됨에 따라 동사 [買う]에 [買ってやる]의 의미가 부가되었다고 할 수 있을 것이다.

＜2＞ ものもちの結び付き(사물소유의 결합)

[ものもちの結び付き(사물소유의 결합)]는 [ヲ격]종속어명사로 나타내어지는 것을 [ニ격]명사로 나타내어진 곳에 보존한다는 것을 의미한

다. 중심어동사는 [ためる]와 같이 단순히 축적을 의미하는 동사에서 [もつ]와 같이 그 사물의 소유권(점유권)의 취득을 의미하는 동사까지를 포함한다. 구조적인 타입면에선 [ヲ격] 종속어명사는 [사물명사] [ニ격] 명사는 [ありか를 의미하는 명사] 중심어동사는 [ものもち를 의미하는 동사]이다. ([ヲ격] 종속어명사에는 자산을 의미하는 추상명사도 사용된다.)

종속어(従属語・カザリ)		중심어(中心語・カザラレ)
~に	~を	~する
ありかを意味する名詞 (존재를 의미하는 명사)	もの名詞(資産の名詞も) (사물/자산의 명사)	ものもちを意味する動詞 (사물소유의 동사)
○土間に　米俵を　ためる。(토방에 쌀가마니를 모으다) ○ひきだしに　貴金属を　ためこむ。(서랍에 귀금속을 모아두다) ○倉庫に　食料を　たくわえる。(창고에 식료품을 저장하다) ○タンスに　金を　ためる。(옷장에 돈을 모으다) ○貯金箱に　小銭を　ためこむ。(저금통에 잔돈을 모으다) ○銀行に　開店資金を　つみたてる。(은행에 개업자금을 적립하다) ○軽井沢に　別荘を　もつ。(가루이자와에 별장을 소유하다) ○郊外に　家を　買う。(교외에 집을 사다) ○市内に　マンションを　借りる。(시내에 멘션을 빌리다)		

[ものもちの結び付き]는 [ものへのはたらきかけ]에 속한 [とりつけの結び付き]나 [手もちの結び付き]을 기본으로 발달해 왔다고 할 수 있을 것이다. 소유권이라는 사회적 약속이 정착되어 [ドコカにナニカをためる]나 [ドコカにナニカをもつ]등과 같은 타입의 連語가 생기게 되었다고 추측할 수 있다.

그런데 [ものもちの結び付き]는 [~に~を~する]의 구조를 취하고

[ゆずりわたしの結び付き]와 일치한다. 하지만, ものもちの結び付きの [二격] 종속어명사는 소유물의 ありか를 나타내고 있어, 이런 점에서 양도의 경우(二격 명사는 상대방)와는 차이가 있다.

또한 [買う]나 [借りる] 등은 うけとり를 의미하는 동사로 [ダレカからナニカを買う], [ダレカからナニカを借りる]처럼 사용되지만, 그것을 [ドコカにナニカを~する] 구조에 입각해서 사용하면 [郊外に家を買う],[市内にマンションを借りる]와 같이 소유권(점유권) 취득의 의미가 생기게 된다. 이런 경우도 ものもちの結び付き로 생각해도 무리는 없을 것이다.

부동산 소유를 의미하는 連語([軽井沢に別荘をもつ], [郊外に家を買う], [市内にマンションを借りる]등)는 사물이나 자산을 축적한다는 의미의 連語([土間に米俵をためる], [ひきだしに貴金属をためこむ], [貯金箱に小銭をためこむ]등)와 동일한 성질을 가지고 있는 듯 하다. 여기에선 [ものもち]로 일괄적으로 표현했지만, 다르게 다루는 것도 좋을 것 같다. 즉, [たくわえ]와 [資産所有]를 구별해야 하는 것은 아닐까.

또 하나 [外資をかせぐ]와 같은 連語는 의미면에선 [ものもち]와 유사한 것처럼 보이지만, 구조적인면에선 [~に]가 결여되어 있기 때문에, 같은 종류의 連語라고는 할 수 없을 것이다. 이 같은 連語도 포함하여, ものもちの結び付き에 대해서 재고해 보았으면 한다. 이 부분은 앞으로 행해질 연구에 기대하는 바이다.

보충설명

오쿠다 교수의 [を格の名詞と動詞との결합]에서는 여기에서 다루었던 連語 전체를 [所有の結び付き]로 논하고 있다. 거기에 두개의 카테고리 [やりもらいの結び付き]와 [ものもちの結び付き]를 다루고 있다.(또한, 필자의 연구실에서는 문법적 카테고리 [ヤリモライ]과 구별하기 위해서 [やりもらい]라는 명칭을 사용하지 않고 [やりとり]라는 표현을 사용하고 있다.)

소유적 관계의 連語는 일정 물품을 인간이 고유한 것으로 소유할 수 있게 된 사회적 구조의 발달에 따라 생긴 것이라 할 수 있다. 따라서 소유적 관계를 의미하는 連語는 대개 ものへのはたらきかけ를 의미하는 連語와 관련지을수 있다. 예를 들어 [ゆずりわたし]는 [とりつけ]나 [うつしかえ]를 유추하게 한다. [バッジを花子にあげる]는 [とりつけ]의 [バッジを花子の胸につける]를 연상시키고 [コピー機を病院に貸す]는 [うつしかえ]의 [コピー機を病院に運ぶ]를 연상시킨다고 할 수 있을 것이다.

한편 [うけとり]는 [とりはずし]나 [うつしかえ]를 유추하게 한다. 즉, [太郎から手がみをうけとる]는 [とりはずし]의 [ひきだしから手がみをとりだす]와 [食材をスーパーから買う]는 [うつしかえ]의 [食材をスーパーから運びこむ]와 관련이 있다.

또한 [ものもち]는 [とりつけ]나 [手もち]를 연상시킨다. 즉, [銀行に開店資金をつみたてる], [郊外に別荘をもつ] 등은 [とりつけの結び付き]의 [トラックに荷物をつむ]나, [手もちの結び付き]의 [手にカバンをもつ]을 연상시킨다.

위에서 살펴본 지적사항을 정리해보면 다음과 같은 관계로 정리된다.

ゆずりわたし	とりつけ
○バッジを 花子に あげる。 (벳지를 하나코에게 주다) ○妹に ミカンを やる。 (여동생에게 귤을 주다)	○バッジを 花子の胸に つける。 (벳지를 하나코 가슴에 달다) ○妹の手に ミカンを のせる。 (여동생 손에 귤을 놓다)
ゆずりわたし	**うつしかえ**
○コピー機を 病院に 貸す。 (복사기를 병원에서 빌려주다) ○ピアノを 花子に あげる。 (피아노를 하나코에게 주다)	○コピー機を 病院に 運ぶ。 (복사기를 병원에 운반하다)) ○ピアノを 二階に あげる。 (피아노를 2층으로 옮기다)
うけとり	**とりはずし**
○太郎から 手がみを うけとる。 (타로로부터 편지를 받다) ○パソコンを 先生から もらう。 (컴퓨터를 선생님으로부터 받다)	○ひきだしから 手がみを とりだす。 (서랍에서 편지를 꺼내다) ○ナタネから あぶらを しぼりとる。 (유채 씨앗에서 기름을 짜다)
ものもち(たくわえ)	**とりつけ**
○銀行に 開店資金を つみたてる。 (은행에 개업자금을 적립하다) ○貯金箱に 小銭を ためこむ。 (저금통에 잔돈을 저금하다)	○トラックに 荷物を つむ。 (트럭에 화물을 쌓다) ○貯金箱に 小銭を いれる。 (저금통에 잔돈을 넣다)
ものもち(資産所有)	**手もち**
○郊外に 別荘を もつ。 (교외에 별장을 소유하다) ○駅前に 支店を もつ。 (역 앞에 지점을 소유하다)	○手に カバンを もつ。 (손에 손에 들다) ○手に 荷物を もちあげる。 (손에 짐을 들어올리디)

1-4. 心理的なかかわり(심리적인 관계)

<들어가기>

동사에는 보거나 듣거나 사고하는 것과 같은, 넓은 의미에서 심리적 활동을 의미하는 동사그룹이 존재한다. 이 같은 동사를 중심(Core)로 하는 連語는 일반적으로 대상에 대한 구체적인 작용과는 상관없이, 단순히 대상에 대해서 보거나 듣거나 사고한 사항과 관련된 심리적 활동을 나타낸다.

이 같은 심리적 활동을 의미하는 連語를 [認識する心理活動], [思考する心理活動], [判断する心理活動], [論理操作的な心理活動], [モーダルな心理活動], [発見的な心理活動]으로 구분해서 생각해 보기로 하자.

또한, 이 파트에서 다룰 連語는 오쿠다 교수의 [を格の名詞と動詞との組み合わせ]의 [1-4.心理的なかかわり]에서 다루어진 내용을 기본으로 할것이다. 단, 이 파트는 필자 나름대로 정리한 내용으로, 대부분은 오쿠다 교수의 논문과는 일치하지 않을 것이다. 이 사항에 대해서는 해당 파트에서 적재적소에 설명하도록 하겠다.

< 1 > 認識する心理活動(인식하는 심리활동)

여기에서 다룰 [認識する心理活動]는 소위 말하는 인식활동에 관한 내용이다. 이것을 의미하는 連語에는 [①感性の結び付き]와 [②感情の結び付き]가 있다. 또한 [①感性の結び付き]는 오쿠다교수의 [を格の名詞と動詞との組み合わせ]의 [認識の結び付き]에서 다루어진 [感性的な結び付き]에 해당한다. 단, 오쿠다 교수의 [感性的な結び付き]에는 [①感性

の結び付き]이외의 사항도 포함되어있어서 여기서 다룰 내용과 동일하지는 않다. 필자의 책임하에 [①感性の結び付き]를 다루어본 것이다.

한편 [②感情の結び付き]는 [態度の結び付き]에 속한 [感情的な態度の結び付き]에 해당한다. 오쿠다 교수와는 다르게 이와 같이 [인식하는 심리활동]으로 다룬 것은 連語의 구조적 타입(특히, 원칙적으로 2단어 連語로 구성된다는 특징)에 주목해서 다루었기 때문이다.

① 感性の結び付き(감성의 결합)

[感性の結び付き]는 시각・청각・후각・미각・감각등의 활동을 의미하는 동사를 중심어로 하고 이 시각・청각・후각・미각・감각 등의 대상을 [ヲ격] 종속어명사로 나타낸다.

종속어(従属語・カザリ)	중심어(中心語・カザラレ)
～を	～する
具体名詞・現象名詞 (구체 명사・현상 명사)	視覚・聴覚・臭覚・味覚・感覚などを意味する動詞 (시각・청각・취각・미각・감각의 동사)
○富士山を みる。(후지산을 보다) ○髪の毛を みる。(머리카락을 보다) ○(おどっている) 妹を　みる。(여동생를 보다) ○雨を ながめる。(비를 바라보다) ○(富士山の) 夕焼けを みる。(후지산의 석양을 보다) ○(髪の毛の) みだれを みる。((머리카락의) 헝크러진 모습을 보다) ○(妹の) おどりを みる。(여동생의 춤을 보다) ○鐘を きく。(종소리를 듣다) ○鐘の音を　きく。(종소리를 듣다) ○小鳥のさえずりを　きく。(새소리를 듣다) ○みそ汁を　かぐ。(된장국 냄새를 맡다) ○(みそ汁の)においを　かぐ。(된장국 냄새를 맡다)	

○酒のかおりを　かぐ。(술 냄새를 맡다)
○果物を　あじわう。(과일 맛을 맛보다)
○(果物の)おいしさを　あじわう。(과일을 맛보다)
○あかりを　感じる。(빛을 느끼다)
○強震を　感じる。(강한 지진을 느끼다)

[感性の結び付き]를 실현시키는 대상은 구체적인 경우도 있지만 현상을 의미하는 경우도 적지 않다. 이들 連語는 어떤 대상에 대해서 보거나 듣거나 냄새를 맡거나 맛을 보거나 하는 행동을 의미한다. 이 같은 인간의 시각・청각・후각・미각・감각 등의 대상을 규정하는 連語인 것이다.

그런데 [感性の結び付き]로 일단 시각의 [(ナニカを)みる], 청각의[(ナニカを)きく], 후각의[(ナニカを)かぐ], 미각의[(ナニカを)あじわう], 감각의[(ナニカを)感じる]을 열거해 보았는데, 이들을 일괄해서[感性の結び付き]로 취급해도 되는 것일까. 이점에 대해서는 왠지모를 의구심을 가지게 된다. 시각의[(ナニカを)みる]이나, 청각의[(ナニカを)きく] 등의 連語적 의미가 분명해서 납득이 가지만, 이 이외의 경우는 다소간에 이단(異端)적인 느낌이 있다. 특히, 미각의[(ナニカを)あじわう]는 [1-1.モノへのはたらきかけ]의 ＜보충설명＞에서 다룬 [2.のみくいの結び付き]에 해당하는 것으로 보인다.

또한, 오쿠다 교수의 [を格の名詞と動詞との組み合わせ]에서는 [落語をきく], [小説をみる] 등을 [感性的な結び付き](이 논문의 [感性の結び付き]에 해당한다)로 규정했지만, 이 같은 連語에 대해서 필자는 [きく活動の結び付き], [よむ活動の結び付き](이 사항은 [1-5.言語的なかかわり]에서 다루었다)로 규정했다.

② 感情の結び付き(감정의 결합)

[感情の結び付き]는 [にくむ], [きらう], [おそれる] 따위나 [うやまう], [とうとぶ] 등과 같은 감정・평가를 나타내는 태도적 성향을 띤 동사를 중심어로 하고, 그 감정・평가의 대상을 [ヲ격] 종속어명사로 나타낸다.

종속어(従属語・カザリ)	중심어(中心語・カザラレ)
～を	～する
具体名詞・抽象名詞 (구체 명사・추상 명사)	感情・評価をしめす態度的な動詞 (감정・평가의 태도적인 동사)
○太郎を　にくむ。(타로를 미워하다) ○妹の勝手を　にくむ。(제멋대로인 여동생을 미워하다) ○ネズミを　きらう。(쥐를 싫어하다) ○親の干渉を　きらう。(부모의 간섭을 싫어하다) ○(町の)雑音を　きらう。(마을의 잡음을 싫어하다) ○警官を　こわがる。(경찰관을 무서워하다) ○酒飲みの乱暴を　こわがる。(난폭한 음주운전을 무서워하다) ○火事を　こわがる。(화제를 무서워하다) ○へびを　おそれる。(뱀을 두려워하다) ○経済の混乱を　おそれる。(경제혼란을 걱정하다) ○病気を　おそれる。(병을 걱정하다) ○犠牲者を　いたむ。(희생자를 애석해하다) ○先生の死を　いたむ。(선생님의 죽음을 애석해하다) ○先生を　うやまう。(선생님을 공경하다) ○師の教えを　あがめる。(스승의 가르침을 공경하다) ○故郷の伝統を　とうとぶ。(고향의 전통을 존경하다)	

이 連語의 감정・평가의 대상은 [ネズミをきらう], [彼女をにくむ]와 같이, 구체적인 사물・인간의 경우에서 [親の干渉をきらう], [経済の混

乱をおそれる]와 같이 여러 대상 등, 꽤 추상적인 것을 나타낼 경우까지 포함한다.

그런데 [感情の結び付き]를 의미하는 連語 [太郎をにくむ], [警官をこわがる], [先生をうやまう] 등은, 조금 표현을 바꿔 [太郎をにくらしく思う], [警官をおそろしいと考える], [先生を尊敬すべきと感じる]와 같이 표현할 수 있다. 이 같은 連語는 [판단의 구조]에 의해 3단어 連語로 구성된 사실을 근거로[感情的な判断の結び付き]로 [＜3＞判断する心理活動]안에서 다루기로 한다. 또한 [太郎をにらみつける]와 같은 連語가 있다. 이것은 [見る]의 일종으로 [①感性の結び付き]로 인식될 것이나, [にらみつける]에는 일종의 증오의 감정이 내포되어 있어 [②感情の結び付き]에 근접한 듯이 보인다.

＜2＞ 思考する心理活動(사고・심리활동 결합)

여기에서 다루는 連語는, 이른바 사고활동을 의미하는 連語다. 넓은 의미에서는 심리활동에 속한 부분으로 생각되어 [사고하는 심리활동]이라고 표현하였다. 이런 連語에는 [①思考活動の結び付き]와 [②想像活動の結び付き]가 있다. 또한 이 [①思考活動の結び付き]와 [②想像活動の結び付き]를, 오쿠다교수는 [認識の結び付き]의 [感性的な結び付き] 범주에서 논했지만, 특히 連語의 구조적 타입에 주목하여 전개해 보았다.

① 思考活動の結び付き(사고활동 결합)

[思考活動の結び付き]는 [かんがえる], [おもう]와 같은 동사를 중심어로 하고 그 대상을 [ヲ격] 종속어명사로 나타낸다.

<table>
<tr><th>종속어(従属語・カザリ)</th><th>중심어(中心語・カザラレ)</th></tr>
<tr><td>~を</td><td>~する</td></tr>
<tr><td>抽象名詞
(추상 명사)</td><td>思考活動の動詞
(사고활동 동사)</td></tr>
<tr><td colspan="2">○山のことを かんがえる。(산을 생각하다)
○先生のことを かんがえる。(선생님을 생각하다)
○組合活動のむずかしさを かんがえる。(조합활동의 어려움을 생각하다)
○妹のことを(あれこれと) おもう。(여동생을 생각하다)
○養子の身分をおもう。(양자의 신분을 생각하다)
○毎日の家庭生活を 反省する。(매일하는 가정생활을 반성하다)
○子どもの旅行(すること)を 心配する。(자식의 여행을 걱정하다)
○教師の苦心(すること)を 理解する。(교사의 고심을 이해하다)
○いろいろな策略を かんがえる。(여러가지 책략을 생각하다)
○ことの善悪を かんがえる。(선악을 생각하다)
○いい名義を かんがえる。(좋은 명의를 생각하다)
○先生の体調を 配慮する。(선생의 몸 상태를 고려하다)
○これからの生活を 考慮する。(앞으로의 생활을 고려하다)
○立派な結婚式を おもう。(훌륭한 결혼식을 생각하다)
○すばらしい計画を おもいつく。(멋진 계획을 생각해내다)</td></tr>
</table>

[思考活動の結び付き]를 의미하는 連語는 그 대상을 구체적인 사물이나 인간이 아닌, 꽤 추상적인 것으로 한다고 할 수 있다. 만약, 구체적인 사물이나 인간을 대상으로 한다면 [山のことをかんがえる], [妹のことをおもう]와 같이 [~のことを]가 요구된다.

그런데 [思考活動の結び付き]는 [山のことをかんがえる], [養子の身分をおもう]와 같이 사고활동을 단순한 테마로 나타내는 것에서 [ことの善悪をかんがえる], [立派な結婚式をおもう]와 같이 사고활동의 결과적 이미지를 나타내는 것까지 다양하게 존재한다. 게다가 [先生の体調を配

慮する], [これからの生活を考慮する]와 같이 심리상태를 의미하는 경우도 있다. 그렇다고 한다면, 이 같은 질적 차이에 주목해서 사고활동의 連語를 세분화해야 하는 것일지도 모른다. 이 사항에 대해선 앞으로의 연구에 기대하는 바이다.

또한, 구체명사에 [～のことを]를 부가하지 않은 [山をかんがえる], [養子をおもう]와 같은 連語도 존재할 것이다. 하지만, 이 같은 連語는 마치 [山]나 [養子]의 구체적인 모습을 머릿속에 이미지화 ([おもいだす]나[想像する])하는 것으로 보여지기 때문에, 다음에 다룰 [②想像活動の結び付き]를 의미하는 連語로 보아야 하지 않을까. 필자는 그렇게 생각한다.

또 하나 [いろいろな策略をかんがえる], [ことの善悪をかんがえる]와 같이 사고활동의 질적인 내용을 의미하는 경우에는 구체적인 대상을 [～について], [～に関して] 등에 접속시켜 [こんどの試合について、いろいろな策略をかんがえる], [息子の日常生活に関して、ことの善悪をかんがえる]와 같은 連語를 만들 수 있다.

② 想像活動の結び付き(상상활동의 결합)

[想像活動の結び付き(상상활동의 결합)]는 [おもいだす], [おもいうかべる], [想像する] 등의 동사를 중심어로 하고 이들 동사가 의미하는 심리활동의 대상을 [ヲ격] 종속어로 나타내 그 대상을 이미지화 한다.

종속어(従属語・カザリ)	중심어(中心語・カザラレ)
～を	～する
具体名詞・現象名詞 (구체 명사・현상 명사)	想像活動の動詞 (상상활동의 동사)
○母を おもいだす。(엄마를 생각하다)	

○母の顔を　おもいだす。(엄마 얼굴을 생각하다)
○娘の結婚式 をおもいだす。(여동생의 결혼식을 생각하다)
○おさないころの子どもを　おもいだす。(어릴적 자식을 생각하다)
○秋の紅葉を　おもいうかべる。(가을 단풍을 회상하다)
○友人の姿を　おもいうかべる。(친구 모습을 회상하다)
○苦しいころの生活を　おもいうかべる。(어려울적 생활을 회상하다)
○ふるさとの山河を　想像する。(고향의 산하를 상상하다)
○実家の親たちを　想像する。(생가의 부모를 상상하다)
○理想的な女性を　想像する。(이상적인 여성을 생각하다)

상상활동의 동사는 [おもいだす], [おもいうかべる], [想像する] 등과 같은 동사로 이미지화된 대상이 [母をおもいだす]와 같이 구체적인 사물 그 자체를 나타내는 경우도 있지만, 대부분은 [母の顔をおもいだす] [秋の紅葉をおもいうかべる], [ふるさとの山河を想像する]와 같이 어떤 의미로 써 현상적 특징을 이미지화하는 것으로 보인다. 때로는 [苦しいころの生活をおもいうかべる], [理想的な女性を想像する]와 같이 추상적인 개념을 이미지화 하는 경우도 있지만, 이 같은 連語가 되면, 앞에서 다룬 [①思考活動の結び付き]와 유사해진다.

또 하나, 상상활동을 의미하는 連語는 오쿠다 교수의 [を格の名詞と動詞との組み合わせ]에서는 [天井をみつめる], [おどりをみる], [雨をながめる] 등의 連語그룹과 함께 [感性的な結び付き]에 속해 있었지만, [おもいだす], [おもいうかべる], [想像する] 등은 자신의 머릿속에서 일정한 영상을 생성하는 의미를 가지고 있어 連語 안에서 단어와 단어의 관계가 달라진다. 따라서 [想像活動の結び付き]로 독립시켰다.

＜3＞ 判断する心理活動(판단하는 심리활동)

판단하는 심리활동은 사고활동(에 더해 어떤 종류의 인식활동)에 입각해서, 일정한 결론적 판단을 하는 것을 말한다. 이 같은 [판단하는 심리활동]을 의미하는 連語에는 [①知的な判断の結び付き]와 [②感情的な判断の結び付き]가 있다.

또한, 여기서 다룬 [②感情的な判断の結び付き]는 오쿠다 교수의 [を格の名詞と動詞との組み合わせ]의 [感情的な態度の結び付き]의 일부에 해당한다. 連語의 구조적 타입에 주목하여 [②感情的な判断の結び付き]로 특설(特設)해 보았다.(또, 필자의 [①知的な判断の結び付き]는 그대로 오쿠다 교수의 [知的な態度の結び付き]에 해당한다.)

① 知的な判断の結び付き(지적 판단의 결합)

[知的な判断の結び付き]는 [ヲ격] 종속어명사로 나타내어진 대상에 대해 일정한 판단을 내리는 것을 의미한다.

종속어(従属語・カザリ)		중심어(中心語・カザラレ)
～を	～と(に)	～する
具体名詞・抽象名詞 (구체 명사・추상 명사)	(判断の内容) (판단의 내용)	思考活動の動詞ひろく認識活動の動詞 (사고활동동사・인식활동 동사)
○彼を 支援者と 思う。(그를 지원자라고 생각하다) ○母のつぶやきを 忠告のように 思う。(엄마의 잔소리를 충고처럼 생각하다) ○この文章を 父の遺言と 思う。(이 문장을 아버지의 유언이라고 생각하다) ○叔父を 保証人に 考える。(작은 아빠를 보증인으로 생각하다) ○彼女を 娘のように 考える。(그녀를 딸처럼 생각하다) ○花子を 恩人として 考える。(하나코를 은인이라고 생각하다) ○おじさんを 恩人に 感じる。(아저씨를 은인이라고 생각하다)		

○きょうの夕日を 季節の変わり目と 感じる。(오늘 저녁을 환절기라고 느낀다)
○太郎を 犯人だと 判断する。(타로를 범인이라고 판단한다)
○骨董を 資産に みなす。(골동품을 재산으로 간주한다)
○この山林を 先祖の遺産と 見る。(이 산림을 선조의 유산으로 보다)
○小鳥のさえずりを 女神の声と 聞く。(작은 새의 울음소리를 여신의 소리로 듣는다)
○高い山を 低いと 錯覚する。(높은 산을 낮다고 착각하다)

[知的な判断の結び付き]는 [彼を支援者と思う], [叔父を保証人に考える], [おじさんを恩人に感じる]와 같이 連語의 구조적 타입 면에서 판단의 내용은 [～と], [～に] 등으로 나타내어진다. 이 구조적 타입은 이 連語의 특징으로 필자의 주변인들 사이에선 [판단의 구조]로 불리였다. 게다가 [見る], [聞く]와 같은 시각・청각을 의미하는 동사라고 하더라도 이 [판단의 구조]로 사용되면 [この山林を先祖の遺産と見る], [小鳥のさえずりを女神の声と聞く]와 같이 知的な判断の結び付き가 된다.

판단의 내용은 [～と], [～に] 외에도 예를 들어 [(彼女を)娘のように(考える)], [(花子を)恩人として(考える)], [(太郎を)犯人だと(判断する)]와 같이 여러 가지 표현으로 나타내어진다.

그런데 [知的な判断の結び付き]는 이처럼 구조적인 타입 [판단의 구조]를 지적할 수 있지만, 그 판단의 [내용]은 [太郎を犯人だと判断する] [この文章を父の遺言と思う]와 같이 종속절에 해당하는 것까지 존재한다. 이들 連語를 [太郎は犯人だ,と判断する], [この文章は父の遺言だ,と思う]에 까지 확대한다고 하면, 連語論의 영역을 넘어 구문론 영역의 문제(이른바 복합문의 문제)가 될 것이다. 새삼 連語論의 대상이 되는 連語가 단어를 결합해 문을 만드는 문법적 수법을 활용하여 표현적인 단위를 창조한다는 점을 실감하게 된다. 인류의 지혜의 위대함을 생각하게 되는 사항이다.

② 感情的な判断の結び付き(**감정적인 판단의 결합**)

[感情的な判断の結び付き]는 [ヲ격] 종속어명사로 나타내어지는 대상에 대해서, 일정한 감정적인 판단을 한다는 것을 의미한다.

<table>
<tr><th colspan="2">종속어(従属語・カザリ)</th><th>중심어(中心語・カザラレ)</th></tr>
<tr><td>~を</td><td>~く(に・と)</td><td>~する</td></tr>
<tr><td>具体名詞・抽象名詞
(구체 명사・추상 명사)</td><td>(感情の内容)
(감정의 내용)</td><td>思考活動の動詞
(사고활동의 동사)</td></tr>
<tr><td colspan="3">○赤ちゃんを かわいく 思う。(어린아이를 귀엽게 생각하다)
○彼女を にくらしく 思う。(그녀를 얄밉게 생각하다)
○自分を あさましく 感じる。(자신을 한심하게 생각하다)
○事件を 気の毒に 思う。(사건을 딱하게 생각하다)
○先生を 尊敬すべきと 感じる。(선생님을 존경할 만하다고 느끼다)
○夕焼けを うつくしいと 感じる。(석양을 아름답다고 느끼다)</td></tr>
</table>

[感情的な判断の結び付き]를 의미하는 連語는 구조적인 타입면에서 [かわいく(思う)], [気の毒に(思う)], [うつくしいと(感じる)]와 같이 감정적인 내용을 부가는 특징을 가지고 있다. 이 구조적인 타입은 [①知的な判断の結び付き]에서 다룬 [판단의 구조]와 유사하다.

그런데 [판단의 구조]는 [①知的な判断の結び付き]의 連語가 전형적이지만, 그것을 감정적인 판단에도 적용했다고 할 수 있을 것이다. 필자는 [＜1＞認識する心理活動]의 [②感情の結び付き]와는 별도로 [＜3＞判断する心理活動]의 [②感情的な判断の結び付き]로 특설(特設)해 보았는데 이것은, 이들 連語에 [판단의 구조]가 존재하기 때문이다. 또한 이 사항은 오쿠다 교수의 [を格の名詞と動詞との결합] 간행 직후부터 필자 주변인들 사이에서 지적되었고 오쿠다 교수도 용인했던 사항이다.

< 4 > 論理操作的な心理活動(윤리 조작적인 심리활동)

여기에서 문제시하는 논리조작적 심리활동은 어떤것을 다른 어떤것과 비교・대조하거나, 무언가를 다른 무언가로 비유하는 활동이다. 어떤 특정 대상을 설정하고 그것을 논리적으로 조작하는 활동인 것이다.

① 比較·対照の結び付き(비교/대조의 결합)

[比較・対照の結び付き]는 [ヲ격] 종속어명사로 나타내어진 대상에 대해서, [ト격] 또는 [ニ격] 종속어로 나타내어진 기준에 입각하여 종속어명사와 비교・대조하는 것이다.

종속어(従属語・カザリ)		중심어(中心語・カザラレ)
～を	～と(に)	～する
比較・対照の対象 (비교・대조의 대상)	比較・対照の基準 (비교・대조의 기준)	比較・対照の動詞 (비교・대조의 동사)
○赤城山の高さを 谷川岳と くらべる。(A산의 높이를 B산과 비교하다) ○野球部の活躍を バレー部と 比較する。(야구부 활약을 배구부와 비교하다) ○古事記を 日本書紀と 対照する。(고사기를 일본서기와 대조하다)		

[比較・対照の結び付き]는 [古事記を日本書紀と対照する]와 같이 대개 고유명사가 사용된다. 만약 그렇지 않은 경우라도 고유명사적 표현이 주로 사용된다. 그런데 [比較・対照の結び付き]의 [ヲ격] 종속어는

[赤城山の高さを(谷川岳とくらべる)], [野球部の活躍を(バレー部と比較する)]와 같이 대개의 경우 [(固有名詞など)の－(抽象名詞)を]의 형태를 띤다고 볼 수 있다. 단, [ヲ격] 종속어를 [赤城山を], [野球部を]와 같이 사용하면 [(赤城山を)谷川岳の高さと(くらべる)], [(野球部を)バレー部の活躍と(比較する)]와 같이 비교・대조의 기준이 되는 종속어를 [(固有名詞など)の－(抽象名詞)と]와 같은 형태로 사용하게 된다. 그리고 이 경우 기준이 되는 [～と]는, 물론 [～に]로도 바꿀 수 있다. 또 하나, 여기에서 다루는 추상명사(높이・활약)는 일종의 측면(그 사물의 특색이나 특징을 나타내는 요소)을 의미한다.

또한, [比較・対照の結び付き]는 [赤城山と谷川岳の高さをくらべる], [野球部とバレー部の活躍を比較する], [古事記と日本書紀を対照する]와 같이 [ナニカとナニカを～する]와 같은 표현이 가능하다. 이것은 비교・대조의 대상을 열거한 표현으로 볼 수 있을 것이다.

그리고 이 [比較・対照の結び付き]는 오쿠다 교수의 초기 논문 [を格のかたちをとる名詞と動詞との결합]에서는 [関係づけ的な態度の結び付き]로 논해져있다. 하지만, 그 후에 나온 논문 [を格の名詞と動詞との결합]에서는 이 부분을 언급하지 않고 있다.

② たとえ·みたての結び付き(비유의 결합)

[たとえ・みたての結び付き(비유의 결합)]는 [ヲ격] 종속어명사로 나타내어지는 대상에 대해서 [ト격] 또는 [ニ격]종속어로 나타내는 기준에 입각하여 종속어명사와 비교・대조한다.

종속어(従属語・カザリ)		중심어(中心語・カザラレ)
～を	～に	～する
たとえ・みたての対象 (비유의 대상)	たとえ・みたての基準 (비유의 기준)	たとえ・みたての動詞 (비유의 동사)
○新酒の味を ワインに たとえる。(햇술 맛을 와인과 비교하다) ○子犬の姿を ぬいぐるみに みたてる。(강아지의 모습을 인형으로 판단하다) ○息子の努力を 自分のそれに なぞらえる。(자식의 노력을 자신의 노력에 비유하다)		

[たとえ・みたての結び付き]의 [ヲ격] 종속어는 [新酒の味を(ワインにたとえる)], [子犬の姿を(ぬいぐるみにみたてる)]와 같이 대개 [(具体名詞)の－(抽象名詞)を]의 형태를 취하는 것으로 보인다. 단, [ヲ격] 종속어를 [新酒を]와 같이 단독 구체명사로 나타내면 [(新酒を)ワインの味に(たとえる)]와 같이 [たとえ・みたて]의 기준이 되는 종속어는 [(具体名詞)の－(抽象名詞)に]의 형태를 취하게 될 것이다. 이 같은 특징은 [比較・対照の結び付き]와 유사하다.

그런데 이 [たとえ・みたての結び付き]에 해당하는 連語는 오쿠다 교수의 [を格の名詞と動詞との組み合わせ]에서는 [知的な判断の結び付き]의 하나의 예로 논해져있다. 連語의 구조적 타입을 [판단의 구조]로 규정하고 그와 같이 규정한 것으로 보이지지만, [～に]는 일종의 기준을 의미하고 있기 때문에 판단성을 띠고 있지는 않는 것 같다. 그리고 [新酒の味をワインにたとえる]와 [新酒をワインと判断する]를 비교해 보았으면 한다. 이 같은 상항에 근거하여 여기에선 [たとえ・みたての結び付き]로 특설(特設)해 보았다.

＜5＞ Modalな心理活動(모덜적인 심리활동)

[モーダルな心理活動(모덜적인 심리활동)]는 누군가에게 무언가를 원하거나 기대하는 행위, 또는 자기 자신이 무언가를 도모하거나 결의하는 행동을 나타낸다. 이 같은 [モーダルな心理活動]에는 요구적 [モーダル(원하거나 기대하거나 하는 행동)과 의지적 モーダル(도모하거나 결의하는 행동)] 등이 존재하는 것으로 보여 진다. 그리고 그것이 連語의 구조적 타입에 반영되어 [①要求的なモーダルの結び付き]와 [②意志的なモーダルの結び付き]로 구분될 수 있다.

또 하나, 여기에서 다룬 [①要求的なモーダルの結び付き], [②意志的なモーダルの結び付き]는 오쿠다 교수의 [を格の名詞と動詞との組み合わせ]의 [要求的な結び付き], [意志的な結び付き]에 해당한다.

① 要求的なモーダルの結び付き(요구적 모덜적인 결합)

[要求的なモーダルの結び付き(요구적 모덜적인 결합)]는 [ねがう], [いのる], [のぞむ]와 같은 동사를 중심어로 하고 이들 동사가 의미하는 심리활동의 대상을 [ニ격]종속어명사로 나타내며 요구적 모덜(서법)의 내용을[ヲ격] 명사로 나타낸다.

<table>
<tr><th colspan="2">종속어(従属語・カザリ)</th><th>중심어(中心語・カザラレ)</th></tr>
<tr><td>~に</td><td>~を</td><td>~する</td></tr>
<tr><td>ひと名詞(要求のあい手)
(사람 명사)</td><td>動作性の名詞
(동작성 명사)</td><td>要求的なモーダルの動詞
(요구적 모덜적인 동사)</td></tr>
<tr><td colspan="3">○親に 同意を ねがう。(부모에게 동의를 바라다)
○父に 了解を 期待する。(부모에게 승낙을 기대하다)
○先生に 参加を のぞむ。(선생님께 참가를 기대하다)</td></tr>
</table>

○天気を 期待する。(좋은 날씨를 기대하다)
○好転を いのる。(호전을 기원하다)
○民主化を ねがう。(민주화를 원하다)

[要求的なモーダルの結び付き]는 일반적으론 [親に同意をねがう], [父に了解を期待する], [先生に参加をのぞむ]와 같이 상대방이 [ニ격]종속어명사로 나타내어진다. 하지만 특정한 상대를 상정할 수 없는 경우에는 자연스럽게 ニ격이 결여되어 [天気を期待する], [好転をいのる]와 같은 連語가 된다. 이 같은 連語는 [요구]가 아닌 [원망(願望)]으로 볼 수 있을 것이다. 더욱이 특정한 상대를 상정하지 않고 [民主化をねがう]와 같이 자신의 원망(願望)을 적극적으로 나타내는 표현을 쓰면 다음에 다룰 [②意志的なモーダルの結び付き]와 유사해진다.

또 하나, [要求的なモーダルの結び付き]는 [ダレカにナニカを……]와 같이 [ニ격]명사로 화자가 무엇인가를 요구할 대상을 나타낸다. 하지만 이 경우 대개 [親の同意をねがう], [父の了解を期待する], [先生の参加をのぞむ]와 같이 [ダレカのナニカを……]와 같은 형태를 취한다. [ニ격]종속어명사로 나타내어지는 인물이 상대방인 동시에, [ヲ격]으로 나타내어지는 동작의 주체를 의미하는 구조를 가지는 것이다.

② 意志的なモーダルの結び付き(의지적인 모덜적인 결합)

[意志的なモーダルの結び付き]는 [はかる], [おもいたつ]와 같은 동사를 중심어로 하고 그 동작이 의미하는 심리활동의 내용을 [ヲ격] 종속어명사로 나타내다. [ヲ格]종속어는 의지적으로 실현되는 동작을 의미하는 이른바 동작성 명사이다.

종속어(従属語・カザリ)	중심어(中心語・カザラレ)
~を	~する
動作性の名詞 (동작성의 명사)	意志的なモーダルの動詞 (의지적인 모덜의 동사)
○自立を はかる。(자립을 꾀하다) ○旅行を おもいたつ。(여행을 생각해 내다) ○完全な 教育を こころがける。(안전한 교육에 유의하다)	

[意志的なモーダルの結び付き(의지적인 모덜결합)]에서 일반적으로 중심어동사는 자기 자신의 마음가짐을 의미하고 상대방을 필요로 하지 않는다. 이런 사항은 [意志的なモーダルの結び付き(의지적인 모덜결합)]의 특징으로 볼 수 있을 것이다.

그런데 [のぞむ], [ねがう] 등은 요구적 모덜동사로 [要求的なモーダルの結び付き(요구적인 모덜결합)]를 의미하는 連語에 사용되지만, 이 동사를 자기 자신의 [바람・소원]을 나타낼 때 사용하면 [自立をのぞむ][旅行をねがう]와 같이 원망(願望)을 내포하고 있는 듯한 [意志的なモーダルの結び付き]로 변한다고 볼 수 있을 것이다.

또 하나, [かんがえる], [おもう]와 같은 사고활동의 동사도 [自立をかんがえる], [旅行をおもう]처럼 사용되면 [意志的なモーダルの結び付き]라고 할 수 있을 것이다.

＜6＞ 発見的な心理活動(발견적인 심리활동)

인간의 심리활동에는 의식하는 것과 관련된 무엇인가를 발견하는 일종의 심리적 활동이 있다. 무언가를 보거나 무언가를 생각해서 결과적으로 무언가를 발견하는 것이다. 이 같은 심리활동을 이 논문에선 [발견적 심리활동]이라고 칭하겠다.

그런데 발견하거나 깨닫는다는 행위에는 [みつける], [みいだす]와 같이 감성적인 심리활동에 입각한 행위와 [感じる]와 같이 감정적인 심리활동에 입각한 행위가 존재하는 것으로 보여진다. 이것을 기준으로 하여 여기에선 발견적 심리활동을 [①発見の結び付き]와 [②気づきの結び付き]로 구분해서 생각해 보기로 하겠다.

또한, [①発見の結び付き]는 오쿠다 교수의 [を格の名詞と動詞との組み合わせ]의 [心理的なかかわり]에 속해있는 [発見の結び付き]에 해당한다. 한편 [②気づきの結び付き]에 해당하는 連語에 대해서 오쿠다 교수는 이 것을 전혀 다른 별개의 [内容規定的な結び付き]로 상정하고 논하고 있다. 필자는 구조적 타입이 유사하다고 생각하여 양쪽을 [발견적 심리활동]로 상정하고 이 사항을 논해 보았다.

① 発見の結び付き(발견의 결합)

[発見の結び付き(발견의 결합)]는 발견을 의미하는 동사 [みつける] [みいだす], [発見する]등을 중심어로 하고 [ヲ격] 종속어명사로 발견한 것을 나타내며 [ニ격] 종속어명사로 발견하는 지점을 나타낸다.

종속어(従属語・カザリ)		중심어(中心語・カザラレ)
～に	～を	～する
発見するところ (발견하는 곳)	発見する対象をしめす名詞 (발견 대상의 명사)	発見を意味する動詞 (발견의 동사)
○峠に 宿を みつける。(고개에 숙소를 발견하다) ○自然の森に 神秘を みいだす。(자연숲에 신비를 발견하다)		

○歴史のなかに 健全な国民性を 発見する。(역사속에 건전한 국민성을 발견하다) ○山の中腹に 洞穴を みる。(산 중턱에 동굴을 보다) ○母の顔色に 死期のおとずれを みる。(엄마 얼굴에 죽음의 그림자를 보다) ○愛の裏面に 感情のはたらきを 意識する。(사랑뒷면에 감정의 작용을 의식하다)

이 連語의 경우 [ヲ격] 명사로 나타내어지는 발견물은 구체적인 사물에서 추상적인 개념까지 다양하다. 또한 발견된 것과 관련된 발견지점도 구체적인 장소에서 추상적인 개념까지 폭이 넓다.

그런데 동사 [見る]는 감성적인 심리활동의 동사에 속해 있기 때문에, 소위 말하는 발견동사는 아니지만 [~に(発見するところ)~を(発見するもの)－見る]라는 구조적 타입으로 사용되면 [山の中腹に洞穴をみる]와 같이 [発見の結び付き(발견의 결합)]를 의미하는 連語가 된다.

② 気づきの結び付き(자각의 결합)

[気づきの結び付き(자각의 결합)]는 동사 [感じる]등을 중심어로 하고 [ヲ격] 종속어명사로 인식되는 감정을, [ニ격]종속어명사로 감정을 지각하는 곳(원인)을 나타낸다.

종속어(従属語・カザリ)		중심어(中心語・カザラレ)
~に	~を	~する
感情を知覚するところ (감정을 지각하는 곳)	感情をしめす名詞 (감정을 나타내는 명사)	感情を認識する動詞 (감정을 인식하는 동사)
○母の手紙に よろこびを 感じる。(엄마 편지에 기쁨을 느끼다) ○毎日の生活に 心のつかれを 感じる。(매일하는 생활에 정신적 피로를 느끼다) ○彼の言動に 理由のわからない反感を おぼえる。 (그의 언동에 이유를 알 수 없는 반감을 느끼다) ○(部屋のよごれに) ひとり者の みじめさを あじわう。		

((방의 지저분함에) 독신자의 비참함을 맛보다)
○(友人の態度に) 失言の おそろしさを 経験する。(실언의 두려움을 경험하다)

이 連語에 사용되는 전형적 동사 중 하나로 [感じる]를 생각해 볼 수 있을 것 같다. 그 외에 [あじわう], [おぼえる], [経験する] 등과 같이 여러 가지 심리활동 동사도 사용된다.

그런데 감정을 지각하는 곳으로 [母の手紙に(よろこびを感じる)], [毎日の生活に(心のつかれを感じる)], [彼の言動に(理由のわからない反感をおぼえる)], [部屋のよごれに(ひとり者のみじめさをあじわう)]과 같이 [ニ격]종속어명사인 [~に]가 사용되기도 하지만 [~に]가 아닌 [母の手紙で], [母の手紙のから], [毎日の生活で], [毎日の生活から]과 같이 [~で]나 [~から]로 표현하는 것도 가능하다. 이 경우 [~で], [~から]는 일종의 원인을 나타내는 표현(원인적 표현)이라고 할 수 있을 것이다.

게다가, 인간의 [感じる]라는 감각은 특정한 무언가에 원인이 있는 경우가 있다고 간주되기도 하지만, 어떤 것에 의해 [感じる]하게 되는가에 대해선 자각 할 수 없는 경우도 있을 것이다. 즉, 특정대상 (감정을 지각하는 부분)을 지정하지 않고, 단도직입적으로 [よろこびを感じる], [心のつかれを感じる], [反感をおぼえる], [みじめさをあじわう]와 같은 표현이 사용되는 경우도 있다. 마치 무의식・무감각 속에서 [感じる] 라는 감정이 존재하다는 것을 나타내는 표현 같다.

또한 [②気づきの結び付き]는 [①発見の結び付き]에 인접해 있다. 예를 들어 [母の手紙によろこびを感じる], [毎日の生活に心のつかれを感じる]를 [母の手紙によろこびをみつける], [毎日の生活に心のつかれを発見する](약간은 부자연스런 표현이지만)로 표현한다면, 発見の結び付き가 될 것이다.

보충설명

1. 調査活動を意味する連語について(조사활동을 의미하는 연어에 대하여)

조사활동을 의미하는 連語는 오쿠다 교수의 초기 논문 [を格のかたちをとる名詞と動詞との결합]에서는 [第三章、かかわり]의 [第五節、動作的な態度の結び付き]에 논해져있다. 하지만 그 뒤에 발표한 논문 [を格の名詞と動詞との결합]에서는 이부분을 적극적으로 다루지 않았다. 여기에서는 필자의 책임하에 간단하게 [調査活動の結び付き]로 정리해 둔다.

調査活動の結び付きは [ヲ격]종속어명사가 사물(もの)・인간(ひと)・사항(こと)를 나타내고 중심어동사가 그 사물(もの)・인간(ひと)・사항(こと)를 조사하는 의미를 가진다. 連語의 구조적 타입은 [ヲ격] [구체명사・추상명사]를 종속어로 하고 [조사활동의 동사]를 중심어로 한다.

종속어(従属語・カザリ)	중심어(中心語・カザラレ)
～を	～する
具体名詞・抽象名詞 (구체 명사・추상 명사)	調査活動の動詞 (조사활동의 동사)

○教室を しらべる。(교실을 조사하다)
○腕時計を 点検する。(손목시계를 점검하다)
○太郎の身辺を さぐる。 (타로의 신변을 조사하다)
○逮捕者の服装を 検査する。(체포자의 복장을 검사하다)
○電車の故障箇所を 点検する。(전차의 고장난 곳을 점검하다)
○国際状況を さぐる。(국제상황을 조사하다)
○経済事情を しらべる。(경제 사정을 조사하다)
○辞書を しらべる。(사전을 찾다)
○資料を 点検する。(자료를 점검하다)
○プログラムを 検査する。(프로그램을 검사하다)

이 連語는 [教室をしらべる], [腕時計を点検する]와 같이 구체명사를 종속어로 하는 경우도 있지만, 대부분의 경우에는 [太郎の身辺をさぐる], [逮捕者の服装を検査する], [電車の故障箇所を点検する]와 같이 [ナニカ・ダレカの ＜側面＞を ~する]와 같은 구조를 취하는 경향이 있다.

일반적으로 어떤 대상을 조사하는 활동이 성립하려면 그 대상의 외적인 접촉의 정도만으론 불가능 할 것이다. 대부분의 경우 어떤 시점을 가미해서 그 대상의 다양한 측면을 조사하게 될 것이다. 게다가 구체적인 실태의 불명확한 현상을 대상으로 하는 [国際状況をさぐる], [経済事情をしらべる]와 같은 連語가 생기는 현상도 생각해 볼 수 있다.

그런데 [調査活動の結び付き]는 [心理的なかかわり]의 어느 부분에 위치시켜야 할지 필자 나름대로 생각해 봤지만, 이 사항에 관해서는 지금 결론을 내리지 않고 앞으로 행해질 연구에서 결론이 나길 바라는 바이다.

2. 動詞「選ぶ」について(동사 [選ぶ]에 대하여)

동사 [選ぶ]는 [備前焼を賞品に選ぶ], [太郎を委員に選ぶ]와 같은 連語를 만든다. 또한 [選出する]는 주로 인물을 대상으로 사용되어 [太郎を委員に選出する]와 같은 連語를 만든다.

이런 종류의 連語는 [知的な判断の結び付き]에 귀속시키는 것이 옳은지, 아니면 [論理操作的な心理活動]을 의미하는 連語의 일종으로 독립시키는 것이 옳은지 판단하기 곤란한 부분이 있다. 필자는 이 부분을 앞으로 連語論 연구해 갈 연구자들이 판단해주었으면 하는 바이다.

3. 意志表明を意味する連語について(의지표명을 의미하는 연어)

Modal심리활동을 의미하는 동사 [ちかう], [約束する] 등은 [意志表明の結び付き]라고 표현해야할 連語를 만든다. 이런 종류의 連語는 오쿠다 교수의 [を格の名詞と動詞との결합]에서는 [意志的な結び付き]에 포함되어 있었지만, 구조적인 타입에 주목하여 독립시켜야 하지 않을까 하고 필자는 생각한다.

여기에서 문제시 하는 [意志表明の結び付き]는 [ちかう], [約束する]와 같은 동사를 중심어로 하고 그 동사가 의미하는 심리적 활동의 내용을 [ヲ격] 종속어명사로 나타낸다. 그와 함께 그 중심어동사가 의미하는 것을 [ニ격(경우에 따라선 ト격)명사]로 나타내어진 인물에 제시한다. [ヲ격] 종속어는 의지적으로 실현된 동작을 의미하는 이른바 동작성 명사이다.

종속어(従属語・カザリ)		중심어(中心語・カザラレ)
～に	～を	～する
ひと名詞(伝達のあい手) (사람 명사 · 전달 상대)	動作性の名詞 (동작성 명사)	意志表明の動詞 (의지표명의 동사)
○親に　自立を　ちかう。(부모님께 자립을 맹세하다) ○先生に 参加を 約束する。(선생님께 참가를 약속하다) ○花子に 結婚を 約束する。(하나코에게 결혼을 약속하다) ○花子と 結婚を 約束する。(하나코와 결혼을 약속하다) ○花子と 沖縄旅行を 約束する。(하나코와 오키나와여행을 약속하다)		

동사 [ちかう], [約束する] 등은 누군가를 향해서 자기 자신의 마음가짐(다짐)을 표명하는 경우에 사용되어 [親に自立をちかう], [先生に参加を約束する] 등의 連語를 만든다. 이 連語는 의미적인 면에선 [意志的な

モーダルな結び付き]의 일종이라고 볼 수 있지만, 구조적인 타입면에선 전달하는(화자의 말을 전달하는) 대상을 의미하는 종속어 [~に]를 필요로 하기 때문에, 마치 [1-5.言語的なかかわり(언어적인 관계)에서 다룰 [③情報伝達の結び付き]과 유사한 면이 있다. 그런 연유로 [意志的なモーダルの結び付き]와 일직선상에 있는 것으로 보인다.

그런데 [花子に結婚を約束する]와 같은 連語에서는 [約束する] 상대가 [花子]임과 동시에 [結婚する]상대도 [花子]이기 때문에 그 대상이 중복된다. 이 같은 경우 [~に] 대신 [花子と結婚を約束する]과 같이 [ト격] 종속어 [~と]도 사용된다. 즉, [花子と結婚する]라는 連語(사회적인 인간활동)와 [花子に約束する]라는 連語(의지표명)가 합쳐진 합성連語라고 할 수 있을 것이다. 그리고 [花子と沖縄旅行を約束する]라는 문장에선 [花子]와 같이 오키나와 여행을 하는 사항을 [花子]에게 약속한다는 내용이 내포되어 있다.

또한 [親に自立をちかう], [先生に参加を約束する] 등의 連語에선 전달의 대상을 [~に]로 나타내지만, [~に]를 [~と]로 바꾸면 동료와 함께 의지를 표명한다는 의미를 가진 連語가 된다. 즉 [友人と自立をちかう], [友だちと参加を約束する]등의 그 예이다. 이 같은 連語는 [意志表明の結び付き]의 변종이라고 필자는 생각하고 있지만, 좀 더 별도로 다뤄야 할지도 모르겠다.

그런데 언어연구학회는 [と格の名詞と動詞との組み合わせ]에 관해서 연구성과를 남기지 못했다. 그런 연유로, 필자는 [ト격]에 대한 連語의 구조에 대한 사항을 자신을 가지고 발언할 수 없는 형편이다.

1-5. 言語的なかかわり(언어적인 관계)

<들어가기>

여기서 문제시하고 있는 [言語的なかかわり(언어적인 관계)]에서는 언어에 의한 인간의 활동과 관련된 여러 連語 표현들을 상정하고 그 표현들을 개관하였다.

언어에 의한 인간의 여러활동을 의미하는 連語는 언어활동의 동사 [はなす], [かく], [きく], [よむ]등을 기본으로 하고 있고, 거기에 일종의 정보활동을 의미하는 동사 [教える], [報告する]나 [知る], [うかがう]등과 같은 동사도 추가할 수 있을 것이다. 이 같은 정보활동의 동사는 음성언어(언문)에 의한 것인가, 문자언어(지문)에 의한 것인가와 상관없이 특수한 동사그룹을 이루고 있다.

그런데 일반적으로 정보활동은 언어활동(특히 말하는 활동・듣는 활동)이 기본 된다고 할 수 있는데, 현대사회에서는 정보활동의 수단이 다양화되어 정보활동을 의미하는 連語의 종류도 다양하다.

정보활동은 원래 정보를 전달하는 활동과 정보를 수리(受理)하는 활동으로 구분된다. 여기에선 넓은 의미로 [言語的なかかわり]를 의미하는 連語를 [はなす], [かく], [教える], [報告する]와 같은 정보를 정하는 동사와 [きく], [よむ], [知る], [うかがう]와 같은 정보를 수리(受理)하는 동사로 구분해서 설명하기로 한다. 또한, 이들 連語는 오쿠다 교수의 [を格の名詞と動詞との組み合わせ]에서 [通達の結び付き]로 총괄적으로 논해졌지만, 여기에선 필자 나름대로 구분한 뒤 각각의 용례의 특징을 정리해 보았다.

＜1＞ 情報の伝達(정보의 전달)

정보의 전달을 의미하는 連語로는 우선 언어활동을 나타내는 [①はなす活動の結び付き], [②かく活動の結び付き] 등이 있다. 또한, 동사 [教える], [報告する]등을 중심(core)으로 하는 連語가 존재한다. 이들 連語를 [③知らせの結び付き]로 표현하고 개관해 보기로 한다.

① はなす活動の結び付き(음성언어활동 결합)

[はなす活動の結び付き]는 기본적으로 [ニ격] 종속어명사로 중심어동사가 나타내는 활동의 대상를 나타내고 [ヲ격] 종속어명사로 내용을 나타낸다.

종속어(従属語・カザリ)		중심어(中心語・カザラレ)
～に	～を	～する
ひと名詞 (사람 명사)	抽象名詞(はなす内容) (추상명사・언어 내용)	はなす活動の動詞 (언어활동 동사)
○母に　自分の進路を　はなす。(엄마에게 자기 진로를 말하다) ○友人に　妹の情熱を　かたる。(친구에게 여동생의 열정을 말하다) ○妹に　ツバメの巣のことを　はなす。(여동생에게 제비집에 대해 말하다) ○友人に　学校のことを　はなしだす。(친구에게 학교에 대한 이야기를 꺼내다) ○人生観を　かたる。(인생관을 이야기하다) ○経済学を　講義する。(경제학을 강의하다) ○古代芸術を　講演する。(고대예술을 강의하다) ○友だちに　ジョウダンを　いう。(친구에게 농담을 하다) ○母に グチをいう。(엄마에게 반투정거리다) ○(式典で)あいさつを　のべる。(인사말을 하다) ○(最後に)謝辞を　のべる。((마지막으로) 감사의 말을 하다)		

[はなす活動の結び付き]는 일반적으로 [母に自分の進路をはなす][友だちに事情をうちあける]와 같이 [はなす活動のあい手(ニ格)－はなすことの内容(ヲ格)－～する]의 구조를 취하는 連語다. 여기서 [ヲ격] 종속어는 [(自分の)進路を], [事情を]와 같이 추상명사가 쓰이는 것을 원칙으로 한다. 그리고 [ツバメの巣], [学校]와 같은 구체명사가 쓰일 경우에는 [妹にツバメの巣のことをはなす], [友人に学校のことをはなしだす]와 같이 [~のことを]의 형태를 취한다.

[はなす活動の結び付き]에서는 일반적으로 상대방을 나타내는 [ダレカに]를 특정할 수 있지만, [人生観], [経済学]와 같이 말할 내용이 이야기로 일정하게 정리된 단어가 쓰일 경우에는 대개 [ダレカに]를 지정하지 않고 [(卒業式に際して)人生観をかたる], [(公開講座で)経済学を講義する]와 같은 형태로 사용된다. 마치 불특정다수의 인간을 상정한 듯이 보이는 표현이지만, 본래 [卒業生たちに], [学生たちに] 등을 부가하는 것도 가능하다. 連語의 구조적인 타입 면에선 [ダレかに－ナニカを－～する]를 기본으로 한다고 볼 수 있을 것이다.

그런데 언어를 의미하는 명사에는 [ジョウダン], [グチ], [あいさつ], [謝辞]와 같이 일정한 평가적 색채를 띠는 것도 존재한다. 이 같은 명사도 [友だちにジョウダンをいう], [母にグチをいう], [あいさつをのべる][謝辞をのべる]와 같이 はなす活動の結び付き에 사용된다. 이들 명사도 포함해서 일반적으로 [はなす活動の結び付き]에 사용되는 종속어명사에는 언어활동의 내용을 질적으로 특징짓는 것(예를 들어, 인생관・경제학・고대예술・민화・만담……)이 존재하고 이것들은 주목할 가치가 있다.

또한 [中国語をはなす], [英語をはなす]등과 같은 표현이 있는데, 이와 같은 連語는 동사 [はなす]가 쓰일 때만 만들어진다. [はなす]라는 동사와 함께 사용되는 언어가 지정된 連語로, 이는 일종의 관용구(관용적인 결합)로 볼 수 있을 것 이다. 또한 [中国語で人生観をかたる], [英語で経済学を講義する]등과 같은 표현도 가능하다.

② かく活動の結び付き(쓰다 활동의 결합)

[かく活動の結び付き]는 쓰는 활동의 대상(쓰는 곳)을 [ニ격]종속어명사로 나타내고, 쓰는 내용을 [ヲ격]종속어명사로 나타낸다.

종속어(従属語・カザリ)		중심어(中心語・カザラレ)
~に	~を	~する
書くところ (쓰는 곳)	抽象名詞(書く内容) (추상명사(쓰는 내용)	書く活動の動詞 (쓰다 활동의 동사)
○黒板に　スケジュールを　かく。(흑판에 스케줄을 쓰다) ○ノートに　心境を　かく。(노트에 심경을 쓰다) ○日記に　朝顔のことを かく。(일기에 나팔꽃 이야기를 쓰다) ○家計簿に　支出を　記録する。(가계부에 지출을 기록하다) ○クラス日誌に　卒業式のことを　転記する。 (학급일지에 졸업식 이야기를 옮겨 쓰다) ○新聞に　随筆を　かく。(신문에 수필을 쓰다) ○雑誌に　小説を　執筆する。(잡지에 소설을 집필하다) ○カードに　用例を　記述する。(카드에 용례를 기술하다)		

쓰는 활동은 말하는 활동과는 차이가 있고, 기본적으로 무언가를 기록하고 보존하기 위한 활동이다. 그 활동이 결과적으로 넓은 의미에서 정보의 전달을 의미하게 되는 것이다. [かく活動の結び付き]에서는 [ヲ격] 종속어명사는 [(黒板に)スケジュールをかく], [(ノートに)心境をかく]와 같이 쓰는 내용을 의미하는 추상명사가 오는 것을 원칙으로 하고 있

다. [朝顔]와 같은 구체명사가 쓰일 경우에는 [(日記に)朝顔のことをかく]와 같이 [~のことを]와 같은 형태를 취한다.

(注)

[かく活動の結び付き]에서는 쓰는 내용을 [ヲ격] 종속어로 나타낸다. 그런데 그 내용은 대 언어작품으로 고정된다. 즉, [日記をかく][論文を執筆する][報告文を記述する] 등과 같은 형태를 취한다. 이 경우 언어작품을 작성한다는 의미가 선행된다고 보아야 할 것일까? 그리고 대개의 경우 쓰는 곳을 지정하는 ニ격 종속어가 결여된다. 또 [日記に朝顔のことをかく]와 [日記をかく]를 비교해 보길 바란다. [朝顔のことについて,日記をかく]와 같은 표현도 가능하다.

그런데 [日記をかく], [論文を執筆する], [報告文を記述する]같은 連語를 [かく活動の結び付き]로 다루어보았다. 하지만 이들 連語는 일기・논문・보고문을 작정한다는 의미에서 보면 [つくりだしの結び付き]의 일종으로 처리해야 하지 않을까 하는 생각도 든다. 또한 [絵をかく], [設計図をかく] 등은 물론 언어활동인 [쓰다]의 의미가 아닌 [つくりだしの結び付き]을 의미하는 連語의 일종이라고 할 수 있다.

쓰는 활동의 동사는 [かく], [執筆する], [記述する] 등을 기본으로 한다. 하지만 [のせる], [掲載する]같은 동사도 언어작품 명사를 [ヲ격]으로 취하고 구조적인 타입 [ナニカにナニカを~する]에 적용하면 [専門誌に論文をのせる], [卒業文集に校長の祝辞を掲載する]같이 쓰는 활동을 의미하는 連語가 된다.

③ 知らせの結び付き**(알림의 결합)**

[知らせの結び付き(알림의 결합)]는 [ヲ격] 종속어명사가 알리는 내용을 나타내고, 그것을 [ニ격] 종속어명사로 나타내어진 인물에게 알리는

것을 의미한다. 중심어에는 [知らせる], [報告する], [うちあける]와 같은 동사가 사용되는데 이 알리는 활동은 [はなしコトバ], [かきコトバ] 어느 쪽에 쓰여도 상관없다.

종속어(従属語・カザリ)		중심어(中心語・カザラレ)
~に	~を	~する
ひと名詞 (사람 명사)	抽象名詞(知らせる内容) (추상명사・알림내용)	知らせることの動詞 (알림내용의 동사)
○仲間に 集合場所を 知らせる。(동료에게 집회장소를 알리다) ○仲人に 別居することを 報告する。(중매인에게 별거한다고 보고하다) ○先生に 自分の履歴を うちあける。(선생님에게 자기 이력을 밝히다) ○母に 妹のことを 教える。(엄마에게 여동생에 대해서 알려주다) ○兄に(弁解の)電話を かける。(오빠에게 전화를 걸다) ○(携帯で)友だちに (遅刻するという)メールを おくる。 ((휴대전화로)친구에게 (지각한다는)메일을 보내다) ○兄に 別居することを 電話する。(형에게 별거한다고 전화하다) ○友だちに 自分の履歴を メールする。(친구에게 자기 이력을 메일로 알리다)		

[知らせの結び付き]에서는 [ヲ격]으로 나타내어진 명사는 알리는 내용을 의미하고 일반적으로 추상명사(추가적으로 [~のこと][~すること] 등)가 사용된다. 또한 [仲間に集合場所を知らせる]라고 할 수는 있어도 [仲間に校庭を知らせる] 라고는 못할 것이다. 만약 이 문장을 쓸수있다면 [集合場所として,仲間に校庭を知らせる]나 [仲間に,集合場所として校庭を知らせる]같은 형태가 될 것이다. 즉, [知らせの結び付き]는 그 구조적 타입 면에서 [ダレカに(知らせるあい手)－ナニカを(知らせる内容)－~する]를 기본으로 한다고 볼 수 있을 것이다.

그런데 [電話をかける], [メールをおくる]는 일종의 관용구(관용적인 결합)로 볼 수 있을 것이다. [ヲ격] 명사는 알리는 내용이라기 보단 알리는 수단이라고 볼 수 있다. 이 連語에 [ダレカに]를 부가해서 [兄に電話をかける], [(携帯で)友だちにメールをおくる]와 連語를 만드는데, 이 경우 [ヲ격] 종속어명사 [電話を], [メールを]에 알리는 내용을 나타내는 종속어(특히, ノ격 명사)를 부가해서 [兄に弁解の電話をかける]나 [(ケイタイで)友だちに遅刻するというメールをおくる]등과 같은 連語를 만들 수가 있다.

또한, 連語 [電話をかける], [メールをおくる]는 동사 [電話する], [メールする]로 바꿔 말할 수 있는데, 이 같은 동사를 사용한 [兄に別居することを電話する], [友だちに自分の履歴をメールする] 등도 [知らせの結び付き]라고 할 수 있을 것이다.

또 하나, [手がみをかく]는 원래 [日記をかく] 등과 같은 종류의 連語로 언어작품을 작성한다는 의미를 가진 連語([かく活動の結び付き]를 의미하는 連語)로도 생각할 수 있는데, 이것은 또한 [누군가에게 알린다]라는 기능도 가지고 있다. 그런 점에서 보면, 이 連語 [手がみをかく]에서는 [ニ격] 명사(알리는 상대를 의미한다.)를 부가해서 [先生に(近況報告の)手がみをかく]와 같은 표현도 만들 수 있다. 더욱이 [(手がみで)先生に近況報告をかく]와 같은 표현도 가능할 것이다. 즉 이와 같은 連語는 구조적인 타입 면에서 [知らせの結び付き]에 해당한다고 볼 수 있을 것이다.

＜2＞ 情報の受理(정보의 수리)

[情報の受理(정보의 수리)]를 의미하는 連語로는 우선 [①きく活動の

結び付き], [②よむ活動の結び付き]가 있다. 또한 동사 [知る], [うかがう]등을 중심으로 하는 連語가 존재하는데 이들 連語는 [③知ることの結び付き]로 간주하고 논할 생각이다.

① きく活動の結び付き(듣다 활동의 결합)

[きく活動の結び付き(듣다 활동의 결합)]는 기본적으로 [ニ격]이나 [カラ격]종속어명사로 중심어동사가 나타내는 활동의 대상을 나타내고, [ヲ격]종속어명사로 내용을 나타낸다.

종속어(従属語・カザリ)		중심어(中心語・カザラレ)
~に(から)	~を	~する
ひと名詞 (사람 명사)	抽象名詞(きく内容) (추상 명사・듣는 내용)	きく活動の動詞 (듣다 활동의 동사)
○友だちに　きのうの 試合の結果を　きく。 (친구에게 어제 치른 시험 결과를 듣다) ○太郎から　授業の要点を　ききとる。(타로로부터 수업 요점을 듣다) ○(円遊の)落語を　きく。((작가의) 만담을 듣다) ○(経済学者の)講演を　きく。(강연을 듣다) ○友だちから　ジョウダンを　きく。(친구로부터 농담을 듣다) ○会長から　謝辞を　きく。(회장으로부터 감사의 말을 듣다)		

듣는 활동을 의미하는 連語는 [友だちにきのうの試合の結果をきく][太郎から授業の要点をききとる]와 같이 [きく活動のあい手(ニ格・カラ格)－きく内容(ヲ格)－～する]의 구조를 취하고 [はなす活動の結び付き]에 대응된다.

그런데 [만담], [강연]과 같은 일정한 이야기를 의미하는 명사의 경

우, 대상을 특정하지 않고 대개의 경우 [落語をきく], [講演をきく]와 같이 사용된다. 물론 [円遊から落語をきく], [経済学者から講演をきく], [友だちからジョウダンをきく], [会長から謝辞をきく]와 같은 표현도 가능하지만, 대개 대상을 [~の]로 나타내고 [円遊の落語をきく], [経済学者の講演をきく], [友だちのジョウダンをきく], [会長の謝辞をきく]와 같은 형태를 취한다. [落語], [講演], [ジョウダン], [謝辞]와 같은 일종의 언어작품을 의미하는 명사는 이런 형태로 쓰이는 것이 더 자연스러운 듯하다.

또 하나, [中国語をきく], [英語をきく]와 같은 連語가 있다. 이 같은 連語는 [中国語をはなす], [英語をはなす]와 같은 連語와 똑같이 일종의 관용구(관용적인 결합)로 보아도 좋을 것이다. 하지만 [中国語をはなす], [英語をはなす]와 [中国語をきく], [英語をきく]를 비교해 보면 전자는 자주 사용되지만, 후자는 별로 쓰이지 않는 표현 같다. 일반적으로 [中国語をきく], [英語をきく]라는 표현이 있다고 한다면 중국어・영어를 학습하다는 의미를 나타내는 것으로 보아야 할까? 또한 [音楽をきく]는 언어활동이 아니다. [ピアノをきく], [小鳥のさえずりをきく] 등과 함께 [感性の結び付き]의 일종(그 청각의 경우)으로 볼 수 있을 것이다.

② よむ活動の結び付き(읽다 활동의 결합)

[よむ活動の結び付き]는 언어작품을 의미하는 [ヲ격] 명사를 종속어로 하고, 그 언어작품을 대상으로 중심어동사가 나타내는 활동이 실현되는 것을 의미한다. 언어작품을 의미하는 종속어명사에는 대개 언어작품의 [작가]를 의미하는 [ノ격] 인간명사가 부가된다.

<table>
<tr><td colspan="2">종속어(従属語・カザリ)</td><td>중심어(中心語・カザラレ)</td></tr>
<tr><td>(~の)</td><td>~を</td><td>~する</td></tr>
<tr><td>ヒト名詞
(사람 명사)</td><td>言語作品の名詞
(언어활동 명사)</td><td>よむ活動の動詞
(읽다 활동의 명사)</td></tr>
<tr><td colspan="3">○(友だちの)手がみを よむ。((친구의) 편지를 읽다)
○(父の)日記を よむ。((아빠의) 일기를 읽다)
○(漱石の)小説を よむ。((작가의) 소설을 읽다)
○(藤村の)詩を 朗読する。((작가의) 시를 낭독하다)
○教科書教材を 読解する。(교과서 교재를 독해하다)
○新聞を みる。(신문을 보다)
○(先生の)講義要項を 目どおしする。((선생님의) 강의 요령을 훑어보다)</td></tr>
</table>

[よむ活動の結び付き]에서 [ヲ격] 종속어 자리에는 오직 언어작품 명사만이 올 수 있다. 그런 면에서 보면 이야기하는 활동・쓰는 활동, 또한 듣는 활동과도 일직상에 놓여있다고 볼 수 있을 것 같다. 이야기하는 활동・쓰는 활동・듣는 활동에서 그 대상이 이른바 언어작품으로 고정되는 것은 아니다. 하지만, 읽은 활동에서 대상은, 예를 들어 개인적인 편지나 일기라 그 대상이라고 할지라도 어떤 특정인물의 언어작품을 나타내게된다. 이 경우 어떤 특정인물은 대개 [~の]로 나타내어진다. 이런 면이 [よむ活動の結び付き]의 특징으로, 連語의 구조적인 타입으로 정착되어 있다.

이 連語에서는 오직 [よむ], [読解する]와 같은 동사가 사용되는데 [新聞をみる], [(先生の)講義要綱を目どおしする]와 같이 [みる]를 의미하는 동사(감성적인 심리활동 동사의 하나)도 사용된다. 즉, 連語의 구조적인 타입 [ダレカの言語作品を~する]에 적용함으로써 よむ活動の結び付き를 실현시킨다.

또 하나 [(啄木の)短歌をあじわう]라는 連語가 있다. 동사 [あじわう]는 본래 미각을 의미하는 동사(감성적인 심리활동 동사의 하나)로 이 連語는 일종의 관용구(관용적인 결합)로 보아하 할까? 이를 감상하는 의미를 포함한 [よむ活動の結び付き]로 봐야하지 않을까?

③ 知ることの結び付き(알다 활동의 결합)

[知ることの結び付き(알다 활동의 결합)]는 [ヲ격]종속어명사가 알게 될 내용을 나타내고, 그 내용을 [カラ격] 종속어명사 (간혹, [ニ격] 종속어명사도 쓰인다)로 나타내어진 인물에게서 알았다는 것을 의미한다. 중심어에는 [知る], [うかがう], [知らされる]와 같은 동사가 사용되는데 이 같은 인식 활동은 [はなしコトバ], [かきコトバ] 양쪽 모두에서 쓰인다.

종속어(従属語・カザリ)		중심어(中心語・カザラレ)
～から(に)	～を	～する
ひと名詞 (사람명사)	抽象名詞(知る内容) (추상 명사(아는 내용)	知ることの動詞 (알다의 동사)
○友人から 試合の結果を 知る。(친구로부터 시합 결과를 알다) ○友人から 仲間の事情を うかがう。(친구로부터 동료의 사정을 묻다) ○医者から 病状を たしかめる。(의사로부터 병 상태를 확인하다) ○監督から 練習日を 確認する。(감독으로부터 연습일을 확인하다) ○先生に 先輩のことを 知らされる。(선생님께 선배의 사정을 알게되다)		

知ることの結び付き에서는 인간명사를 [カラ격](간혹, 二格도 쓰인다)로 하여 정보를 제공하는 대상을 나타내고 [ヲ격] 명사로 알게 될 내용을 규정하는 것을 나태내는 連語이다. 그 내용을 나타내는 [ヲ격] 명사에는 [知らせの結び付き]의 경우와 마찬가지로 추상명사가 사용되는 원

칙이 있다. 보통명사의 경우에는 [先生に先輩のことを知らされる]와 같이 [~のこと]의 형태를 취한다.

[知ることの結び付き]는 [きく活動の結び付き]의 변형으로 볼 수 있을 것이다. 단, [知ることの結び付き]의 경우에는 문자언어로 쓰일 수 있기 때문에 다소 듣는 동사의 경우와는 차이가 있다고 할 수 있다. 또한, 듣는 활동에서는 그 상대는 [カラ격]보다도 [ニ格격]이 일반적으로 쓰인다고 볼 수 있는데, [知ることの結び付き]에서는 [カラ격]을 쓰는 것을 원칙으로 한다고 볼 수 있을 것이다. 아마도 알게 될 내용의 [출처]를 나타낸다고 볼 수 있다.

또한, [たしかめる], [確認する] 등은 알게 되는 내용과 관련된 동사로 생각되므로 그것을 중심(Core)으로 하는 連語도 여기에선 [知ることの結び付き]로 해두었는데 그것이 옳은 것인지, 이 사항에 대해서는 필자도 고민중이다. 특히 [医者から病状をたしかめる], [監督から練習日を確認する]의 경우에는 [医者に…], [監督に…]가 쓰일 수 있을 것이다. 이런 사항에 입각하여, 앞으로 이 분야의 연구를 기대하는 바이다.

게다가 [知らされる]는 일종의 수동적인 표현(문법적 파생동사)이므로 [先生に先輩のことを知らされる]와 같이 [先生に…]가 쓰일 수도 있지 않을까 하는 것이 필자의 생각이다.

보충설명

1. 表現的な態度の結び付き(표현적인 태도의 결합)

오쿠다 교수의 [を格の名詞と動詞との組み合わせ]에서는 [心理的なか

かわり(심리적인 관계)]에 속하는 [態度の結び付き(태도의 결합)]로 [(a)感情的な態度の結び付き(감정적인 태도의 결합)], [(b)知的な態度の結び付き(지적인 태도의 결합)], [(c)表現的な態度の結び付き(표현적인 태도의 결합)]를 다루고 있다. 이중에서 [表現的な態度の結び付き]는 [ほめる], [しかる]와같은 일종의 감정・평가적인 의미를 내재하고 있는 언어활동 동사로 이루어진 連語다.

이 [表現的な態度の結び付き]에는 두개의 타입이 있는 것으로 보여진다. 제1타입은 [ニ격] 종속어로 나타내어진 인물에 대해서 [ヲ격] 종속어로 나타내어진 인물(또는, 그 인물의 행위등)을 [감정평가적으로 전달한다]하는 連語다. 제2타입은 [ヲ격] 종속어로 나타내어지는 인물(또는 그 인물의 행위)을 [감정평가적으로 표현한다]하는 連語다. 각각, 구조적인 타입을 도식화 해 보면 다음과 같다.

이 구조적인 타입에 사용되는 동사로는 다음과 같은 [ほめる]가 전형적인데, 이야기하는 활동을 나타내는 동사 [いう]나 정보전달 동사 [うちあける]와 같은 경우에도 […立派だと(いう)], […えらいと(うちあける)]와 같이 [~と]로 감정평가적 내용을 부가시키면, [감정평가적으로 전달한다]라고 하는 連語를 실현시키게 된다.

[제1타입]의 [감정평가적으로 전달한다]는 경우의 連語는 그 구조적인 타입을 도식화하면 다음과 같다.

<table>
<tr><td colspan="2">종속어(従属語・カザリ)</td><td>중심어(中心語・カザラレ)</td></tr>
<tr><td>~に</td><td>~を</td><td>~する</td></tr>
<tr><td>ひと名詞(言語活動のあい手)
(사람명사・언어활동의 상대방)</td><td>ひとの行為など
(사람의 행위)</td><td>感情的評価的な言語活動の動詞
(감정평가적인 언어활동의 동사)</td></tr>
<tr><td colspan="3">○太郎に　弟のことを　ほめる。(타로에게 동생의 상황을 칭찬하다)</td></tr>
</table>

○友人に　花子を　おしとやかと　ほめる。 (친구에게 하나코를 정숙하다고 칭찬하다) ○友だちに　妹を　立派だと　いう。(친구에게 여동생이 훌륭하다고 말하다) ○先生に　妹の行為を　えらいと　うちあける。 (선생님에게 여동생의 행위를 훌륭하다고 털어놓다)

[제2타입]의 [感情的な態度の結び付き(감정적인 태도의 결합)]에 해당하는 連語는 그 구조적인 타입을 도식화하면 다음과 같다. 이 구조적 타입에 사용되는 동사에는 다음과 같은 [しかる], [しかりつける], [せめる] 등이 있다.

종속어(従属語・カザリ)	중심어(中心語・カザラレ)
～を	～する
ひと名詞(言語活動のあい手) **(사람명사 · 언어활동의 상대방)**	感情的評価的な言語活動の動詞 **(감정평가적인 언어활동의 동사)**
○子どもたちを　しかる。(아이들을 꾸짖다) ○(しっかりしろと)むすめを しかりつける。((정신차리라고) 딸을 꾸짖다) ○(まだ準備はできないのかと)弟を　せめる。 ((아직 준비는 안됐냐고) 동생을 질책하다)	

이 [感情的な態度の結び付き]는 것은 언어활동에 관련된 連語로 여기에 소개되었지만, [ヲ격] 종속어명사가 설득해야할 대상(인물)을 타나내고 있기 때문에 [ひとへのはたらきかけ]에 속한 連語라고 할 수 있을 것이다. [感情的な態度の結び付き]의 경우를 포함해 오쿠다 교수의 [表現的な態度の結び付き]에 대해서는 검토할 필요가 있다고 본다. 이 사항에 대해서는 앞으로의 연구에 기대하는 바이다.

2. 指示活動について(지시활동에 대하여)

동사 [しめす], [さししめす], [指示する]는 [ヲ격] 명사를 종속어로 하고, 이 종속어로 나타내어지는 모든 것을 지시・지적한다는 의미를 가진 連語를 만들수 있다. 이 같은 連語를 가칭 [指示活動の結び付き]로 해두기로 하자. 구조적인 타입면에서는 [ヲ격], [구체명사・추상명사]를 종속어로 하고 [지시활동 동사]를 중심어로 한다.

○(参考書として)資料集を　しめす。((참고서로) 자료집을 제시하다)
○(注意事項として)箇条書きを　さししめす。
　((주의 사항으로서) 단락쓰기를 제시하다)
○地図のあやまりを　指摘する。(지도의 실수를 지적하다)
○地表の変化を　さししめす。(지표의 변화를 가리키다)
○努力目標を　指示する。(노력 목표를 지시하다)
○研究の方向づけを　指示する。(연구의 방향을 지시하다)
○ことのなりゆきを　暗示する。(상황의 방향을 암시하다)

이 連語는 상대의 인식에 어떤 사항을 적용시키는 것으로, 특정한 것을 가리킨다. 따라서, 이 連語에서는 [学生たちに(参考書として)資料集をしめす], [スタッフたちに(注意事項として)箇条書きをさししめす]와 같이 상대를 나타내는 [~に]를 부가시키는 경우가 있다. 하지만, 대부분의 경우 불특정다수의 인물을 나타내며 특정인물을 나타내는 경우는 극히 드물다고 볼 수 있다. 일반적으로 [~に]를 부가는 것은 의무사항으로 볼 수 없을 것이다. 또한, 이 連語에서는 [参考書として], [注意事項として]와 같이 대개 [~として] 같은 표현이 부가되는데, 이는 지시활동의 내용을 명확히 한다는 취지에서 이다.

또 하나, [しめす], [さししめす]가 쓰일 경우 [ヲ격]종속어 자리에 구체명사도 추상명사도 사용되지만, [指示する], [指摘する], [暗示する]가 쓰일 경우에는 추상명사가 쓰이는 것을 원칙으로 한다고 할 수 있다.

그런데 이 같은 [指示活動の結び付き]을 의미하는 連語는 오쿠다 교수의 초기논문 [を格のかざりをとる名詞と動詞との組み合わせ]에서는 [対象を相手の認識にあわせる活動を表現している動作的な態度の結び付き]로 설명되어 있다. 단, 오쿠다 교수도 그 이상은 언급하지 않고 있다. 필자는 [指示活動の結び付き]를 [言語的なかかわり]에 위치시켜야 한다고 생각하고 있지만, 아직 확실하지 않은 면이 있어서 보류 중에 있다.

3. たずねる行為について(의문행위에 대하여)

동사 [たずねる], [質問する]등은 [駅員に発車時間をたずねる], [息子に家出したことをたずねる], [先生に修学旅行の日程を質問する]와 같은 連語를 만든다. 이는 묻는 행위를 의미하는 連語이다.

일반적으로 묻는 행위는 무언가를 알기위해 행하는 그 계기가 되는 활동이다. 따라서, [母から試験の結果を知る], [医者から病状をたしかめる]와 같은 정보의 수리(受理)라는 활동 자체를 의미하는 것은 아니다. 즉, [知ることの結び付き]와는 일직선상에 있기 때문에 따로 다루어야 할 사항일지도 모른다.

그러나 묻는 행위를 의미하는 連語는 [듣는 활동], [인식의 활동]에 인접한 것으로 볼 수 있을 것이다. 이것은 구체적인 용례에서도 짐작할 수가 있다. 예를 들어 [友だちにきのうの試合の結果をきく]는 원래 [きく活動の結び付き]을 의미하는 連語이고 [友人に仲間の事情をうかがう]

는 [知ることの結び付き]를 나타내는 連語로 볼 수 있는데, 이들 連語는 다의적이기 때문에 [たずねる]의 의미로도 사용된다. 일반적으로 [きく] [うかがう]와 같은 동사는 질문하는 의미로도 사용된다.

4. はなしあいの結び付きについて(언어활동의 결합)

언어활동을 의미하는 連語로 [はなしあいの結び付き]로도 표현된 連語가 있다. 이 [はなしあいの結び付き]는 ト격 종속어명사로 나타내어진 인물을 대상으로 하여 [ヲ격]종속어명사로 나타내어진 내용에 대해서 서로 이야기하는 것을 나타낸다.

종속어(従属語・カザリ)		중심어(中心語・カザラレ)
～と	～を	～する
ひと名詞 (사람명사)	抽象名詞 (추상명사)	はなしあいを意味する動詞 (언어활동의 동사)
○監督と　練習方法を　はなしあう。(감독과 연습 방법을 이야기하다) ○友だちと　今後のことを　かたりあう。(친구와 미래를 서로 이야기하다) ○支店長たちと　売上高のことを　連絡しあう。(지점장들과 매상 상황을 연락하다) ○クラスメートと　進路のことを　相談する。(크라스메트와 진로 상황을 상담하다)		

이 連語는 인간을 나타내는 [ト격] 명사가 [이야기 하는 상대]을 나타내고 [ヲ격] 명사가 그 내용을 나타낸다. 이 [ヲ격] 명사는 정보전달이나 정보의 수리(受理)를 의미하는 連語와 마찬가지로 추상명사(또한 [～のこと], [～すること] 등)사용을 원칙으로 한다.

[はなしあいの結び付き]를 의미하는 連語는 [はなしあう]나 [かたりあう]와 같이 구어체 문장을 쓰는 것을 원칙으로 하는 것으로 보인다.

하지만, [連絡しあう]나 [相談する]와 같은 동사가 사용되는 경우에는 かきコトバ를 쓰는 경우도 있다.

그런데 [はなしあう], [かたりあう]와 같은 동사 ([~しあう]の動詞)의 경우, 이야기하는 상대방을 [~と]가 아닌 [~に]로 나타내도 무리가 없을 것이다. [~しあう]라는 상호적 활동을 의미하는 표현이므로 [ニ격]이 쓰여도 좋을 것이다.

또한 [ト격]을 사용한 [ダレカとナニカを相談する]에서 [相談する]는 서로 이야기하는 것(대화)을 의미하는 동사지만 [ニ격]을 사용한 [ダレカにナニカを相談する]에서는 묻다는 의미를 나타낼 것이다. 여기서 [ト격] 과 [ニ격]의 차이가 발생하는 것이다. (또한 언어연구학회의 [と格の名詞と動詞との결합]에 대한 연구성과를 찾아볼 수 없다. 때문에 [ト격]에 대해서는 많은 내용을 서술할 수 없는 상황이다.)

제2장
ヒトの動作を意味する動詞連語(No2)
(인간의 동작을 의미하는 동사연어(No2))

2-1. 社会的な人間活動について(사회적인 인간활동에 대하여)

<들어가기>

언어학연구회의 連語연구회는 연구성과의 일환으로 『日本語文法・連語論(資料編)』을 발간한바 있다. 『日本語文法・連語論(資料編)』은 명사(종속어)와 동사(중심어) 결합의 전체상을 개관한 자료이다. 하지만 [인간의 동작]인지 [사물의 움직임]인지, 이를 구분하는 것에 대한 서술은 좀처럼 찾아볼 수가 없었다.

표현적 단위인 連語 연구분야에 있어서, 그것이 [인간의 동작]을 의미하는 連語인지 [사물의 움직임]을 의미하는 連語인지에 대해 다루는 것을 소홀히 해서는 안될 것이다. 그런한 생각를 전제로 필자는 만년의 오쿠다 교수의 조언에 입각하여 부족하지만 그것이 [인간의 동작]인지 [사물의 움직임]인지에 주목해서 동사를 중심(Core)으로 하는 連語를 개관하려고 한다.

인간의 동작은 그 정도에 상관없이 사회적인 활동을 의미한다. 하지만 표현적인 단위인 連語의 수준에는 사회적 활동이라는 측면이 잠재되어있어, 그것이 겉으로 드러나지는 (가시적인 성향) 않는다. 예를 들어, [場所へのかかわり]에서 다룬 連語는 전부 장소에 대한 인간의 적극적

인(물리적인) 동작이 나타나 있고, 사회적인 활동의 의의(意義)을 부가하는 것에 대해선 문제시 하지 않는다.

하지만, 이와 같은 連語라 할지라도 종속어명사가 사회적인 활동을 의미하는 조직체인 경우에는사회적 인간활동의 의미가 겉으로(가시화) 드러나게 된다. 또한 사회적 인간활동을 의미하는 동사를 중심(Core)으로 하는 連語가 정착된다. [組織加入の結び付き](가칭)가 그러한 예이다.

[組織加入の結び付き]는 [学校にはいる], [幼稚園にいく]와 같이 [ニ격] 종속어명사가 조직을 의미하고 중심어동사가 그 조직에 가입하는 것을 의미한다. [組織加入の結び付き]는 [進入の結び付き(건축물 등으로 진입한다.)] 혹은, [空間的な位置変化の結び付き(어딘가로 간다)]를 연상시킨다. 원래 [学校(＝校舎)にはいる]는 기본적으로 [進入の結び付き]로 볼 수 있다. 하지만, [学校]가 장소를 의미하는 것이 아닌 조직의 의미로 사용된 것이라면 [組織加入の結び付き]로 볼 수 있을 것이다. 또, [幼稚園にいく]는 보통은 [空間的な位置変化の結び付き]를 의미하지만, 그 [幼稚園]이 조직을 의미한다면 유치원에 입학한다는 의미를 나타내므로 [組織加入の結び付き]가 된다.

이와 같은 이동동사 [はいる], [いく]가 조직가입의 의미로 사용된다고 한다면, 조직가입을 의미하는 [学校にはいる], [幼稚園にいく] 등은 進入の結び付き나 空間的な位置変化の結び付き의 변종으로 취급되는 것이 타당할지도 모른다. 하지만, [加入する], [参加する], [入学する], [就職する], [勤務する]와 같은 조직가입을 의미하는 특별한 동사가 사용되게 되므로 특설을 해야한다. 인간의 공간적 위치변화를 의미하는 連語에서 조직가입의 표현이 생성된 것으로 생각되어진다.

또, [組織加入の結び付き]에는 [委員会に参加する], [工場に就職する], [病院に勤務する]와 같이 종속에는 조직을 의미하는 명사가 오는 것이

원칙이다. 하지만, 그 조직내에서 하는 활동을 의미하는 표현으로 [委員会活動に参加する], [医療業務に就職する], [証券取引に勤務する]와 같은 連語를 만드는 경우도 있다. 이같은 업무를 의미하는 連語도 지금은 독립시키지 않고 [組織加入の結び付き]로 해두기로 하자.

그런데 [組織加入の結び付き]는 사회적 인간활동을 의미하는 連語의 범주에 속해있는 하나의 예에 지나지 않는다. 필자는 이런 종류의 連語를 적극적으로 연구해온 사람은 아니기에, 현 단계에서 사회적 인간활동을 의미하는 連語의 전체상을 제시하는 것은 불가능하다. 이 부분에 대해서는 기존의 연구자와 젊은 연구자에게 기대하는 바이다. 단, 여기에서는 참고사항으로 [①組織加入の結び付き], [②組織離脱の結び付き](모두 가칭)를 다루기로 한다.

① 組織加入の結び付き(조직가입의 결합)

[組織加入の結び付き]는 [ニ격] 종속어명사가 조직을 의미하고, 중심어동사가 그 조직에 가입하는 것을 의미한다. 구조적인 타입면에선 [ニ격] 종속어명사는 [조직명사] 중심어동사는 [조직 가입을 의미하는 동사]이다.

종속어(従属語・カザリ)	중심어(中心語・カザラレ)
～に	～する
組織(および業務)の名詞 (조직・업무의 명사)	組織加入を意味する動詞 (조직 가입의 동사)
○クラブに 加入する。(클럽에 가입하다) ○委員会に 参加する。(위원회에 참가하다) ○高校に 入学する。(고등학교에 입학하다) ○工場に 就職する。(공장에 취직하다) ○病院に 勤務する。(병원에 근무하다)	

○委員会活動に 参加する。(위원활동에 참가하다)
○医療業務に 就職する。(의료 업무에 취직하다)
○証券取引に 勤務する。(증권거래소에 근무하다)
○学校に はいる。(학교에 들어가다)
○幼稚園に いく。(유치원에 가다)

[組織加入の結び付き]는 이미 논한 것과 같이 [進入の結び付き]나 [空間的な位置変化の結び付き]의 변종으로 볼 수 있는데 [加入する], [参加する], [入学する], [就職する], [勤務する]와 같은 조직가입을 의미하는 동사를 중심(Core)으로 하는 連語로 정착되었다고 볼 수 있을 것이다.

또 하나, 동사 [通う], [通勤する]등은 [大学に通う], [市役所に通勤する]와 같은 連語를 만든다. 이들 連語는 [空間的な位置変化の結び付き]에 해당하는 것으로 보여지는데 [通う], [通勤する]라는 동사는 한 조직의 일원의 일상적인 왕래를 의미하는 동사로 볼 수 있지 않을까? 이런 면에서 보면, 이들 連語는 [組織加入の結び付き]의 변형으로 보여지기도 한다. 과연 그렇게 보아도 무관할 것인가.

② 組織離脱の結び付き(조직탈퇴의 결합)

[組織離脱の結び付き(조직탈퇴의 결합)]는 [ヲ격] (드물게 [カラ격]도 쓰인다)종속어명사가 조직을 의미하고, 중심어동사가 그 조직에서 이탈하는 것을 의미한다. 구조적인 타입면에선 [ヲ격](カラ격)종속어명사는 [조직명사] 중심어동사는 [조직이탈을 의미하는 동사]이다.

<table>
<tr><th>종속어(従属語・カザリ)</th><th>중심어(中心語・カザラレ)</th></tr>
<tr><td>～を</td><td>～する</td></tr>
<tr><td>組織の名詞
(조직 명사)</td><td>組織離脱を意味する動詞
(조직 탈퇴의 동사)</td></tr>
<tr><td colspan="2">○高校を 退学する。(고교를 퇴학하다)
○大学を 卒業する。(대학을 졸업하다)
○博士課程を 修了する。(박사과정을 수료하다)
○会社を やめる。(회사를 그만두다)
○病院勤務から 退く。(병원 근무로부터 그만두다)</td></tr>
</table>

조직이탈을 의미하는 고유동사는 [退学する], [卒業する], [修了する] 등으로 극히 한정된다고 볼 수 있다.

보충설명

1. 社会的な人間活動のさまざま(사회적인 인간활동의 여러 가지)

이상은 사회적 인간활동을 의미하는 連語의 일부에 지나지 않는다. 여하튼 [①組織加入の結び付き], [②組織離脱の結び付き]를 다루어 보았다. 이 이외에도, 예를들면 [会社をつくる(組織の創造)], [会社をかえる(組織の変革)]와 같은 連語가 있을 것이다. 이 같은 수준의 사례를 모아서, 다시한번(정식으로) 사회적 인간활동을 의미하는 連語를 연구해야 할 필요성을 느낀다.

그런데 [①組織加入の結び付き]에 대해서 오쿠다 교수는 논문 [に格の名詞と動詞との組み合わせ]에서 [態度的な動作の結び付き]로 논했다.

또한, [②組織離脱の結び付き]에 대해서는 초기 논문 [を格のかたちをとる名詞と動詞との결합]에서 [状態にたいするはたらきかけ]를 의미하는 連語로 논했다. 이런 부분에서 당초 오쿠다 교수의 連語論 연구의 시행착오를 볼 수 있다.

그리고 필자가 [2-3.ひとへのはたらきかけについて(사람으로 작용에 대하여)]에서 다룬 連語중에서도 사회적 인간활동을 의미하는 連語가 있다. 이 같은 [ひとへのはたらきかけ]의 사례도 포함해서 사회적 인간활동을 의미하는 連語에 대해서 다시 검토를 해야할 것이다. 이 부분에 대해서는 기존의 연구자와 젊은 연구자에게 기대하는 바이다.

2. すまいの結び付きについて(주거의 결합)

사회적 인간활동을 의미하는 連語에 대해 앞에서 이야기한대로 필자는 그것을 개관하는 것에 그친 것은 아니다. 단지, 그와 같은 連語속에서 인간이 거주하는 것을 의미하는 連語에 주목하고 있는 것 이다.

이런 종류의 連語는 상식적으로 [존재]를 의미하는 것으로 볼 수 있다. 하지만, 이와 같은 連語의 용법을 관찰해보면, 단지 [존재]한다고는 볼 수 없을 것 같다. 일종의 사회적 인간활동을 의미하는 連語에 속한다고 볼 수 있을 것이다. 여기에선 임시로 이를 [すまいの結び付き]로 규정하고 이 連語의 특징에 대해 생각해 보기로 한다.

[すまいの結び付き]는 [ニ격] 종속어명사가 장소를 나타내고 중심어동사가 그 장소에 거주하는 것을 의미한다. 구조적인 타입면에선 [ニ격] 종속어명사는 [장소명사] 중심어동사는 [거주 동사]이다.

종속어(従属語・カザリ)	중심어(中心語・カザラレ)
~に	~する
場所名詞 (장소 명사)	すまいの動詞 (주거의 동사)
○郊外に 住む。(교외에 살다) ○旧家に 住まう。(옛날집에 살다) ○ビルに 居つく。(빌딩에 거주하다) ○民家に 下宿する。(민가에 하숙하다) ○旅館に 泊まる。(여관에 숙박하다) ○温泉街に 宿泊する。(온천가에 숙박하다)	

[すまいの結び付き]는 기본적으로 [立ち居の結び付き]의 변형으로 볼 수 있을 것이다. 단, 거주동사는 단순히 인간의 소재(거처)를 의미하는 것이 아닌, 인간의 사회적 생활을 보증함으로써 일정기간 그곳에 거주한다는 것을 의미한다. 즉, 단순히 공간적 위치를 정하는 것을 나타내는 것은 아니다. 배후에 사회적 생활을 실현한다는 의미로, 소재(거처)의 변경을 나타내는 뜻을 내재 시키는 것이다.

그러한 속성은 連語구조에도 반영되어 [大阪から東京の郊外に住む] [アパートから民家に下宿する]와 같이, 대개 [~から]가 부가된다. 마치 [空間的な位置変化の結び付き]를 연상시키는 것 같다.

또한, 立ち居の結び付き의 종속어에는 [いすに(すわる)], [ベンチに(腰かける)], [ベッドに(寝る)], [ふみ台に(乗る)], [ソファーに(寝そべる)] 등과 같이 대개 장소적 [사물명사]가 사용되는데 すまいの結び付き에서는 [旧家に(住まう)], [ビルに(居つく)], [民家に(下宿する)]와 같은 건축물을 포함해서, 장소명사가 쓰이는 원칙이 고착화 되어 있다.

또 하나 [すまいの結び付き]에 사용되는 동사에 대해서 오쿠다 교수는 논문 [に格の名詞と動詞との組み合わせ]에서 [存在動詞にちかい動詞]로 그것을 문제시 하였다. (이 사항에 대해서는 [1-2.場所へのかかわり(장소와의 관계)]의 [보충]에서 언급했던 내용을 참조하기 바란다.)

2-2. 動作的な態度について(동작적인 태도에 대하여)

<들어가기>

인간의 동작을 의미하는 동사에는 [おとずれる], [まちうける], [まもる], [かばう] 등과 같이, 구체적인 동작이 어떤 속성을 가지는가를 불문하고, 어떤 종류의 동작을 실현하는 일정한 태도를 의미하는 것이 있다. 예를 들어, [おとずれる]는 누군가를 방문하는 행위인데 그 방문의 구체적인 방법은 알수가 없다. 걸어서 가도 될 것이고 택시를 타고가도 될 것이다. [まちうける]는 어떤 사람을 맞이한다는 의미인데, 그때 화자는(화자의 상태) 도로에 서 있어도 벤치에 앉아있어도 될 것이다. 또 [まもる], [かばう] 등은 결과적으로 그 대상을 지키거나 보호하는 것이 가능하면 그 의미가 성립되는 것으로 그 때의 구체적인 동작은 알수 없다. 즉, 이 같은 동사는 대상을 대하는 일정한 태도를 의미하는 것으로, 그 대상에 대한 구체적인 작용은 문제시 되지 않는다. 이와 같은 동사가 의미하는 連語를 이 논문에서는 [동작적 태도]로 표현하고 개관해본다.

그런데 이 같은 連語에 대해서 오쿠다 교수는 초기논문 [を格のかたちをとる名詞と動詞との組み合わせ]에서 [第三章、かかわり]에 속해 있는 [第五節、動作的な態度の結び付き]로 논한 바가 있다. 하지만, 그 후 논문 [を格の名詞と動詞との결합]에서는 이부분을 적극적으로 다루지 않았다. 아마, [心理的なかかわり] 범주에서 논할 계획은 아니었을까. 이것은 필자의 추측일 뿐이다. 일단 이 논문에서는 초기논문 [を格のかたちをとる名詞と動詞との결합]를 참조하면서 이부분를 필자나름대로 개관해 보기로 할 것이다. 앞으로 나올 結び付き의 명칭은 필자가 임시로 표현해 본 것이다.

① 訪問の結び付き(방문의 결합)

[訪問の結び付き(방문의 결합)]는 [ヲ격] 종속어명사가 인간(혹은 인간의 모습등)을 나타내고, 중심어동사가 그 인간을 방문하는 것을 의미한다. 구조적인 타입면에선 [ヲ격] [인간명사]를 종속어로 하고 [방문동사]를 중심어로 한다. 또한, 대개의 경우 방문처를 의미하는 [ニ격・ヘ격・マデ격]의 종속어명사를 부가해서 [3단어 連語]가 된다.

종속어(従属語・カザリ)		중심어(中心語・カザラレ)
~に(へ・まで)	~を	~する
場所名詞(訪問さき) (장소 명사・방문처)	ひと名詞(ひとの状態も) (사람 명사・사람상태 포함)	訪問活動の動詞 (방문활동의 동사)
○学校に　先生を　たずねる。(학교에 선생님께 방문하다) ○ホテルへ友人を　訪問する。(호텔에 친구를 방문하다) ○友人を　別荘まで　おとずれる。(친구를 (별장까지) 방문하다) ○教え子を　下宿さきに　たずねる。(제자를 (하숙집까지) 방문하다) ○友だちを　見舞う。(친구를 문병하다) ○知人の新婚生活を　訪問する。(지인의 신혼생활을 방문하다) ○友だちの病気を　見舞う。(친구를 문병하다)		

이 連語는 방문처를 의미하는 [ニ격・ヘ격・マデ격] 종속어명사를

부가해서 [3단어 連語]가 만들어지는데 실제로는 방문처를 나타내지 않는 경우도 적지 않다. 방문해야할 인물의 거주 장소가 명백하다는 전제가 있어서 일까.

그런데 [訪問の結び付き]는 [先生をたずねる], [友人を訪問する]와 같이 [인간]을 대상으로 하는데, 대개 [知人の新婚生活を訪問する], [友だちの病気を見舞う]와 같이 [인간의 상태]를 대상으로 하는 連語도 존재한다. 이런 경우 [新婚生活の知人を訪問する], [病気の友だちを見舞う]와 같이 어떤 상태(상황)에 처한 인물을 방문한다는 표현도 가능하다.

또한 [学校に先生をたずねる], [ホテルへ友人を訪問する], [友人を別荘までおとずれる], [教え子を下宿さきにたずねる]와 같은 連語에서는 [学校の先生をたずねる], [ホテルの友人を訪問する], [別荘の友人をおとずれる], [下宿さきの教え子をたずねる]와 같이, 어딘가에 거주하는 인물을 방문한다는 표현도 가능하다.

또, [友人を別荘までおとずれる], [教え子を下宿さきにたずねる]와 같은 連語에서는 [友人の別荘をおとずれる], [教え子の下宿さきをたずねる]와 같이, 인간의 거주지등을 방문한다는 의미를 가진표현도 사용된다.

② まちうけの結び付き(기다림의 결합)

[まちうけの結び付き(기다림의 결합)]는 [ヲ격] 종속어명사가 인간(혹은 인간의 행위등)을 나타내고, 중심어동사가 그 사람을 기다린다는 의미이다. 구조적인 타입면에선 [ヲ격], [인간명사]를 종속어로 하고 [まちうけの동사]를 중심어로 한다.

종속어(従属語・カザリ)	중심어(中心語・カザラレ)
~を	~する
ひと名詞(ひとの行為も) (사람 명사 · 사람 행위 포함)	まちうけの動詞 (기다림의 동사)
○妹を　まつ。(여동생을 기다리다) ○医者を　まちうける。(의사를 기다리다) ○母の帰宅をむかえる。(엄마의 귀가를 마중하다) ○先生の来宅を　まつ。(선생님의 방문을 기다리다) ○友だちの来るのを　まちうける。(친구가 오기를 기다리다)	

[まちうけの結び付き]는 [~を~する]와 같이 [ヲ격] 종속어명사와 중심어동사의 2단어 결합을 원칙으로 하고, [訪問の結び付き]와 같이 3단어 連語가 되는 일은 없다. 만약 [まつ]라는 동작이 실현되는 장소를 지정하려고 해도, [駅で妹をまつ], [自宅で医者をまちうける]와 같이 상황적 종속어 [駅で], [自宅で]를 부가할 뿐이다. 즉, 連語論 수준에서 보면 이 같은 상황적 종속어의 부가는 중심어동사 [まつ], [まちうける]의 표현적 의미를 구체화하는 차원의 문제로 봐야하지 않을까.

③ 保護活動の結び付き(보호활동의 결합)

[保護活動の結び付き(보호활동의 결합)]는 [ヲ격]종속어명사가 인간(인간의 모습등)을 나타내고 중심어동사가 그 사람을 보호하는 것을 의미한다. 구조적인 타입면에선 [ヲ격], [구체명사 · 추상명사]를 종속어로 하고 [보호활동 동사]를 중심어로 한다.

종속어(従属語・カザリ)	중심어(中心語・カザラレ)
～を	～する
具体名詞・抽象名詞 (구체 명사・추상 명사)	保護活動의 動詞 (보호활동의 동사)
○子どもを　まもる。(아이를 지키다) ○生徒を　かばう。(학생을 감싸다) ○迷子を　保護する。(미아를 보호하다) ○訪問者を　警護する。(방문자를 경호하다) ○老人の自活を　まもる。(노인의 자활을 지키다) ○妹の行為を　かばう。(여동생의 행위를 감싸다) ○家を　まもる。(집을 지키다) ○学校を　警護する。(학교를 경호하다) ○憲法を　まもる。(헌법을 지키다) ○資産を　まもる。(자산을 지키다)	

보호활동 동사 [まもる], [かばう] 등은 [子どもをまもる], [生徒をかばう]와 같이 그 대상(이 예에선 인물)를 보호한다는 의미이다. 즉, 그 보호활동의 구체적인 동작이 어떤 것인가에 대해서는 불분명한 측면이 있다.

또한 이 連語에서는 보호해야할 사태(상황)를 [~から]로 나타내고, 대개 [子どもを交通事故からまもる], [世間の非難から生徒をまもる], [不審者から訪問者を警護する]와 같이 3단어로 결합된 連語가 된다.

④ 回避活動の結び付き(회피활동의 결합)

[回避活動の結び付き(회피활동의 결합)]는 [ヲ격]종속어명사로 나타내어진 사항을 대상으로 하고, 그것을 회피하는(중심어동사로 나타내어진다)것을 의미한다. 구조적인 타입면에선 [ヲ격], [구체명사・추상명사]를 종속어로 하고 [회피활동 동사]를 중심어로 한다.

종속어(従属語・カザリ)	중심어(中心語・カザラレ)
~を	~する
具体名詞・抽象名詞 (구체 명사・추상 명사)	回避活動의 動詞 (회피활동의 동사)
○電柱を　さける。(전신주를 피하다) ○よっぱらいを　さける。(주정뱅이를 피하다) ○ランナーを　よける。(런너를 피하다) ○借金取りを　やりすごす。(빚쟁이를 따돌리다) ○暴走する自転車を　よける。(폭주하는 자전거를 피하다) ○ちょうちん行列を　やりすごす。(안등 행렬을 지나치다) ○デモ行進を　みおくる。(데모행진을 지켜보다) ○日ざしを　さける。(햇볕을 피하다) ○風を　よける。(바람을 피하다) ○大波を　やりすごす。(큰 파도를 피하다) ○責任を　さける。(책임을 피하다) ○混乱を　回避する。(혼란을 회피하다)	

회피활동을 의미하는 동사 [さける], [よける], [やりすごす], [みおくる] 등을 이용하면 꽤 구체적인 동작을 상정할 수 있는 것으로 보여진다. 대개의 경우 거리를 걷고 있을 때 무언가를 멀리하거나, 피하거나, (누군가 화자를) 앞서가거나 배웅하는 것을 나타낸다.

하지만 [さける・よける・やりすごす・みおくる] 등은 꼭 거리를 걷고 있는 상황만을 전제로 하는 것이 아니라, 여러 가지 사태에도 적용할 수 있는 보편적인 동작이다. 또한, 구체적인 동작을 나타내고 있지 않아도 단지 상체를 전후자후로 움직이는 것만으로 [さける・よける・やりすごす・みおくる] 등을 실현할 수 있을 것이다.

보충설명

동작적 태도로 몇 개의 [結び付き(결합)]를 열거해 보았는데 이것으로 충분한지 필자는 자신이 없다. 이부분에 대해선 단순히 문제를 제기했다고 보는 것이 좋을 것이다.

또, 여기서 [동작적 태도]로 다루어본 連語는 [2-1.社会的な人間活動について(사회적인 인간활동에 대하여)]나 [2-3.ヒトへのはたらきかけについて(사람으로 작용에 대하여)]에서 논한 連語그룹과 관련이 있는 것으로 보여 진다. 다시 한 번 連語의 체계결합에 대해서 생각해 봐야할 것이다. 이 부분은 기존의 연구자와 젊은 연구자에게 기대하는 바이다.

2-3. ヒトへのはたらきかけについて(사람으로 작용에 대하여)

오쿠다 교수의 [を格の名詞と動詞との組み合わせ]에 [第一章、対象へのはたらきかけ]에 속한 [第二節,人にたいするはたらきかけ]가 있다. 여기서 다루고 있는 連語의 대부분은 이른바 [사역표현(사역태)]에 해당한다.

날카로운 지적을 해보자면, 오직 사역표현을 대상으로 하고 있다면 오쿠다 교수의 [人にたいするはたらきかけ]는 連語論(표현적인 단위인 連語를 연구대상으로 한다)과는 차원을 달리한다고 볼 수 있지 않을까. 인간의 동작은 이미 [기본적 용법]으로 검토되어 왔듯이 [ものへのはたらきかけ], [場所へのかかわり], [所有的なかかわり], [心理的なかかわり], [言語的なかかわり]등에서 다룬 것과 같은 여러 가지 連語를 실현시킨다. 이것이 [인간의 동작]인 것이다.

오쿠다 교수의 [人にたいするはたらきかけ]는 [인간]에 대한 타인의 [작용]을 의미하는 것이다.

당연하게도 타인에게 받는 [작용]은 [ものへのはたらきかけ(사물에 작용)], [場所へのかかわり(장소에 관계)], [所有的なかかわり(소유적인 관계)][心理的なかかわり(심리적인 관계)], [言語的なかかわり(언어적인 관계)]등을 의미하는 여러 가지 連語에 대응 될 것이다. 예를 들어, [(ダレカが)くるみをわる](ものへのはたらきかけ)에 해당하는 [ひとへのはたらきかけ]는 [ダレカにくるみをわらせる]이다. [(ダレカが)廊下に立つ](場所へのかかわり)에 해당하는 [ひとへのはたらきかけ]는 [ダレカを廊下に立たせる]이다. 즉, [ひとへのはたらきかけ]는 기본적으로 [인간의 동작]을 의미하는 連語에 대응하는 것으로 보여 진다. 그 표현적인 의미(예를 들어, [くるみをわる]와 [くるみをわらせる]에서 [わる]의 의미, [廊下に立つ]와 [廊下に立たせる]에서 [立つ]의 의미)는 원칙적으로 변경되는 일은 없을 것이다.

오쿠다 교수의 [を格の名詞と動詞との결합]의 [人にたいするはたらきかけ]는 대부분이 문법적 카테고리인 [사역태]에 속한 사례이다.

하지만, 이와 같은 [사역태]의 사례를 제외하면, 다시 한 번 [ひとへのはたらきかけ]를 의미하는 連語([사회적 인간활동을 의미하는 連語]의 일종)에 주목하게 된다. 예를 들어 [先生を家にまねく], [学生たちをそとへおいだす]와 같은 連語가 그것이다. 또 [山下を委員にえらぶ], [大学生を家庭教師にやとう], [木下さんを秘書に抜擢する], [子どもを医者にそだてる], [外科の医者をそだてる]와 같은 連語도 존재한다. 오쿠다 교수는 [先生を家にまねく]는 사람에 대한 작용을 의미하는 連語로 [山下を委員にえらぶ]는 동작적 태도를 의미하는 連語로 논하였다. 이들 連語는 사회적 인간활동을 의미하는 측면에서 다시 한 번 재고되어야 할 것으로 보여 진다.

그런데 [市長に立候補する], [委員に就任する]와 같은 사회적 인간활동을 의미하는 連語([ひとへのはたらきかけ]를 의미하는 連語가 아니다)는 본래, 오쿠다 교수의 [を格の名詞と動詞との組み合わせ]에서는 다루어진 적이 없다. 또한, 이는 [に格の名詞と動詞との組み合わせ]의 [規定的な結び付き]범주에서 다루어져야 한다고 필자는 생각하지만, 이부분은 적극적으로 다루어지지 않았다. 이 같은 連語에 대해서도, 사회적 인간활동을 의미하는 것으로 상정하고 검토해 보았으면 한다. 여하튼, 사회적 인간활동을 의미하는 連語에 대해서는 기존의 연구자와 젊은 연구자에게 기대하는 바이다.

또한, 오쿠다 교수의 [に格の名詞と動詞との組み合わせ]에서는 [立派な男にみえる]와 같은 連語를 [内容規定の結び付き(내용 규정의 결합)]로 규정하고 있다. 이런 종류의 결합은 표현적 단위인 連語를 연구대상으로 하는 連語論의 관점에선 생소한 부분이라고 할 수 있다. [立派な男に]는 부사적인 표현인데, 그런 관점에서 보면 [立派な男にみえる]라는 문장전체가 일종의 합성적인 술어가 되어있으므로, 이 것은 문장의 구조적 수준에서 검토해보는 것이 적절하지 않을까.

또 하나, 필자의 생각을 이야기 해두고 싶다. 앞에서 나온 [市長に立候補する], [委員に就任する]와 같은 連語는 連語論의 대상범주에 들어간다고 생각되지만, [市長になる], [委員になる]등은 일종의 합성동사(あわせ変化動詞)로 생각해야 할 것이다. 이들 합성동사(あわせ変化動詞)에서는 [~になる]가 아닌, [~となる]를 사용해서 [市長となる], [委員となる]라는 표현을 만들수 있다.(또한 [市長に立候補する], [委員に就任する]에서는 [~に]를 [~と]로 바꿀 수 없다.)

그런데 언어학연구회는 [と格の名詞と動詞との組み合わせ]와 관련된 연구성과를 남기지 않았다. 본래 당초에는 [と格の名詞]도 용례를 수집했었지만, 인용을 나타내는 [~と]와 혼동되는 부분이 있어 순조롭게 연구할 수는 없었다. 그런 측면에서, 우선은 [ダレカと結婚する], [ダレカとお見合いする], [ダレカと結納する] 등, 사회적 인간활동을 의미하는 용례를 검토하고 그 連語의 위치를 정해두어야 할 것이다. 이 부분은 앞으로 連語論을 연구할 연구자들에게 기대하는 바이다.

또 하나, [ダレカをなぐる], [ダレカをたたく]와 같은 連語는 기본적으로 [ナニカをなぐる], [ナニカをたたく]와 같은 종류의 連語라고 할 수 있을 것이다. 즉, [사물]이 있어야 할 자리에 [인간]이 쓰인 경우를 나타내는 [ものへのはたらきかけ]에 속한 連語로 처리해야 할 것 으로 보여진다.

2-4. コトへのはたらきかけ(사항으로 작용에 대하여)

<들어가기>

오쿠다 교수의 [を格の名詞と動詞との組み合わせ]에서는 [第一章、対象へのはたらきかけ], [第三節]에서 [事にたいするはたらきかけ]가 논해져 있다.

이 [事にたいするはたらきかけ(사물에 대한 작용)]는 [変化の結び付き(변화의 결합)]와 [出現の結び付き(출현의 결합)]로 분류되어 있다. [変化の結び付き(출현의 결합)]로 다음과 같은 일종의 사회적 인간활동을 의미하는 連語가 소개되어 있다.

○農民の生活水準を　たかめる。(농민의 생활수준을 높이다)
○教組の抵抗力を　よわめる。(교조의 저항력을 약하게하다)
○教育の中立性を　おかす。(교육의 중립성을 침범하다)
○かこみの輪を　せばめる。(포위망을 좁히다)

또, [出現の結び付き]로 역시 다음과 같은 사회적 인간활동을 의미하는 連語가 사용되고 있다.

○人の心に　解放の念を　よびおこす。(사람마음에 해방감을 불러일으키다)
○生活機能に　麻酔症状を　惹起する。(생활기능에 마취증상을 야기하다)
○田中教師のうえに　変化を　もたらす。(타나카교사에게 변화를 초래하다)
○かれのなかに　分裂を　つくる。(그들 속에 분열을 만들다)

오쿠다 교수가 [事にたいするはたらきかけ]를 논할 때 [変化の結び付き] 혹은, [出現の結び付き]로 즉, 넓은 의미에서 [인간의 사회적 활동]을 여러가지로 의식화 한 것으로 보여진다.

본래 [事にたいするはたらきかけ]에는 [사물]에 대한 구체적인 작용을 전제로 하는 [変化の結び付き]나 [出現の結び付き]가 있다. 예를 들어,

○自動車の速度を　おとす。(자동차 속도를 줄이다)
○ボートの動揺を　しずめる。(보트의 흔들림을 가라앉히다)
○ゆかた地のしわを　のばす。(옷감의 주름을 펴다)
○ケーキの甘さを　おさえる。(케익 단맛을 줄이다)
○写真の色つやを　かえる。(사진 광택을 바꾸다)
○廊下の光沢を　ふかめる。(복도 광택을 더하다)
○砂場のでこぼこを　なおす。(모래사장의 울퉁불퉁함을 고르다)

등은 [変化の結び付き]이다. 또한,

○水面に 波紋を つくる。(수면의 파문을 만들다) ○テーブルに 色彩を つける。(테이블에 색을 칠하다) ○調度類に 品格を あたえる。(도구류에 품격을 부여하다) ○吸い物に 塩味を くわえる。(국물에 간을 더하다)

등은 [出現の結び付き]이다. 즉, [자동차・보트]에 대해 또, [수면・테이블]에 어떠한 작용을 해서 결과적으로 [自動車の速度をおとす], [ボートの動揺をしずめる]나 [水面に波紋をつくる], [テーブルに色彩をつける]와 같은 사태를 발생시키는 것이다. [ことへのはたらきかけ]를 의미하는 連語로는 이와 같이 [사물]을 대상으로 하는 경우가 기본이 되는 것으로 보여진다.

[사물]을 대상으로하는 구체적인 작용을 전제로 하는 [事にたいするはたらきかけ]와 앞서 다룬 [사회적 인간활동]을 의미하는 [事にたいするはたらきかけ]는 連語적 측면에서 보면 질적 차이가 있다. 오쿠다 교수는 이 부분에서 상당한 고민을 한 것으로 보이며, 항상 이 사항에 대해서 이것저것 회상했었다.

이와 같이 [ことへのはたらきかけ]를 의미하는 連語를, 지금에 와서 어떻게 다루어야 할지 필자는 확실한 판단이 서지 않는다. 그저, 앞으로 連語論을 연구할 연구자들이 판단해주길 바라는 마음이다. 여기에선 필자의 판단하에, 앞으로의 연구에 도움이 될 참고사항를 적어두고 싶다.

＜1＞ 奥田先生の執筆の経緯(오쿠다 교수의 집필 경위)

당시의 일을 회고해보려 한다. 벌써 50년 전 일인데, 우리들은 [단어(명사)와 단어(동사)의 결합(組み合わせ)]을 연구하기 위해 용례를 수집하기로 했다. 문고판 문학작품을 자료로 명사격 어형에 표시를 하고, 그것을 충분히 문맥을 고려하여 도서카드를 첨부했었다. 그것이 당시의 자료수집 방법이였다. 명사가 주어나 술어로 사용되는 경우는 처음부터 제외시켰다. 막연하긴 했지만, 어떤 사항적인 의미를 가진 단어와 단어의 결합을 연구대상으로 한 것 이었다.

그런데 수집한 용례의 양은 막대했다. 우리들은 일단, 그 막대한 용례를 명사격 어형으로 분류했다. 그리고 [を格の名詞]와 관련된 부분은 오쿠다 교수가 담당하게 되었다. 오쿠다 교수는 명사격 어형에 주목하여 [단어(명사)와 단어(동사)의 결합]의 선구적 연구모델을 제시해 주었다.

원래, [を格の名詞と動詞との組み合わせ]에 대한 연구는 전례가 없었다. 우리들은 수집한 막대한 양의 용례를 어떻게 처리해야할지 갈피를 잡지 못했었다. 오쿠다 교수였는지 아니면 다른 사람이었는지 확실히 기억나지 않지만, 우선, 구체적 동작을 의미하는 동사(인간의 동작 [わる], [くだく], [つける]등)와 관련된 용례와, 그렇지 않은 동사(인간의 인식활동 [見る], [思う], [考える]나 자연물의 움직임・현상을 나타내는 [咲く], [吹く]등)의 용례, 이렇게 둘로 나누어 [を格の名詞]의 용례를 [ものの名詞のばあい], [ひとの名詞のばあい], [ことの名詞のばあい]로 분류해 보기로 했다. 그리고 그 분류에 따라 오쿠다 교수에게 연구보고를 받기로 했다. 이런 경위가 오쿠다 교수의 초기 논문 [を格のかたちをとる名詞と動詞との組み合わせ]에 반영 되어있다. 이 논문에서는 [第一章,はたらきかけ]로 [第一節,物にたいするはたらきかけ], [第二節、人

にたいするはたらきかけ][第三節、状態にたいするはたらきかけ]……가 전개되어있다. (오쿠다 교수는 [ことの名詞のばあい]에 대해서는 [状態にたいするはたらきかけ]로 처리하였다.)

이와 같은 오쿠다 교수의 연구성과는 그 뒤 간행된『教育国語(むぎ書房出版社)』에서 전개되는데, 그때 오쿠다 교수는 이 부분을 다시 기술하여 논문 [を格の名詞と動詞との組み合わせ]를 쓴것이다. 따라서, 이 논문에 도 당초의 연구자세([を格の名詞]의 용례를 [ものの名詞のばあい], [ひとの名詞のばあい], [ことの名詞のばあい], [その他のばあい]로 분류하여 검토한다)가 남아있는 것이다.

＜２＞ [モノの状態がえ(変化)]と[ものの側面づくり]
(사물의 상태변화와 사물의 측면 구축)

오쿠다 교수는 [ことへのはたらきかけ]를 기본으로 [사물]에 대한 구체적 작용을 나타내는 경우를 생각했던 것으로 보인다. 그 점을 염두에 두고, 필자 나름대로 [사물]에 대한 구체적 작용을 전제로 하는 [ことへのはたらきかけ]를 정리해 두고 싶다. 바로 [ものの状態がえの結び付き]와 [ものの側面づくりの結び付き](모두 가칭)가 그것이다. 이 連語는 각각 오쿠다 교수의 [事にたいするはたらきかけ]의 [変化の結び付き], [出現の結び付き](단, [사물]의 경우에 한정해서)에 해당한다. 초기 논문 [を格のかたちをとる名詞と動詞との組み合わせ]에서는 [状態変化(상태변화)], [状態生産(상태생산)]로 표현된 것이다.

① モノの状態がえ(変化)の結び付き(사물의 상태변화의 결합)

[ものの状態がえの結び付き(사물의 상태변화의 결합)]는 [ヲ격] 종속

어명사가 사물의 측면(형태・상태・움직임 등 [こと]로 일반화한다.)을 나타내고, 중심어동사가 사물의 측면을 바꾸는 것(사건의 상태를 바꿈)을 나타낸다. [ヲ격] 종속어명사에는 거기에 [ノ격] 종속어명사를 수반하는 경우가 있고, 이 경우 [ノ격] 명사는 형태・상태・움직임의 주체를 나타낸다.

종속어(従属語・カザリ)	중심어(中心語・カザラレ)
(〜の)〜を	〜する
抽象名詞(こと) **(추상 명사・사항)**	状態がえ(変化)の動詞 **(상태 변화의 동사)**
○自動車の速度を おとす。(자동차의 속도를 줄이다) ○ボートのゆれを しずめる。(보트의 흔들림을 가라앉히다) ○ケーキの甘さを おさえる。(케익 단맛을 줄이다) ○写真の色つやを かえる。(사진 광택을 바꾸다) ○廊下の光沢を ふかめる。(복도 관택을 더하다) ○砂場のでこぼこを なおす。(모래사장의 울퉁불퉁함을 고르다)	

[ものの状態がえの結び付き]에 사용되는 동사는 굉장히 다양하다. [ものへのはたらきかけ]에 사용되는 동사가 많이 있는데, [もようがえ(모양변화)]동사 [なおす(수정하다)], [うつしかえ(옮기다)]동사 [おとす], [かえる], [さわり]동사 [おさえる] 등이 있다. 그리고 [しずめる], [ふかめる]와 같은 타입의 동사는 오로지, 사물의 형태・상태・움직임을 변화시키는 경우에 사용된다.

[ものの状態がえの結び付き]는 하나의 사실로, 사물을 대상으로 하는 일정한 작용을 나타내는데, 어떠한 작용인지, 그 [작용]의 구체적 내용

은 배후에 위치해서 드러나지 않는다. 단, 결과적으로 [사물]의 [형태・상태・움직임의 변화]를 실현시킨다. [自動車の速度をおとす]라는 문장에서 브레이크를 밟은 것인지, 액셀을 약하게 밟은 것인지 자세한 내용은 알 수 없다. [ケーキの甘さをおさえる]라는 문장에서도 조미료 등을 어떻게 사용했는지 세세한 사항은 알 수 없다. 즉, [작용]의 구체성이 드러나 있지 않은 것이다. 이것은 결과적으로 [사물의 형태・상태・움직임의 변화]를 의미하는 連語인 것이다.

② モノの側面づくりの結び付き(사물의 측면 구축의 결합)

[ものの側面づくりの結び付き(사물의 측면 구축의 결합)]는 중심어동사로 나타내어지는 작용에 의해 [ヲ격] 종속어명사로 나타내어지는 측면(형태・상태・움직임 등 [こと]로 일반화 한다)이 출현하는 것을 의미한다.

그 사건이 발생하는 장소는 일반적으로 [ニ격] 종속어명사(사물이나 장소명사)에 의해 나타내어진다.

종속어(従属語・カザリ)		중심어(中心語・カザラレ)
~に	~を	~する
モノ場所の名詞 (사물 장소의 명사)	抽象名詞(こと) (추상 명사/사항)	つくりだし(出現)の動詞 (생산/출현의 동사)
○水面に 波紋を つくる。(수면에 파문을 만들다) ○テーブルに 色彩を つける。(테블에 색을 칠하다) ○調度類に 品格を あたえる。(도구류에 품격을 부여하다) ○吸い物に 塩味を くわえる。(국물에 간을 더하다)		

[モノの側面づくりの結び付き]에서는 [ものの状態がえの結び付き]와

같이 [사물]에 대한 구체적 작용은 문제시 되지 않고, 결과적으로 [사물의 측면(사건)]이 발생한 것을 의미한다. 사용되는 동사에는 [つくりだし]동사 [つくる], [とりつけ]동사 [つける], [くわえる] 등이 있다. ([あたえる]는 やりとり동사에 속한다.)

그런데 사물의 측면(사건)이 발생하는 장소는 [テーブルに色彩をつける][吸い物に塩味をくわえる]과 같이 [~に]로 나타내어지는데, 이 [~に]는 때로는 [テーブルの色彩をつける], [吸い物の塩味をくわえる]과 같이 [~の]가 되는 경우도 있다. 사건의 출현은 일반적으로 어떤 특정한 [사물]에서 발생하는 것으로, 그 사건은 그 [사물]의 측면(형태・상태・움직임 등)으로 정착하게 된다. 이런 속성 때문에 [~の]의 사용이 가능한 것이다. 그리고 이것은 [ものの側面づくりの結び付き]가 [ものの状態がえの結び付き]에 근접해 있는 사실을 추론할 수 있는 근거를 제시해 준다.

보충설명

이상으로, 오쿠다 교수의 [を格の名詞と動詞との組み合わせ]에 속한 [事にたいするはたらきかけ]에 대해서 필자가 느낀 점을 열거해 보았다.

앞으로의 연구과제로써, 앞서 [2-1.社会的な人間活動について(사회적인 인간활동에 대하여)]나 [2-2.動作的な態度について(동작적인 태도에 대하여)]등에서 문제시한 사항과도 연계하여 인간의 사회적 활동을 의미하는 동사連語를 연구하고 그것을 정리할 필요가 있을 것이다.

갑자기 생각난 것을 덧붙이자면, 오쿠다 교수의 [事にたいするはたらきかけ] 영역에 포함되는 連語에는, 자연환경속 인간의 활동과 사회환경속 인간의 활동이 혼재되어 있는 것으로 보인다. 자연환경속 인간의 활동은 대부분 [ものの状態がえ]와 [ものの側面づくり]로 통괄되는 連語일 것이다. 그에 반해 사회환경속 인간의 활동(사회적 인간활동)은, 다방면에 걸쳐 있는 사항이기 때문에 정리하는데 많은 노력이 수반될 것이다. 이 사항은 [2-1.社会的な人間活動について] 등에서 문제시한 사항을 근거로 재검토해 보았으면 한다. 필자는 그렇게 생각한다.

2-5. 時間へのかかわりについて(시간과의 관계에 대하여)

시간에 관한 영역은 기본적으로 連語論과는 관련이 없는 영역일 것이다. 필자는 그렇게 생각하고 있다.

[場所へのかかわり]에 준하여 [時間へのかかわり]를 상정해 보았지만, 기본적으로는 표현적 단위인 [連語]가 아닌, [문장]의 구조분야에서 다루어야할 사항이라고 생각한다. 단, 언어연구회의 連語論을 보면 시간에 관한 영역도 언급하고 있기 때문에, 시간에 관한 영역에 대해서는 다시 한번 검토해야 할 필요성이 있을 것이다. 이 부분은 앞으로의 연구를 기대하는 바이고, 이 논문에선 더 이상 언급하지 않겠다.

제3장

モノの動きを意味する動詞連語

(사물의 움직임을 의미하는 동사 連語)

<들어가기>

이미 서술한 내용이지만, 오쿠다 교수는 만년에 [인간의 동작]과 [사물의 움직임]의 連語구조가 다르다고 조언해주신 적이 있다. 그 조언을 근거로, 우선 [< 제2장 > ヒトの動作を意味する動詞連語(No2)(인간의동작을의미하는동사연어(No2))]에서 그 사항에 대해 정리해 보았다.

한편, [사물의 움직임을 의미하는 동사 連語]를, 어떻게 정리하는 것이 좋을까. 필자는 이 사항에 관한 정리기준을 아직 확립하지 못했다. 필자뿐만이 아닌 언어학연구회는 [사물의 움직임]의 관점에서 連語를 연구한 경험이 없다. 다시 한번 『日本語文法・連語論(資料編)』에 게재되어 있는 논문의 연구성과에 대해 학습하려고 했지만 좀처럼 잘 되지 않는 실정이다. 즉, 이 사항에 대한 정리기준을 어떻게 확립할지 갈피를 잡지 못하고 있다.

이와 같은 이유에서 [사물의 움직임을 의미하는 동사 連語]에 대한 연구는, 앞으로 連語를 연구해갈 젊은 연구자에 위임하는 바이다. 이 논문에서는 그런 연구자들이 참고할 수 있도록 [사물의 움직임]에 대해서, 현재 필자가 느끼고 생각한 점을 정리하기로 했다.

3-1. [ヒトの動作]と[モノの動き](사람의 동작과 사물의 움직임)

현대일본어의 동사 連語전부를 [인간의 동작]을 의미하는 것과 [사물의 움직임]을 의미하는 것으로 구분할 수 있다고 확언할 수는 없을 것이다. 단, 오쿠다 교수에게 [인간의 동작]인지 [사물의 움직임]인지에 따라 連語구조에 차이가 있다는 조언을 들은 뒤 다시 한번 그 사항을 정리해 보았다. 이 사항을 검토하는 중에 중요하다고 느낀 부분은, 현대일본어의 동사連語를 [인간의 동작], [사물의 움직임]으로 분류하고 정리한다고 하는 것은, 매우 실용적・실천적이라는 생각이 들었다.

앞에서 지적한대로 『日本語文法・連語論(資料編)』에 게재되어 있는 논문의 용례는 전부, [동사]를 중심(Core)으로 하는 連語다. 또한, 그 용례의 대부분은 [인간의 동작]을 의미하는 것이다. 그 이외의 連語는 극소수이다. 그 극소수에 해당하는 용례는 기본적으로 [사물의 움직임]을 의미한다고 봐도 무리가 없을 듯하다.

[인간의 동작]과 [사물의 움직임]의 차이를 생각해 볼 수 있는 예로 동사 [のぼる]의 경우를 들어보자. 동사 [のぼる]는, 대개의 경우 [인간의 동작] 표현에도 [사물의 움직임] 표현에도 사용된다. 또한, 한자를 사용하는 경우에는 [登る]와 [昇る]로 구별된다.

일반적으로 인간의 동작을 의미하는 경우, 그 동작의 외적대상이 설정되고 그것을 [～に], [～を] 등으로 나타내어,

○山に 登る。(산에 오르다) ○山を 登る。(산을 오르다)

라는 連語를 만드는 것이다. 하지만, 사물의 현상을 의미하는 [のぼる]

의 경우에는 당연한 이야기가 되겠지만, 외적대상 등을 필요로 하지 않고, 우선적으로 그 현상의 실체가 지정이 되어 [月が昇る], [太陽が昇る]와 같은 連語가 된다. 이 같이 현상을 의미하는 連語에는 대개 [~に]격이 결합이 되는데, 이 경우 [~に]는 현상의 출현장소를 의미하게 된다.

○東の空に 月が 昇る。(동쪽 하늘에 달이 떠오르다)
○山の肩に 太陽が 昇る。(산 어깨에 태양이 떠오르다)

[山に登る]의 [山に]와 [東の空に月が登る]의 [東の空に]를 비교해 보길 바란다. 같은 ニ격 장소명사이지만, 그것이 인간동작의 대상인지 현상의 출현장소인지 차이를 알수있다. 즉, 連語 구조적 타입의 차이인 것이다.

사물의 현상을 의미하는 連語로 [風が吹く], [雨が降る], [かみなりが落ちる], [火事が起こる]와 같은 표현을 생각해 볼 수 있을 것이다. 중심어동사는 각각 다르지만, 모두 [~に(または[~で])]을 부가함으로써 현상의 출현장소를 지정할 수 있다. 현상의 출현을 의미하는 連語는 의무적으로 출현장소를 나타내야한다고 볼 수 있을 것이다.

○村はずれに(村のはずれで) 風が 吹く。(바람이 불다)
○村はずれに(村のはずれで) 雨が 降る。(비가 내리다)
○村はずれに(村のはずれで) かみなりが 落ちる。(번개가 치다)
○村はずれに(村のはずれで) 火事が 起こる。(화재가 일어나다)

또한, 사물의 현상에서는 ＜현상의 출현＞외에 ＜현상의 변화＞도 생각해 볼 수 있다. 예를 들어 [ガラスが割れる], [時計が壊れる], [ドアが開く]와 같은 連語는 이른바 [もようがえの結び付き]에 대응된다. 이 같은

連語에서 [~に]는 불필요하다. 단, [廊下のガラスが割れる], [寝室の時計が壊れる], [うらのドアが開く]와 같이 [~の]에 존재장소가 나타내어져 있다.

이 같이 [인간의 동작]인지 [사물의 움직임]인지에 따라 連語구조의 차이를 볼 수 있는데, 이를 기준으로 가령 동사를 중심(Core)로 하는 모든 連語를 [인간의 동작]과 [사물의 움직임]로 구별한다고 해보자. 앞에서 지적한 사항이지만, 『日本語文法・連語論(資料編)』에 나와 있는 용례를 검토한 결과만으로 판단한다면 어떻게든 구별 할 수 있을 것으로 보인다. 이때 [탈 것(마차・전차・비행기 등)]이나 [동물(특히 애완동물)]의 움직임을 의미하는 경우에는 [사물의 움직임]에 해당(준하는)하는 경우와 [인간의 동작]에 해당(준하는)하는 경우가 존재하는 것으로 보여진다. 여기에서 일일이 언급하지는 않겠지만, [＜제2장＞ヒトの動作を意味する動詞連語]의 용례에는 극히 일부지만 이 같은 連語([탈것]이나 [동물]을 일반화해서 표현하는 連語)도 포함되어 있을 것이다.

3-2. [ヒトの動作]に対応する[モノの動き]

(사람의 동작에 대응하는 사물의 움직임)

다시 한 번, [인간의 동작]을 상기해 보길 바란다. 인간의 동작은 일정한 외적 사물・현상을 의식하고 실현되는 것을 볼 수 있다. 즉, 인간의 동작은 예를 들어 [ナニカを~する], [ナニカをナニカに~する], [ドコカに~する], [ドコカにナニカを~する]와 같은 구조적 타입에서 실현된다. 그렇다고 한다면, 이 같은 [인간의 동작]에 속한 [사물의 움직임]에서, 인간의 동작이 배제된 표현을 생각해 보길 바란다. 이와 같은 [사물의 움직임]은 인간의 동작에 대응되는 것으로 보인다. 예를 들어 [ナニカが~する], [ナニカがナニカに~する], [ドコカが~する], [ドコカにナニカが~する]와 같은 표현이 생성되는 것이다.

예를 들어, 동사 [流す], [動かす]는, 임의의 대상을 상정한 [인간의 동작]을 의미한다. 때문에 이런 동사는 [汚水を流す], [電車を動かす]와 같은 표현적 단위인 連語를 자유롭게 만들수가 있다고 생각된다. 한편, 사물의 움직임을 의미하는 동사 [流れる], [動く]는 [汚水が流れる], [電車が動く]와 같은 連語를 만들수가 있을 것이다. [汚水が流れる], [電車が動く]는 일종의 표현적 단위이다.

사실상 인간의 동작에 의해 실현되는 것이 [사물의 움직임]이지만, 다시한번 [ヒトの動作]과 [モノの動き]의 관계에 주목해보자. 인간이 현실에서 일정한 행위・행동을 했다고 가정하고, 그 상황하에서 일어나는 현실의 동일현상을 그대로 [인간의 동작]으로 받아들일 건지, 혹은 [사물의 움직임]으로 받아들일 건지, 두 가지 다른 차원의 문제가 존재한다고 볼 수 있을 것이다.

여기에서는 동사 [流れる], [動く]와 [流す], [動かす]의 차이를 문제시하는 동시에 이들 단어를 중심(Core)로 하는 連語에 대해 생각해 보자. 일반적으로 [流れる], [動く]는 현상을 의미하는 자동사로 인식된다. 또한, [流す], [動かす]는 동작을 의미하는 타동사로 인식된다.

이 2가지 동사의 경우, 자동사인지 타동인지에 따라서 [사물의 움직임]을 의미하는지 [인간의 동작]을 의미하는지의 차이가 생긴다. 이와 같은 차이가 기본적으로 존재한다고 한다면, 이 2가지 동사는 스스로 표현적인 의미를 구체화하기 위해서 각각 단어를 결합시키는 능력에 차이가 생길 것이다. 즉, [流す], [動かす]와 같은 [인간의 동작]을 의미하는 동사는 스스로 표현적 의미를 구체화하기 위해 우선은 그 대상을 의미하는 명사를 필요로 할 것이다. 즉, [汚水を流す], [電車を動かす]등과 같은 連語를 만들 것이다. 한편, [流れる], [動く]와 같은 [사물의 움직임]을 의미하는 동사는, 당연하게도 대상을 필요로 하지 않는다. 오히려 그 현상(사물의 움직임)이 무엇에 의해 발생하는 지, 그 현상의 실체를 구체화하는 과정이 요구되는 것이다. [汚水が流れる], [電車が動く] 등이 바로 그 예이다.

필자는 [汚水が流れる], [電車が動く] 등을 連語論의 연구대상에 포함시켜야 한다고 생각하고 있다. 그 이유는, 이것이 [사물의 움직임]의 실체를 구체화하는 連語이기 때문이다. 즉, 마치 [汚水を流す], [電車を動かす]등을 [인간의 동작]의 대상을 구체화하는 連語로 취급하듯 [汚水が流れる], [電車が動く]등을 [사물의 움직임]의 실태를 구체화하는 連語로 취급해야 한다고 생각하는 것이다. 즉, [汚水を流す], [電車を動かす]의 표현방식은 동작 [流す], [動かす]의 대상을 구체화하는 것으로 실현된다. 이와 같이 [汚水が流れる], [電車が動く]는 사물의 움직임의 실체를 구체화하는 것으로 실현된다.

또 하나 [汚水が流れる], [電車が動く]와 같은 [사물의 움직임]을 의미하는 連語는 [流れる→流れ], [動く→動き]와 같이 품사를 바꿈(転成)으로써 [汚水の流れ], [電車の動き]와 같은 명사를 중심(Core)로 하는 連語로 변형(移行)된다. [汚水の流れ], [電車の動き]가 連語論의 대상이 되는 것은 논할 필요도 없는 사항일 것이다. 동일한 현실이 [움직임의 현상(ナニカが流れる・ナニカが動く)]로 표현되는지, [사물의 현상(ナニカの流れ・ナニカの動き)]으로 표현되는지에 따라 차이가 발생한다. 이 차이에 따라 [汚水が流れる], [電車が動く]라는 連語와 [汚水の流れ], [電車の動き]라는 連語가 발생하는 것이다. 連語論은 표현적 단위인 連語의 구조를 연구대상으로 하는 동시에 連語 상호의 구조적관계(이 경우 [汚水が流れる], [電車が動く]와 [汚水の流れ], [電車の動き]의 관계)도 연구대상으로 한다.

그런데 이 같은 표현적 단위인 [단어의 결합]은 그대로 문장의 재로로 사용할 수가 있다. 일반적으로 [문장]은 표현적 단위인 [単語]를 결합해 실현되는데, 이것은 동시에 이미 만들어진 표현적 단위인 [連語]도 사용되는 것을 보여준다.

극단적인 예를 들어보면, [문장]은 표현적 단위인 [단어]만으로도 실현된다. 하나의 단어를 그대로 사용함으로 [문장]이라는 모습으로 리얼한 현실을 반영하는 것이 가능한 것이다. 예를 들어, 단어 [どろぼう] 하나만을 문장의 재료로 비명의 일종인 한단어 문장 [どろぼう！]를 실현시킬 수가 있는 것이다. 표현적 단위인 단어 [どろぼう]나 [きれい]등은 대부분의 경우 이른바 한단어 문장에 사용되어 [どろぼう！], [きれい！]와 같은 [문장]를 실현시킨다. 표현적 단위인 단어는 그대로 리얼한 현실을 반영하는 단위 [문장]에 사용되는 것이다.

이 같은 한 단어 문장처럼 표현적 단위인 [連語]도, 그대로 [문장]에 사용된다. 본래 連語라고 하는 것은 단어를 결합해서 문장을 만드는 문법적 수단을 활용하여, 그것을 표현적 단위로 이용해 온 것이다. 그만큼, 단어이상으로 그대로 문장에 사용되는 것이다.

본래, 표현적 단위인 連語를 그대로 문장에 사용한다고 해도 [문장]에는 [문장]의 독자적인 [진술적인 의미・기능]이 부가된다. 또한, 連語의 표현적 의미는 이 [진술적인 의미・기능]하고도 연관되어 [문장]의 [사항적인 의미]로 승화되는 것이다. 그 문장의 [사항적인 의미], [진술적 의미・기능]은 문장의 독자적 구조를 요구한다. 언어활동의 기본적 단위인 [문장]은 표현적으로 설령 표현적 단위인 [連語]을 그대로 이용한다고 하더라도 훨씬 더 복잡한 독자적 구조를 취한다.

連語의 수준의 [사물의 움직임(무언가가 ~하다(ナニカが~する)]을 문장의 구조적 수준의 [주어와 술어]의 문제로 동일시 해서는 안된다. 넓은 의미에선 단어를 결합한다는 공통점은 존재하지만, 문장의 구조의 수준을 연구대상으로 하는 분야(논문)와 連語수준의 분야(連語論)는 차이가 있다. 즉, 連語論는 표현적 단위인 단어의 결합을 대상으로 하고 진술적 결합인 [주어와 술어]를 대상으로 하지는 않는다.

문장의 수준에서 주어와 술어의 결합 [汚水が流れる], [電車が動く]는 구체적인 언어활동의 범주에서 화자가 리얼한 현실을 반영한 것이다. 한편, 표현적 단위인 [汚水が流れる], [電車が動く]는 리얼한 현실을 상정할 필요가 없다.

일본인뿐만 아니라, 인간은 구체적인 리얼한 현실과는 상관없이, 표현적 단위로 [汚水が流れる], [電車が動く]와 같이 사물의 움직임을 이미지화할 수 있을 것이다. 連語論이 대상으로 하는 [連語]는 이 같은 표현적 단위인 [단어의 결합]을 의미한다.

3-3. [モノへのはたらきかけ]と[モノの動き]
(사물에 작용과 사물의 움직임)

앞서 [＜제2장＞ヒトの動作を意味する動詞　連語]의 [기본적인 용법]의 [1-1.モノへのはたらきかけ]대해 다루었다. [モノへのはたらきかけ]에 해당하는 連語는 대개 사물의 움직임을 의미하는 連語에 대응한다.

[モノへのはたらきかけ]는 인간의 동작을 의미하는데 이것에 내포된

인간의 동작성을 배제하고 이것을 단순히 사물의 움직임으로 표현해 본다면 다음과 같은 連語가 생성된다. (사물의 움직임을 의미하는 [結び付き]의 명칭은 모두 가칭이다.)

1. もようがわりの結び付き([もようがえ(모양변화)]의 결합)	
○くるみが　われる。 (호도가 까지다)	← くるみを わる。 (호도를 까다)
○鉄棒が　まがる。 (철봉이 구부러지다)	← 鉄棒を まげる。 (철봉을 구부리다)
○格子戸が　あく。 (문이 열리다)	← 格子戸を あける。 (문을 열다)
○茶が　あたたまる。 (차가 따뜻해지다)	← 茶を あたためる。 (차를 따뜻하게 하다)
○わらじが(きちんと)そろう。 (신발짝이 준비되다)	← わらじを(きちんと) そろえる。 (신발짝을 준비하다)
○さんまが(こんがりと)やける。 (꽁치가 구워지다)	← さんまを(こんがりと) やく。 (꽁치를 굽다)
○ノートが(まっくろに)よごれる。 (노트가 더러워지다)	← ノートを(まっくろに) よごす。 (노트를 더럽히다)
○手ぬぐいが(あかく)そまる。 (손수건이 물들다)	← 手ぬぐいを(あかく) そめる。 (손수건을 물들이다)
○板が(ふたつに)おれる。 (송판이 쪼개지다)	← 板を(ふたつに) おる。 (송판을 쪼개다)

2. くっつきの結び付き([とりつけ(붙힘)]의 결합)
○かべに　ペンキが　つく。　← かべに　ペンキを　つける。 (벽에 페인트가 묻다)　(벽에 페인트를 묻히다) ○テーブルに　茶わんが　のる。← テーブルに　茶わんを　のせる。 (테이블에 찻그릇이 놓여지다)　(테이블에 찻그릇을 놓다) ○くぎに　帽子が　かかる。　← くぎに　帽子を　かける。 (못에 모자가 걸리다)　(못에 모자를 걸다)
3. とりはずれの結び付き([とりはずし(떼어냄)]의 결합)
○赤ちゃんのホッペから　ごはんつぶが　とれる。 (아이 얼굴에서 밥풀이 떨어지다) ← 赤ちゃんのホッペから　ごはんつぶを　とる。 (아이 얼굴에서 밥풀을 떼어내다) ○はしらから　時計が　はずれる。← はしらから　時計を　はずす。 (기둥에서 시계가 제거되다)　(기둥에서 시계를 제거하다) ○封筒から　切手が　はがれる。　← 封筒から　切手をはがす。 (봉투에서 우표가 떨어지다)　(봉투에서 우표를 떼어내다) ○はちまきが 頭から　とれる。　← はちまきを 頭から　とる。 (두건이 머리에서 풀어지다)　(두건을 머리에서 풀다)
4. うつりかわりの結び付き([うつしかえ(이동)]의 결합)
○ピアノが　音楽室から　講堂に　移る。　← ピアノを　音楽室から　講堂に　移す。 (피아노가 음악실에서 강당으로 옮겨지다) (피아노를 음악실에서 강당으로 옮기다) ○窓ぎわに　机が　寄る。　← 窓ぎわに　机を　寄せる。

(창가에 책상이 옮겨지다)		(창가에 책상를 옮기다)
○ゴミが おもてに 出る。 (쓰레기가 밖으로 내어지다)	←	ゴミを おもてに 出す。 (쓰레기를 밖으로 내다)
○階段から バケツが 落ちる。 (계단에서 바스켓이 떨어지다)	←	階段から バケツを 落とす。 (계단에서 바스켓을 떨어뜨리다)

이 같은 [モノへのはたらきかけ]를 의미하는 連語는 사물의 움직임을 의미하는 連語에 대응된다. 하지만, [モノへのはたらきかけ]를 의미하는 連語는 각각의 동사에 적용할 수는 없고, 각각의 카테고리 사이에서 상호적 관계로 존재한다.

즉, [とりつけの結び付き(인간의 동작)]과 [くっつきの結び付き(사물의 움직임)]는 카타고리적 측면에선 대응되지만, 각각의 동사는 반드시 대응된다고 볼 수는 없다. 예를 들어, 인간의 동작을 나타내는 [髪にリボンをむすびつける]라는 표현은 존재할 수 있지만, 사물의 움직임을 나타내는 [髪にリボンがむすびつく]라는 표현은 객관적 사건으로 보기 어려울 것이다. 이와 반대로, 사물의 움직임을 나타내는 표현 [髪にホコリがつく] 는 존재할 수 있지만, 아마도 인간의 동작을 나타내는 표현 [髪にホコリをつける]는 실생활에서 거의 쓰이지 않을 것이다. 만약, 구체적인 발화(発話)에서 [髪にホコリをつける]라는 連語를 사용했다고 한다면, 이 連語는 자조적인 의미를 담아 단정하지 못한 모습・비위생적인 모습을 근거로 하고 있다고 볼 수 있을 것이다.

그런데 이와 같이 [ものへのはたらきかけ([인간의 동작]의 기초라고 할 수 있다)]에 대응하는 [사물의 움직임]이 상당수 존재한다는 것에 주목해야 할 것이다. [사물의 움직임]은 상식적으로 그 사물 자체의 자연

스러운 움직임을 의미할 것이다. 하지만, 인간은 항시 인간의 입장에서 [사물의 움직임]을 인식・사고한다고 할 수 있을 것이다.

3-4. [ことへのはたらきかけ]に対応する[ものの動き] (사항의 작용에 대응하는 사물의 움직임)

[사물의 움직임]에는 인간의 [ものへのはたらきかけ]에 대응하는 것 이외에 [ことへのはたらきかけ]에 대응하는 [사물의 움직임]이 존재하는 것으로 보인다.

여기에서는 앞서 [2-4.コトへのはたらきかけ(사항으로작용에대하여)]에서 다룬 [①モノの状態がえ(変化)の結び付き(사물의 상태변화의 결합)]와 [②モノの側面づくりの結び付き(사물의 측면 구축의 결합)]에 주목해 그것에 대응하는 것으로 보이는 [사물의 움직임]에 대해서 생각해 보기로 한다.

[モノの状態がえの結び付き]는 예를 들어 다음과 같은 連語이다.

○自動車の速度を　おとす。(자동차의 속도를 떨어뜨리다)
○ボートのゆれを　しずめる。(보트의 흔들림을 줄이다)
○ゆかた地のしわを　のばす。(옷 천의 주름을 펴다)
○ケーキの甘さを　おさえる。(케익의 단맛을 줄이다)
○写真の色つやを　かえる。(사진의 색광을 바꾸다)
○廊下の光沢を　ふかめる。(복도의 광택을 더하다)
○砂場のでこぼこを　なおす。(모래사장의 울퉁불퉁을 고르다)

이 같은 連語에 대응하는 [사물의 움직임]으로 다음과 같은 連語가 있다. 이 같은 連語는 [モノの状態がわりの結び付き(가칭)]라고 할 수 있을 것이다.

○自動車の速度が　おちる。(자동차 속도가 떨어지다)
○ボートのゆれが　しずまる。(보트 흔들림이 줄어지다)
○ゆかた地のしわが　のびる。(옷 천의 주름이 펴지다)
○ケーキの甘さが　おさまる。(케익 단맛이 줄어지다)
○写真の色つやが　かわる。(사진 색광이 변하다)
○廊下の光沢が　ふかまる。(복도의 광택이 더해지다)
○砂場のでこぼこが　なおる。(모래사장의 움푹진푹이 고쳐지다)

[モノの側面づくりの結び付き]에는 다음과 같은 連語가 있다.

○水面に　波紋を　つくる。(수면에 물결을 만들다)
○テーブルに　色彩を　つける。(테이블에 색체를 칠하다)
○調度類に　品格を　あたえる。(도구류에 품격을 부여하다)
○吸い物に　塩味を　くわえる。(국물에 소금을 더하다)

이들에 대응되는 [사물의 움직임]으로 다음과 같은 連語가 상정된다. 이 連語는 [モノの側面発生の結び付き(가칭)]로 불린다.

○水面に　波紋が　できる・生じる。(수면에 물결이 생기다・만들어지다)
○テーブルに　色彩が　つく。(테이블에 색체가 칠해지다)
○調度類に　品格が　できる・生じる。(도구류에 품격이 생기다・만들어지다)
○吸い物に　塩味が　くわわる。(국물에 소금이 더해지다)

그런데 오쿠다 교수는 [を格の名詞と動詞との組み合わせ]에서 [事に

たいするはたらきかけ]로 다음과 같은 일종의 사회적 인간활동을 의미하는 連語를 다루고 있다.

〈変化の結び付き(변화의 결합)〉
○農民の生活水準を　たかめる。(농민의 생활수준을 높이다)
○教組の抵抗力を　よわめる。(교조의 저항력을 떨어뜨리다)
○教育の中立性を　おかす。(교육의 중립성을 침범하다)
○かこみの輪を　せばめる。(포위망을 공격하다)

〈出現の結び付き(출현의 결합)〉
○人の心に解放の念を　よびおこす。(사람마음에 해방의 걱정을 불러일으키다)
○生活機能に麻酔症状を　惹起する。(생활기능에 마취증상을 야기하다)
○田中教師のうえに変化を　もたらす。(교사에게 변화를 초래하다)
○かれのなかに分裂を　つくる。(그들속에 분열을 만들다)

이들 連語에 해당하는 것으로 보이는 사회적 [사물의 움직임]에 해당하는 連語도 상정할 수 있을 것이다. 다음 예문들과 같이 말이다.

○農民の生活水準が　たかまる。(농민 생활수준이 높아지다)
○教組の抵抗力が　よわまる。(교조의 저항력이 약해지다)
○教育の中立性が　おかされる。(교육 중립성이 침범되다)
○かこみの輪が　せばまる。(포위망이 공격되다)
○人の心に海防の念が　おこる。(사람마음에 해방의 걱정을 불러일으키다)
○生活機能に麻酔症状が　惹起する。(생활기능에 마취증상이 야기되다)
○田中教師のうえに変化が　おきる。(교사에게 변화가 초래되다)
○かれのなかに分裂が　できる。(그에게 분열이 만들어지다)

이와 같은 連語는 [사회적 인간활동]을 의미하는 連語([인간의 동작을 의미하는 동사 連語]에 속한다)와도 연계하면서 충분히 연구가 이루어져야 할 것이다.

그런데 이와 같이 [인간의 동작]과 [사물의 동작]을 대비해서 살펴가다 보면, 동일한 상황하에서 발생하는 현실을 [인간의 동작]으로 인식해야하는지 [사물의 움직임]으로 인식해야 하는지 확실하지 않은 측면 존재한다. 때문에, 새삼 필자는 말의 구조의 기민함을 통감한다. 이렇듯 인간은 항시 인간의 입장에서 [사물의 움직임]을 인식・사고한다고 볼 수 있다.

3-5. 奥田論文[に格]での[モノの動き]について

(오쿠다논문[に格])의 [사물의 움직임]에 대하여)

오쿠다 교수의 논문 [を格の名詞と動詞との組み合わせ]에서 다루어진 連語의 중심어동사는 그 대부분이 [인간의 동작]을 의미하는 동사이다. 그에비해 [に格の名詞と動詞との組み合わせ]에서는 [사물의 움직임]을 의미하는 連語를 생각해 볼 수 있을 것이다. 그런 연유로 오쿠다 교수의 [に格の名詞と動詞との組み合わせ]에서 기술된 내용을 검토해 보기로 했다.

우선, 오쿠다 교수의 [に格の名詞と動詞との組み合わせ]에서 다루어진 각각의 표제를 열거해 보면 그 표제는 다음과 같다.

第一章. 対象的な結び付き
　第一節. ありかの結び付き
　　a. 存在の結び付き
　　b. 内在の結び付き

c. 所有者の結び付き
d. 所有物のありか
e. 認知物のありか
f. 出現物のありか

第二節.ゆくさきの結び付き
第三節.くっつきの結び付き
第四節.ゆずり相手の結び付き
第五節.はなし相手の結び付き
第六節.かかわりの結び付き
第七節.はたらきかけの結び付き
第八節.道具の結び付き

第二章.規定的な結び付き
第一節.結果規定の結び付き
第二節.内容規定の結び付き
第三節.様態規定の結び付き
第四節.目的規定の結び付き

第三章.状況的な結び付き
第一節.空間的な結び付き
第二節.情勢的な結び付き
第三節.時間的な結び付き
第四節.原因の結び付き

連語論의 기본적인 연구대상은 이른바 [対象的な結び付き]로 한정되어야 한다고 생각된다.

그렇다고 한다면, 여기서 다룬 [規定的な結び付き]과 [状況的な結び付き]를 제외하는 것이 좋을 것이다. 또한 [対象的な結び付き]를 개관해 보면, 그 대부분이 [인간의 동작] 이라는 것을 알 수 있다.

다시 한 번, [対象的な結び付き]에 대해서 간략하게 살펴보자. [사물의 움직임]을 의미하는 連語는 [ゆくさきの結び付き]나 [くっつきの結び付き]등에서, 그 존재의 가능성을 감지할 수 있을 것이다. 하지만, 오쿠다 교수의 논문에서는 [ゆくさきの結び付き] 그리고 [くっつきの結び付き]에서도 [사물의 움직임]으로 보여지는 용례는 거의 존재하지 않았다. 필자의 관점에서는 다음에 제시할 ＜사례１＞, ＜사례２＞에서만 그 용례를 찾을 수 있었다.

<사례1> 오쿠다 교수는 [ゆくさきの結び付き]에서 [관용적인 결합 관계(フレジオロジカルな組み合わせ]로 미리 언급하고 다음과 같은 예를 실었다.

○主人親子が でていったあとの部屋には 梨花の性格が でている。

이 連語 [~に性格がでる]는 [인간의 동작]을 의미하는 [~に性格をだす]에 대응된다고 볼 수 있을 것이다. [~に性格がでる]가 관용적인 결합(フレジオロジカルな組み合わせ)이라고 한다면 [~に性格をだす]도 본래 フレジオロジカルな組み合わせ이라고 할 수 있다. 이러한 부분에서도 [인간의 동작]과 [사물의 움직임]사이의 대응관계를 실감하게 된다.

<사례2> 또 하나, 오쿠다 교수는 [くっつきの結び付き]로 다음과 같은 용례를 제시했다.

○夜風は かみそりのように ほおに あたる。
(밤바람은 면도날처럼 얼굴에 스쳤다)

이 連語는 앞서 사물의 현상을 의미하는 連語로 제시한 [風が吹く], [雨が降る], [かみなりが落ちる], [火事が起こる]와 같은 부류에 속할 것이다. 하지만 사물의 현상을 의미하는 連語라 할지라도, 무리하게 [인간의 동작]과 결부시키면, 비유적 의미을 가진 連語 [夜風をほおにあてる]를 상기하게 된다. 이부분에서도 [인간의 동작]과 [사물의 움직임]의 대응관계를 언급하고 싶어질 것이다.

논점에서 벗어나는 이야기가 될지도 모르겠지만, 여기에선 오쿠다 교수의 [に格の名詞と動詞との組み合わせ]의 [第一節.ありかの結び付き]에 기술된 내용에 대해서 필자가 느낀 사소한 사항을 이야기 해보려 한다.

오쿠다 교수는 [第一節,ありかの結び付き]의 하위분류로 앞에서 [a. 存在の結び付き], [b. 内在の結び付き], [c. 所有者の結び付き], [d. 所有物のありか], [e. 認知物のありか], [f. 出現物のありか] 이렇게 6항목을 제시했다.

이 가운데 [存在の結び付き], [内在の結び付き], [所有者の結び付き]등은,이른바 존재동사[ある], [いる]만 사용한 連語다. 즉 필자의 당면과제인 [사물의 움직임],[인간의 동작]과는 관계가 없다. ([内在の結び付き]의 예로는 [雲に輝きがある], [藤子さんに能力がある]같은 것, [所有者の結び付き]의 예로는 [あなたに信一君がいる], [寺に檀家がある] 등이 있다.)

일찍부터 오쿠다 교수는 [사물의 존재・인간의 존재]가 [사물의 움직임・인간의 동작]과는 차원을 달리한다고 인식했던 것 같다. 그렇기는 하지만 [に格の名詞と動詞との組み合わせ] 의 기본・기초가 되는 용례를 그 당시 언어연구학회의 상식에 준거하여 [~に－ある], [~に－いる]로 생각한 것이다. 그리고 그것을 근거로 동사 [ある], [いる]를 [ありかの結び付き]의 기본・기초로 정의한 것은 아닐까.

여기에선 오쿠다 교수의 [ありかの結び付き]에서 [사물의 존재・인간의 존재]를 별도로 다루기로 하고, 그 이외에 속하는 [d, 所有物のありか], [e, 認知物のありか], [f, 出現物のありか]를 다루어 보고 싶다.

우선 [所有物のありか]를 의미하는 連語로 오쿠다 교수는 그 용례로 [銀座うらに店をもつ], [世界中に土地をかう], [南山伏町に家をかりる] 등을 제시했다. 이들 連語는 [を格の名詞と動詞との組み合わせ]에서는 [ものもちの結び付き]로 취급되었다. 이는 본래 [인간의 동작]을 의미하고 있는 것이다.

[認知物のありか]을 의미하는 連語로 [町の家々を両岸にみる], [質素な服装をした老人を旅客のむれのなかにみつける]와 같은 예문을 생각해 볼 수 있는데, 이들은 [を格の名詞と動詞との組み合わせ]의 [発見の結び付き]에 해당한다. 이 連語도 [인간의 동작]을 의미한다.

[出現物のありか]에 등장한 連語는 극히 일부의 예외적인 경우(예를 들어 [인간의 동작]을 나타내는 [議長のまわりに人垣をつくる] 등)를 제외하고 [사물의 움직임]에 속한다고 보아도 무방할 것이다. 이는 [ふかいえくぼが陶器のはだにできる], [城跡の方にけむりがおこる], [ほっとした色が娘の顔にあらわれる]같은 예문에서 사물의 출현을 의미하는 連語에 소속된다는 의미이다.

이와 같이 정리를 해보면 오쿠다 교수의 [ありかの結び付き]에 대해서는 다시한번 검토의 필요성을 느낀다. 비단 이경우뿐만이 아닌 그 당시의 連語学研究会는 아직 [連語]라고 하는 표현적의미의 단위에 대해서 시행착오를 겪고 있었다고 할 수 있을 것이다.

보충설명

이상으로 간단하게 [사물의 움직임]을 의미하는 連語를 정리해 보았다. 위에서 다룬 것 들은, 기본적으로 [인간의 동작]에 대응되는 것으로 보여져, 다시한번 [사물의 움직임]과 [인간의 동작]의 관계를 생각해보는 계기가 되었다.

본래, 사물의 움직임은 사람의 동작과는 관계없이 발생하는 것이다. 예를 들어, 자연현상인 [風が吹く], [雨が降る], [花が咲く]등은 인간의 동작과는 관계없이 발생할 것이다.

분명, [風が吹く], [雨が降る]등은 인간의 동작과 관련짓기 어렵다. 하지만, [花が咲く]라는 連語의 경우, 사람의 동작 [花を咲かせる]라는 連語를 상기시킨다. 또한 [風が吹く], [雨が降る]라는 連語경우에도 민요・동화 속에서 형상화 표현으로 자주 [風を吹かせる], [雨を降らせる]와 같은 표현이 사용된다.

또 하나, 인간(때로는, 동물)의 생리적 현상([手がしびれる], [はらが痛む], [なみだが出る]등)은 모두 인간의 의지와는 상관없이 발생한다고 볼 수 있는데, [はらが痛む], [なみだが出る]의 경우 [はらを痛める], [なみだを出す]와 같은 連語를 만들 수 있다.

이 같은 관점에서 [인간의 동작]과 무관하게 보이는 [사물의 움직임]은, 극히 예외적인 경우에 해당한다고 볼 수 있지 않을까. 필자는 그런 느낌을 받았다.

유치원 선생님에게 다음과 같은 엄마와 아이의 대화를 소개받은 적이 있다.

子： [あーあ,リモコン,こわれちゃった。](아-아, 리모콘이 고장 났다)
母： [まあ,リモコン,こわしちゃって！ なにをしたの！]
(아아, 리모콘 고장 내 버렸네! 무슨 짓을 한 거야!)

子： [あ,セーターにカレーついちゃった。](아, 스웨터에 카레가 묻었다)
母： [あーあ,セーターにカレーつけちゃって！](아-아, 스웨터에 카레가 묻었다고!)

이 대화에서 엄마는 [リモコンをこわす], [セーターにカレーをつける]라는 표현에서 아이의 동작을 지적했지만, 아이는 이 현상을 [リモコンがこわれる], [セーターにカレーがつく]와 같이 마치 [사물의 움직임]인 것처럼 말하며 변명하고 있다. 이처럼 어린아이조차 무자각・무의식적으로 [사물의 움직임]과 [인간의 동작]을 대응시켜 훌륭하게 활용하고 있는 것으로 보여진다.

Ⅲ. 中篇중편

名詞を核とする連語(명사를 중심으로 하는 連語)

＜제4장＞基本的な用法
(기본적인 용법)

＜제5장＞今後の研究のために
(앞으로의 연구에 대하여)

명사連語(명사를 중심으로 하는 連語)는 동사連語(동사를 중심으로 하는 連語)와 같은 예를 가지고 논하기 어려운 면이 있다. 때문에, 우선 그 질적 차이에 주의할 필요가 있다.

일반적으로 명사는 [사물]이나 [인간]을 표현하기 위해 발달해 온 것으로 볼 수 있는데 이른바 추상명사가 생기고 난 후, 인류는 [문장]의 수준에서 그때까지 지각해 온 것을 매우 간단하게 명사 連語로 일반화하게 된 것으로 보여진다. 예를 들어,

○きのう 花子が 太郎のために ケーキを つくった。
(어제 하나코가 타로를 위해 케익을 만들었다)

라는 [문장]의 경우,

○きのうの ケーキづくり。(어제의 케익만들기)
○花子の ケーキづくり。(하나코의 케익만들기)
○太郎のための ケーキづくり。(타로를 위한 케익만들기)

와 같은 명사 連語를 가능하게 한다. 또한, 이것들을 결합해서(실생활에서 쓰이기엔 약간 무리가 있는 표현일지도 모르지만)

○きのうの 花子の 太郎のための ケーキづくり。
(어제 하나코의 타로를 위한 케익 만들기)

와 같은 명사 連語도 존재할 수 있을 것이다. 즉 [문장]의 수준에서 지각해야할 [きのう花子が太郎のためにケーキをつくった。]라는 사항을 표현적 단위인 명사連語 [きのうの花子の太郎のためのケーキづくり]로

의식화 할 수 있는 것이다. 이는 어휘와 문법 사이에서 발생한 언어현상이라고 할 수 있을 것이다. 이는 언어학자가 다루기 어려울 정도로 고도의 언어현상이다.

(注)

[ケーキをつくった。]에 대해서는 명사連語 [ケーキのつくり], [ケーキのつくり方], [ケーキの作成]와 같은 표현도 생각해 볼 수 있는데, 복합명사 [ケーキづくり] 라는 표현이 자연스럽기 때문에 여기에서는 [ケーキづくり]라는 표현으로 논문을 써보았다.

필자는 이 같은 어휘와 문법사이에서 발생한 언어현상을 어떻게 처리해야할 것인가에 대해서 오랜 세월 고민해왔다. 그리고 連語論이 대상으로 해야 하는 것, 또는 표현적 단위인 連語를 어디에서 어디까지로 한정해야하는가 이 같은 사항에 대해서 필자는 어려움을 느끼게 되었다. 또, 이 같이 고도로 발달해온 인류의 언어현상의 원리・원칙을 깊이 있게 분석・연구하기 위해, 이 뒤에 논할 내용은 실용적인 관점에서 상식적으로 정리 정돈해야 한다고 생각하게 되었다. [中編]・名詞を核とする連語(명사를 중심으로 하는 連語)는 [上篇]・動詞を核とする連語(동사를 중심으로 하는 연어)와 똑같이 상식적 정리정돈의 성향에 전제를 둔 내용으로 봐주길 바란다.

그런데 명사를 중심(Core)으로 하는 連語와 동사를 중심(Core)으로 하는 連語는 서로 꽤 다른 성격을 가지고 있다. 동사의 경우를 살펴보면 [テーブルに茶わんをおく], [学校から駅に行く] 등은 각각 3단어 連語를 원칙으로 하고 있다. 즉, [テーブルに茶わんをおく]를 두개의 連語 [テーブルにおく]와 [茶わんをおく]로 분해하는 것은 의미가 없을 것이다.

[茶わんをおく]라는 동작(장치)에는 [ドコカに]의 존재가 불가결하다.

또한, 공간적 위치변화를 의미하는 連語 [学校から駅に行く]도 두개의 표현적 단위인 [学校から行く]와 [駅に行く]로 나누기는 어려울 것이다. [行く]라는 동작은 [ドコから(출발점)]와 [ドコへ(도착점)]을 전제로 하고있다. 분명, 실생활에서 [駅に行くよ]나 [学校から行った]라는 표현은 사용되지만, 이 경우엔 [ドコから]나 [ドコへ]가 나타내는 장소를 청자가 잘 알고 있어 그것을 화자가 이야기하지 않을 뿐이다. 즉, 공간적 위치변화를 의미하는 連語는 [学校から駅に行く]라고 표현하는 것을 원칙으로 한다고 할 수 있다.

그에 비해 명사連語의 경우 표현적 단위로 분해하는 것이 가능한 것으로 보여진다. 예를 들어, [花子の赤いカバン]이라는 連語가 있다고 가정 하자. 이 경우 [花子のカバン]도 [赤いカバン]도 둘다 표현적단위로 존재하는 것이 가능하지 않을까. 즉, 표현적 단위인 [花子のカバン]과 [赤いカバン]를 결합해서 [花子の赤いカバン]이라고 하는 3 단어 連語가 존재할 수 있다는 것이다. 여기에서는 명사連語 [花子の赤いカバン]이 [花子のカバン]과 [赤いカバン]으로 분해될 수 있다는 전제하에(즉, 명사連語[花子の赤いカバン]를 [花子のカバン]과 [赤いカバン]의 결합으로 만들어진 것으로 보고) 논문을 써 나갈 것이다.

(注)

덧붙이자면, 앞에서 제시한 連語 [きのうの花子の太郎のためのケーキづくり]는 [ケーキづくり]라는 동작을 의미하는 명사를 중심(Core)으로 한다. 때문에 이는 명사連語의 전형적인 모습은 아니다. 명사連語의 경우 그 전형은 [사물]을 의미하는 명사를 중심으로 한다. 예를 들어, [花子の赤いカバン]와 같은 連語가 그것이다.

그런데 명사連語 [花子の赤いカバン]을 [花子のカバン]과 [赤いカバ

ン]으로 분해할 수 있다는 것은 표현적 단위인 명사의 특질에 의한 것이라고 할 수 있을 것이다. 일반적으로 명사는 사물이나 인간을 표현하는 것인데 사물의 표현 [カバン]의 경우, 그 사물의 외적인 관계(소유주 등)나 내적 특징(색 등)을 구체화 할 수 있다. 이런 속성이 [花子のカバン], [赤いカバン]이라는 連語를 실현시키는 것이라고 할 수 있을 것이다.

명사를 중심(Core)로 하는 連語는 대개 [규정적連語], [관계적連語], [관계규정적連語]로 분류된다. [규정적連語]는 사물이나 인간의 특징을 규정하는 連語를 말한다. [관계적連語]는 사물이나 인간의 외적관계를 지정하는 連語다. 마지막으로 [관계규정적連語]는 외적관계에 주목해서 내적 특징을 지정하는 連語다.

【中編】 名詞を核とする連語(명사를 중심으로 하는 連語)에서는 우선, ＜제4장＞基本的な用法(기본적인 용법)으로 4-1. 特徴規定的な連語(특징규정적인 연어), 4-2.関係的な連語(관계적인 연어), 4-3. 関係規定的な連語(관계규정적인 연어)에 대해서 논한다.

거기에 ＜제5장＞今後の研究のために(앞으로의 연구에 대하여)에서는 5-1.内容を規定する連語について(내용을 규정하는 連語에 대하여), 5-2.目的や原因を規定する連語について(목적과 원인을 규정하는 連語에 대하여)에 대해서 논할 것이다.

(注)

앞에서 다룬 連語 [きのうの花子の太郎のためのケーキづくり]는 3종류의 連語 [きのうのケーキづくり], [花子のケーキづくり], [太郎のためのケーキづくり]로 분해할 수 있다. 그 중, [きのうのケーキづくり]는 [시간과의 관계를 지정한 連語](＜제4장＞基本的な用法(기본적인 용법))의 4-2.関係的な連語(관계적인 연어) 의 [보충]에서 논하겠다)에 해당한다. 또한, [花子のケーキづくり]는 [사항을 구체화하는 連語] (4-2.関係的な連語(관계적인 연어) 의 [보충]에서 논하겠다)의 한 예로 볼 수 있다. 마지막으로 [太郎

のためのケーキづくり]는 [<제5장>今後の研究のために(앞으로의 연구에 대하여)]의 [5-2.目的や原因を規定する連語について(목적과 원인을 규정하는 連語에 대하여)]에서 다룰 내용이다.

참고 사항으로 이 『現代日本語の連語論』의 [【中編】名詞を核とする連語(명사를 중심으로 하는 連語)]는 이른바 강의용 텍스트의 내용에 해당한다. 즉, 외관적인 내용을 설명하고 있는 것이다. 이번에 이 논문과는 별도로 필자는 彭広陸・中野はるみ와 같이 집필한 『新版：現代日本語の名詞的な連語の研究(신판:현대일본어의 연어의 연구)』를 간행하기로 했다. 이 책은 필자가 속해있는 연구실의 [언어학연구의 스터디 구룹]의 성과로 평가받는 책이다. 현대일본어의 명사적連語에 대한 면밀한 연구성과를 개관하려는 사람은 아무쪼록 『新版：現代日本語の名詞的な連語の研究』를 참조해 주길 바란다.

제4장

基本的な用法(기본적인 용법)

명사를 중심(Core)로 하는 連語로 앞에서 다룬 규정적 連語, 관계적 連語, 관계규정적 連語가 있다. 여기에서는 이들 각각의 기본적인 용법에 대해서 고찰해 볼 것이다.

4-1. 規定的な連語(규정적인 연어)

명사의 기본적 역할이 사물이나 인간을 표현하는 것이라고 한다면, 우선 명사를 중심(Core)으로 그 사물과 인간이 어떤 질적 내용을 가지고 있는가를 지정하는 連語를 만들어야 할 것이다. 그 질적 내용은 사물과 인간의 속성 그자체를 규정하는 것과 사물과 인간의 특징을 규정하는 것으로 나뉘어진다. 즉, 이는 각각 [属性規定的な連語(속성규정적인 연어)]과と [特徴規定的な連語(특징규정적인 연어)] 에 해당된다.

＜1＞ 属性規定的な連語(속성규정적인 연어)

속성규정적 連語는 사물과 인간의 속성 그자체를 규정하는 連語다. 이 連語의 종속어에는 이른바 속성형용사가 사용된다. 즉, 속성형용사를 종속어로 하여 사물과 인간의 속성을 규정하는 連語인 것이다.

○赤い　チューリップ。(빨간 튤립)
○かたい　大根。(딱딱한 무)
○黒い　テーブル。(검은 테이블)
○はでな　スカーフ。(사치스런 스카프)
○小さな　石。(작은 돌)
○低い　垣根。(낮은 담)
○長い　廊下。(긴 복도)
○大きい　男。　(큰 남자)
○若い　女。(젊은 여자)
○こがらな　娘。(작은 딸)
○きゃしゃな　店員。(연약한 점원)
○たくましい　選手。(믿음직한 선수)

속성규정적 명사連語는 속성형용사를 종속어로 하여 사물이 인간의 속성을 규정하는 것으로 이 같은 連語의 경우 기본적으로 그 사물이나 인간을 주어로하는 형용사술어문으로 변환하는 것이 가능하다. 예를 들어, 다음 예문을 보도록 하자.

○このチューリップは　赤い。　(← 赤いチューリップ)
(이 튤립은 빨갛다)　(← 빨간 튤립)
○この大根は　かたい。　(← かたい大根)
(이 무는 딱딱하다)　(← 딱딱한 무)
○その男は　大きい。　(← 大きい男)
(이 남자는 크다)　(← 큰 남자)
○その女は　若い。　(← 若い女)
(이 여자는 젊다)　(← 젊은 여자)

그런데 속성규정적 連語는 비단 형용사 뿐만이 아닌 임의의 동사과거형 등에도 사물이나 인간의 속성을 규정하는 連語로 사용된다.

○こわれた　机。(파손된 책상)
○まがった　鉄柱。(휘어진 철봉)
○よごれた　衣服。(더러워진 의복)
○しなびた　大根。(시드러진 무)
○ふとった　子ども。(뚱뚱해진 아이)
○やせた　女性。(마른 여성)

이 같은 동사과거형이 포함된 속성규정적 連語는 속성형용사의 경우와는 달리, 사물이나 인간을 주어로 하는 술어문으로는 변환될수 없다고 볼 수 있다. 이들 連語의 종속어 [こわれた], [まがった] 등은 사물이나 인간의 속성을 규정하기 위해 사용된 고정화된 동사(과거형)파생의 성향을 가진 특수한 형용사라고 할 수 있다.

(注)

[こわれた机], [まがった鉄柱]같은 連語는, 물론 [机がこわれた], [鉄柱がまがった]같이 변환가능 하지만, 이경우 동사의 의미는 [こわれる], [まがる] 라는 움직임 변화의 실현이므로 형용사술어문 경우와는 의미가 다르다.

4-2. 特徴規定的な連語(특징규정적인 연어)

특징규정적 連語는 사물이나 인간의 특징(사물이나 인간의 부분・측면의 특징)을 규정하는 連語다. 기본적으로 [どんな－なにかの…]나 [なにかの－どんな…]의 형태를 취한다. 사물의 경우에는 다음과 같은 連

語가 존재한다.

○赤い花の　チューリップ。(빨간 꽃의 튤립)
○かたい皮の　大根。(딱딱한 껍질의 무)
○黒い木目の　テーブル。(검은 나무 무늬의 테이블)
○はでなガラの　スカーフ。(화려한 무늬의 스카프)
○長い柄の　刀。(긴 손잡이의 칼)
○白い壁の　部屋。(하얀벽의 방)
○広い庭の　屋敷。(넓은 정원의 대지)
○花の　赤いチューリップ。(꽃의 빨간 튤립)
○皮の　かたい大根。(껍질이 딱딱한 무)
○木目の　黒いテーブル。(나무 무늬가 검은 테이블)
○ガラの　はでなスカーフ。(무늬가 화려한 스카프)
○柄の　長い刀。(손잡이가 긴 칼)
○壁の　白い部屋。(벽이 하얀 방)
○庭の　広い屋敷。(정원의 넓은 대지)

이 경우 [どんな]에는 동사과거형(형용사화된 동사과거형)도 사용된다.

○まがった柄の　ナイフ。(휘어진 손잡이의 칼)
○よごれた襟の　ワイシャツ。(더러워진 옷깃의 와이셔츠)
○縮んだ丈の　訪問着。(줄어진 기장의 외출복)
○よごれた色の　ワンピース。(더러워진 색상의 원피스)
○柄の　まがったナイフ。(손집이가 휘어진 칼)
○襟の　よごれたワイシャツ。(옷깃이 더러워진 와이셔츠)
○丈の　縮んだ訪問着。(기장이 줄어든 외출복)
○色の　よごれたワンピース。(색이 더러워진 원피스)

인간을 의미하는 명사가 중심(Core)인 連語로는 다음과 같은 連語가 있다.

○青い眼の　飯島。(파란눈의 사람)
○赤い顔の　先生。(빨간 얼굴의 선생)
○かわいい手の　赤ちゃん。(귀여운 손의 아기)
○おどけた表情の　若者。(익살맞은 표정의 젊은이)
○目の　青い飯島。(눈이 파란 사람)
○顔の　赤い先生。(얼굴이 빨간 선생)
○手の　かわいい赤ちゃん。(손이 귀여운 아기)
○表情の　おどけた若者。(표정이 익살스런 젊은이)

그런데 [どんなーなにかの…]와 [なにかのーどんな…]는 위의 예와 같이 일단은 서로 대응된다. 하지만 대응되기 어려운 경우도 있는 것 같다. 예를 들어, [3メートルほどの長さの机], [カルタのような形のCDカード]와 같은 경우이다. 이 경우 [長さの3メートルほどの机], [形のカルタのようなCDカード]로 어순를 바꾼다면 어색할 것이다. 어떤 경우에 대응되기 어려운가 이 사항에 관련해서는 다시 한 번 검토하고 싶다.

특징적인 連語는 [どんなーなにかの…]나 [なにかのーどんな…] 등으로 일반화가 가능하지만 [どんなーなにかの…], [なにかのーどんな…]는 대부분의 경우 이른바 복합어로 고정화되는 경우가 있다. 예를 들어,

○丸ホヤの　ランプ。(둥근 모양의 렘프)
○色白の　青年。(살갗이 흰 청년)

위와 같은 경우이다. 이들 連語는 [丸いホヤのランプ], [色の白い青年]의 고정화라고 할 수 있을 것이다. [丸ホヤ]나 [色白]는 [丸いホヤ]나 [色の白い]를 의미하는 복합어이다. 여기에서는 짧게나마 이 같은 복합어로 이루어진 특징규정적 連語에 대해서 생각해 보기로 하자.

[長い包丁]도 [長めの包丁], [長すぎる包丁]도 모두 [包丁]의 속성을 규정한다고 볼 수 있을 것이다. 하지만 [長い包丁]가 단순 속성규정을 나타내는 것에 비해 [長めの包丁], [長すぎる包丁]는 일정한 기준을 상정한 속성규정이라고 볼 수 있을 것이다. 그렇다면 이는 [包丁]의 특징을 규정한 連語라 할 수 있을 것이다.

앞서 [특징규정적 連語]를 [사물이나 인간의 특징 (사물이나 인간의 부분・측면의 특징)을 규정하는 連語]로 정의했고 기본적으로는 [どんな－なにかの…]나 [なにかの－どんな…]의 형태를 취하는 連語라고 설명했다. 사물이나 인간의 특징은 일반적으로 그 사물이나 인간의 부분・측면에서 생성되는 것이다. 이 같은 성향은 連語의 구조에도 반영되어 [どんな－なにかの…]나 [なにかの－どんな…]의 경우처럼 의무적 3단어 결합원칙을 가지는 것으로 보여진다.

그런데 또 한편으로 [長めの(包丁)], [長すぎる(包丁)]와 같이 사물의 특징을 나타내기 위한 복합어가 생산되어 특징규정적 連語의 폭이 넓어질수 있었다. 또한 다음과 같은 [～そっくりの…], [～まがいの…], [～姿の…]등, 사물이나 인간의 특징을 규정하는 복합어가 수시로 생성되어 사물이나 인간의 특징을 규정하는 連語가 다양화되고 있다.

○ライターそっくりの　カメラ。(라이터를 꼭 닮은 카메라)
○結城まがいの　羽織。(유키성의 겉옷)
○砂まじりの　石炭。(모래섞인 선탄)

○ほこりだらけの　帽子。(먼지투성이의 모자)
○花もようの　ワンピース。(꽃 모양의 원피스)
○西洋製の　ナイフ。(서양제의 나이프)
○茶室風の　座敷。(차실풍의 거실)
○石づくりの　礼拝堂。(석조의 예배당)
○和服姿の　老人。(일본옷을 입은 노인)
○職人かたぎの　大工。(장인 기질의 목수)
○血気ざかりの　青年。(혈기 왕성한 청년)
○お嬢さん育ちの　高校生。(귀한 딸로 자란 고교생)
○マスコミ出身の　大学教授。(언론계 출신의 대학교수)

이 같은 특징규정적 連語에 사용된 종속어는 모두 자유롭게 생성된 복합어로 이루어진 것이다.

또한, 이 뒤에 나올 ＜보충설명＞의 [1.感情形容詞について(감정형용사에 대하여)]에서 논할 [ケーキずきな太郎], [ネズミぎらいな花子] 같은 連語도 이 그룹에 속한다 봐도 무방할 것이다.

또 하나, [おさげの娘], [にきびの男] 등도 같은 連語그룹(특징규정적 連語)으로 인식해도 될 것이다. 이는 [おさげの毛髪の娘], [にきびの顔の男]를 의미한다.

그런데 속성규정적 명사連語(속성형용사를 종속어로 하는 경우)는 [このチューリップは赤い。(←赤いチューリップ)], [この大根はかたい。(←かたい大根)], [その男は大きい。(←大きい男)], [その女は若い。(←若い女)]처럼 사물이나 인간을 주어로 하는 형용사술어문으로 변환가능하다고 논하였는데, 특징규정적 명사連語도 기본적인 용례에서 알수 있듯 [このライターはカメラそっくりだ。(←ライターそっくりのカメラ)][この羽織は結城まがいだ。(←結城まがいの羽織)], [その老人は和服姿だ。(←和服姿の老人)], [その大工は職人かたぎだ。(←職人かた

ぎの大工)]처럼 그것에 해당하는 술어문으로 변화가능하다고 할 수 있을 것이다.

또, 앞서 [こわれた机], [まがった鉄柱]등에 대해서 그와 같은 상태에 있는 [机], [鉄柱]를 속성규정적 連語의 예로 들었는데 이들을 [こわれる机][まがる鉄柱]로 표현한 경우 필자생각엔 이는 특징규정적 連語가 아닌가 하는 느낌을 받는다. 이들을 포함한 특징규정적 連語에 대해서는 앞으로의 연구에 기대하고 싶은 바이다.

보충설명

1. 感情形容詞について(감정형용사에 대하여)

감정형용사, 예를 들어 [すきな], [きらいな]등은 [すきなケーキ], [きらいなネズミ]와 같은連語를 만든다. 언뜻, 표현적 단위인 連語로 보이지만 [すきなケーキ], [きらいなネズミ]는 임의의 특정 인물의 상황을 나타낸다고 할 수 있을 것이다. 즉, [ぼくのすきなケーキ], [太郎のすきなケーキ]나 [わたしのきらいなネズミ], [花子のきらいなネズミ]와 같은 결합을 전제로 한다고 할 수 있는 것이다. 그렇다고 한다면 이를 [표현적 단위]가 아닌 일종의 [문장의 구조]차원과 관련된 문제(이른바 구문론 분야에 속하는 사항)로 보아야 하지 않을까. 이 경우에 해당하는 [ぼくのすきな…], [太郎のすきな…]나 [わたしのきらいな…], [花子のきらいな…]등은 [ケーキ]나 [ネズミ]를 규정하는 종속절로 보아도 무방할 것 같다. 명사를 중심(Core)으로 하는 連語는 종속절에 의해 규정된 경우와는 달리, 그것과 일직선상에 있는 것 같지는 않다.

또 하나 [太郎のすきなケーキ], [花子のきらいなネズミ]의 경우 [ケーキのすきな太郎], [ネズミのきらいな花子]와 같은 결합을 만들어 낼수있다. 이 경우, 임시적 복합형용사를 만들어 [ケーキずきな太郎], [ネズミぎらいな花子]와 같은連語를 가능하게 한다. 이러한 連語는 [太郎], [花子]의 특징을 규정하고 있다고 해야 할 것이다. 과연 그러한가. 필자는 이 부분을 앞으로 이루어질 연구에 기대하기로 했다.

또한, 형용사는 대개의 경우 속성형용사와 감정형용사로 크게 나뉘어 지는데, 그 구분은 절대적 기준을 가지고 있지않다. 예를 들어 [かわいい]는 [かわいい赤ちゃん]와 같이 속성규정적 連語에 사용되지만, 한편으로는 [孫のかわいいおじいちゃん], [おじいちゃんのかわいい孫] (←[おじいちゃんは,孫がかわいい。])와 같은 종속절 성향을 가진 결합에도 사용된다.

2. 特徴となる側面を他のものでいいかえる連語について
(특정한 측면을 다른 단어로 바꿀 수 있는 連語에 대하여)

특징규정적 명사連語에 포함되는 것으로 보여지는 連語로 특징적 측면을 다른 것으로 바꾸어 표현할 수 있는 連語가 존재한다. 예를 들어, 일종의 상태를 의미하는 명사 [到来物の], [預り物の], [ひとり者の]등을 종속어로 하는 連語가 그것이다.

○到来物の　メロン。(선물 받은 메론)
○預り物の　風呂敷。(맡겨진 보자기)
○ひとり者の　教師。(독신자의 교사)

또한, 다음과 같이 종류를 의미하는 명사를 종속어로 하는 경우도 있는데, 이들도 같은 종류의 連語라고 할 수 있을 것이다.

○サクラの　木。(벗꽃의 나무) ○ユリの　花。(유리의 꽃) ○ぶたの　レバー。(돼지의 간) ○ニワトリの　卵。(닭의 알) ○サケの　白子。(연어의 곤이) ○女の　生徒。(여자의 학생) ○子どもの　歌手。(아이 가수)

인간의 경우 [外務大臣の大塚], [女医のバアクレー夫人], [書記の川村], [髪結の直次]와 같은 한 직종의 지정, [妹の豊子], [兄の民助], [妻のおまん], [一人息子の弘], [旧友の足立], [恩人の石田]처럼 인간관계를 지정하는 連語도 존재할 것이다. 필자에겐 이들도 위와 같은 종류의 連語라는 생각이 든다. 그런데 명사 중에는 [くず], [かけら], [灰]와 같이, 이른바 불필요 생산물을 의미하는 것이 존재한다. 이 같은 명사를 규정하는 것으로 보이는 [綿糸のくず], [硝子のかけら], [石炭の灰]도 특징 규정적 명사連語로 볼 수 있을 것 같다.

3. 特徴となる側面を具体化する連語について
(특정한 측면을 구체화하는 連語에 대하여)

명사 중에는 [色], [形], [広さ], [長さ], [深さ]나 [状態], [傾向]와 같이 사물의 측면을 일반적으로 표현하는 것이 존재한다. 이들 측면명사의 경우, 다음과 같이 그 측면을 구체화하는 連語를 형성한다.

○赤い　色。　(빨간 눈)
○はでな　形。(화려한 모양)
○ひろびろした　広さ。(널찍한 넓이)
○３センチの　長さ。(3센치의 길이)
○ひざほどの　深さ。(무릎정도의 깊이)
○手つかずの　状態。(손대지 않은 상태)
○溶けやすい　傾向。(녹기 쉬운 경향)

〈인간의 경우라면 다음과 같이, 보다 더 다양한 連語를 만들 수 있다.〉
○駆け足の　姿勢。(뛰어가는 모습)
○負け惜しみの　様子。(억지 쓰는 모습)
○満足の　色。(만족스런 색)
○失望の　表情。(실망의 표정)
○苦痛の　姿。(고통스런 모습)
○拒否の　態度。(거부의 태도)
○喜びの　感情。(기쁨의 감정)
○あこがれの　心持ち。(동경의 심정)
○悲哀の　情緒。(비애의 표정)
○不快は　気持ち。(불쾌한 기분)

그런데 [うたがいの目つき], [あきらめの顔つき], [けいべつの笑い]등도 [표정]의 일종으로 볼 수 있으므로, 같은 종류의 連語라 할 수 있을 것이다. 그런데 [うたがいの目つき], [あきらめの顔つき]의 경우에는 [うたがいの目], [あきらめの顔]와 같은 표현으로 바꿀 수 있다.

이러한 사례를 포함, 특징적 측면을 구체화하는 連語에 대해서는 더욱더 검토할 필요성이 있을 것이다.

4-3. 関係的な連語(관계적인 연어)

일반적으로 사물이나 인간을 표현하는 명사는 그 사물이나 인간이 [누구]와 관계하에 존재하는지를 나타내는 連語를 만든다. 또한 [어디에] 존재하는지를 나타내는 連語를 만든다. 여기에서는 우선, 이와 관련된 사항을 [1.ヒトとの関係を指定する連語(사람과의 관계를 지정하는 連語)], [2.場所との関係を指定する連語(장소와의 관계를 지정하는 連語)]로 칭하고 논하기로 한다. 또한, <보충설명> 파트에서 짧게나마 관계적 명사連語에 대해서 다룰 예정이다.

<1> ヒトとの関係を指定する連語(사람과의 관계를 지정하는 連語)

넓은 의미에서 사물을 의미하는 명사의 경우 우선, 그 사물의 소유자를 지정하는 連語가 존재한다. 예를 들어, 다음과 같은 連語다.

○岸本の　本箱。(키시모토의 책 꽂이)
○妹の　カバン。(여동생의 가방)
○友人の　腕時計。(친구의 손목시계)
○母の　和服。(엄마의 일본 의상)
○父の　書斎。(아빠의 서재)
○姉の　部屋。(누나의 방)
○山田の　下宿。(야마다의 하숙)
○村田の　別荘。(무라타의 별장)
○弟の　貯金。(동생의 저금)
○葉村の　資産。(하무라의 자산)

그 사물이 일종의 제품(지적생산물을 포함)인 경우, 다음과 같이 제작자를 지정하는 連語가 되기도 한다.

○藤原の　備前焼。(후지와라의 도자기)
○ハイバラの　千代紙。(하이바라의 종이)
○田村屋の　カステラ。(무라타야 점포의 카스테라)
○キッチン田川の　オードブル。(다가와의 요리)
○高田の　卵焼き。(타카다의 계란후라이)
○モネの　風景画。(모네의 풍경화)
○光太郎の　彫刻。(코우타로의 조각)
○青木の　博士論文。(아오키의 박사논문)
○藤村の　小説。(후지무라의 소설)
○アインシュタインの　理論。(이인슈타인의 이론)
○マルクス・エンゲルスの　経済学。(마르크스 엔겔의 경제학)
○奥田靖雄の　言語学。(오쿠다의 언어학)
○日本政府の　施政方針。(일본정부의 시정방침)

인간을 의미하는 명사에는 인간관계를 의미하는 명사(예를 들어, [夫人], [弟], [先生], [恩人]등)가 존재하는데, 이와 같이 인간을 의미하는 명사를 중심어로 가지면, [ノ격]종속어명사는 인간관계의 기준을 지정하게 된다. 다음과 같은 連語가 그 예이다.

○飯島の　夫人。(이이지마의 부인)
○峰子の　弟。(미네코의 동생)
○生徒の　父兄。(학생의 학부형)
○先生の　身方。(선생님의 아군)
○山田の　代弁者。(야마다의 대변자)
○彼の　相続人。(그의 상속인)

○大下の　先生。(오오시타의 선생)
○川田の　恩人。(카와다의 은인)

그런데 [조직・집단]을 의미하는 명사의 경우 인간을 의미하는 [ノ격] 명사를 종속어로 하여, 다음과 같이 [조직구성원・멤버・가입자]를 나타내는 連語를 만든다.

○ヒットラーの　ナチ党。(히틀러의 나치당)
○兄の　会社。(형의 회사)
○息子の　中学校。(아들의 중학교)
○太郎の　サークル。(타로의 서클)
○花子の　クラス。(하나코의 학급)

이와 같은 連語에서 종속어로 일반적인 구성원을 의미하는 명사를 사용하면, 그 조직・집단의 성격을 규정하게된다. 일종의 관계규정적 連語(뒤에서 다룰 것이다)가 된다고 볼 수 있는 것이다.

○教員の　労働組合。(교원의 노동조합)
○商店主の　無尽講。(상점주의 상호신용계)
○小学生の　サッカークラブ。(초등학교의 축구클럽)
○女子の　バレー部。(여자의 배구부)
○中高年の　山岳同好会。(중고교의 산학동호회)

신체의 부분을 표현하는 명사의 경우 인간을 의미하는 [ノ격] 명사를 종속어로 하여, 신체의 부분의 주체를 지정하는 連語가 된다. 예를 들어, 다음과 같은 連語가 그것이다.

○先生の　手。(선생의 손) ○兄の　足。(형의 발) ○母の　背中。(엄마의 등) ○山田の　目。(야마다의 눈) ○女優の　まなざし。(여배우의 시선) ○妹の　泣きっつら。(여동생의 우는얼굴)

또한, [手], [足], [目] 등과 같은 명사는 신체부분의 [기능・능력]을 나타내는 경우가 있기때문에, [先生の手], [兄の足], [山田の目] 등은 [先生の技能], [兄の歩行], [山田の眼力]등의 의미를 가지게 되는 경우가 있다. 이 같은 連語는 뒤에 나올 ＜보충설명＞에서 다룰 [ヒトの動作を具体化する連語]에 해당된다고 볼 수 있다.

＜2＞ 場所との関係を指定する連語(장소와의 관계를 지정하는 連語)

사물을 의미하는 명사를 중심(Core)으로 사물의 존재장소를 지정하는 連語가 있다. 예를 들어 다음과 같은 예가 그것이다.

○廊下の　時計。(복도의 시계) ○キッチンの　テーブル。(부엌의 테이블) ○音楽教室の　ピアノ。(음악교실의 피아노) ○書棚の　雑誌。(서제의 잡지) ○状差しの　封書。(편지꽂이의 편지) ○机のうえの　地図帳。(책상위의 지도첩) ○テレビの横の　カードケース。(텔레비전옆의 카드케이스)

사물을 의미하는 명사 중에는 사물의 부분을 의미하는 명사가 존재한다. 이와 같이 사물의 부분을 나타내는 명사의 경우 다음과 같이 사물의 부분을 포함하는 전체를 지정하는 連語가 된다.

○茶筒の　ふた。(봉투의 덮개)
○箒の　柄。(비의 자루)
○イスの　足。(의자의 다리)
○机の　引き出し。(책상의 서랍)
○洋服の　ポケット。(양복의 주머니)
○本箱の　扉。(책장의 서랍)
○自動車の　ヤネ。(자동차의 지붕)
○ビルの　窓。(빌딩의 창문)
○駅の　階段。(역의 계단)
○田んぼの　あぜ。(논의 논두렁)
○公園の　柵。(공원의 울타리)

사물이 생산물인 경우 다음과 같이 [ノ격] 장소명사를 종속어로 하여, 그 사물의 생산지를 지정하는 連語가 된다.

○博多の　帯。(하카타의 띠)
○越後の　笹飴。(에치고의 대나무엿)
○京都の　松茸。(쿄토의 송이버섯)
○大和の　桧木笠。(야마토의 노송나무)
○ブルガリアの　ヨーグルト。(불가리아의 요구르트)
○ドイツの　バウムクーヘン。(독일의 바움쿠헨)

또한, [ノ격] 종속어가 장소명사가 아닌 조직(상점등)명사인 경우, 앞에서 소개한 [ハイバラの千代紙], [田村屋のカステラ]처럼 제작자를 지정하는 連語가 된다.

인간을 의미하는 명사를 중심(Core)으로 하는 連語는 [ノ격] 장소명사를 종속어로 하여 그 사람이 어디에 있는지를 나타낸다.

○公園の　子どもたち。(공원의 어린아이)
○駅の　乗客。(역의 승객)
○演台の　弁士。(연단의 강사)
○舞台の　俳優。(무대의 배우)
○グランドの 野球部員。(그라운드의 야구부원)

이 같은 連語에서 [ノ격] 종속어명사가 특정한 [지역・장소]를 나타낼 경우 그 지역・장소의 소유자・출신자를 나타내게 된다.

○東京の　叔父さん。(동경의 아저씨)
○沖縄の　田中君。(오키나와의 다나카군)
○北京の　李さん。(북경의 이군)
○アメリカの　弁護士。(미국의 변호사)
○ベルリンの　技術者。(베를린의 기술자)
○ヨーロッパの　学生。(유럽의 학생)

그런데 인간을 의미하는 명사를 중심(Core)으로 하는 連語는 [조직・단체]를 의미하는 [ノ격] 명사를 종속어로 하여, 그 조직・단체의 소유자를 나타낸다. 예를 들어, 다음과 같은 連語가 그것이다.

좁은 의미에서 보면 이는 [場所との関係を指定する連語](장소와의 관계를 지정하는 연어)는 아니지만 일단 여기에 예시한다.

○お茶屋の　仲居さん。(차집의 나카이씨)
○室生寺の　住職。(무로이절의 주지)
○社会党の　浅沼君。(사회당의 아사누마군)
○農林省の　役人。(농림성의 간부)
○大阪大学の　学長。(오오사카대학의 학장)

보충설명

1. コトを具体化する連語について(사항을 구체화하는 연어에 대하여)

명사는 사물이나 인간을 의미하는 것이 기본이다. 하지만 명사 중에는 [うねり], [ざわめき], [流失]나 [歩き], [運転], [建築]등과 같이 사물의 움직임이나 인간의 동작을 의미하는 것도 존재한다. 여기에서는, 이 같은 명사를 [현상]을 의미하는 명사로 일반화시키기로 하자. 이들 명사는 주로 [うねり], [ざわめき], [歩き]처럼 동사에서 품사를 바꾼 전성(転成)명사, [流失], [運転], [建築]처럼 [~する]를 결합해 동사로 품사를 바꿀 수 있는 명사이다.

이와 같이 [현상]을 의미하는 명사는 그 명사를 중심어로 하여, 그 [현상]의 실체・주체를 지정하는 連語(즉, 일종의 관계적 連語)를 만든다. 예를 들어,

○波の　うねり。(파도의 너울)
○竹やぶの　ざわめき。(대나무 숲의 울림)
○川舟の　流失。(배의 유실)
○土手の　崩壊。(흙담의 붕괴)

등은 사물의 움직임의 실체를 지정하는 連語로 볼 수 있다. 또한,

○赤ちゃんの　歩き。(아기의 발걸음) ○おじいさんの　散歩。(아저씨의 산보) ○兄の　運転。(형의 운전)

등은 인간동작의 주체를 지정한 連語이다. 그리고

○大衆の　論議。(대중의 논의) ○労働者の　支持。(노동자의 지지) ○右翼の　テロ行為。(우익의 테러행위)

등도 이 그룹에 소속된다고 볼 수 있을 것이다.

이 같은 連語의 영역을 조금만 더 확대해보자. 예를 들어, 다음과 같이 형용사에서 품사가 바뀌어 명사가 된 경우에도 같은 상황을 유추할 수 있을 것이다. 즉, 이들은 사물이나 인간의 성질・상태 등을 나타낸 連語라 할 수 있다.

○わき水の　つめたさ。(우물물의 차거움) ○なべ料理の　あたたかさ。(냄비요리의 따뜻함) ○洗濯物の　白さ。(세탁물의 흰색) ○教師の　みにくさ。(교사의 얄미움) ○女優の　うつくしさ。(여배우의 아름다움) ○野球部員の　たくましさ。(야구부의 믿음직함) ○生徒の　純朴。(학생의 순박) ○女学生の　優雅。(여학생의 우아) ○被害者の　悲惨。(피해자의 비참) ○先生の　無欲。(선생의 무욕)

그런데 명사 중에는 [形], [格好], [性質], [特性], [姿], [性格], [表情], [くせ], [人格]등과 같이, 사물이나 인간의 구체적인 속성이 생성되는 장소(대개 [측면]이라고 불린다)를 표현하는 것이 존재한다. 이 같은 측면을 의미하는 명사(측면명사)는 [ノ격] 종속어를 부가하여 다음과 같이 [어떤] 측면인지를 나타내는 連語가 된다.

○遊覧船の　形。(유람선의 모양)
○盆栽の　格好。(분재의 모습)
○植木の　性質。(식목의 성질)
○エアコンの　特性。(에어콘의 특성)
○先生の　姿。(선생의 모습)
○妹の　性格。(여동생의 성격)
○母の　表情。(엄마의 표정)
○叔母さんの　くせ。(아줌마의 버릇)
○主人の　人格。(주인의 인격)

이와 같이 [어떤]측면인지를 나타내는 連語에 더하여 [富士山の高さ], [谷川の深さ]와 같은 連語를 예로 들어, 조금 더 문제를 확장해 두고 싶다.

連語인 [富士山の高さ], [谷川の深さ]는 [富士山が高いこと], [谷川が深いこと]라는 의미로 사용된다. 그런데 [高さ], [深さ]라는 명사는 [高いこと][深いこと]라는 의미 이외에 [高度], [深度]라는 측면명사의 의미도 가지고 있다. 즉, [富士山の高さ], [谷川の深さ]는 [富士山の高度], [谷川の深度]라는 의미로도 사용된다. 이를 근거로 [어떤]측면인지를 나타내는 連語가 사물이나 인간의 성질・상태 등을 나타내는 連語의 변형이라는 추측이 가능한 것이다.

좀 더 이 문제를 확장해 보고 싶다. [상황]을 의미하는 명사가 인간의 구체적 행위・행동을 나타내는 경우, 다음의 예와 같이 그 [행위・행동]의 [대상을 지정하는 連語]를 만들 수가 있다.

○雨戸の　つくろい。(비 덧문의 수리)
○牛肉の　試食。(소고기의 시식)
○米の　売買。(쌀의 매매)
○子供の　世話。(아이의 돌봄)
○都電の　利用。(전차의 이용)
○簿記の　　教育。(부기의 교육)
○組合運動の　指導。(조합운동의 지도)

그런데 여기에서 중심어로 사용된 명사 [試食], [売買], [世話], [利用], [教育], [指導]는 인간의 행위・행동을 의미하고 있는 만큼, 아주 손쉽게 [試食者], [売買人], [世話人], [利用者], [教育者], [指導者]와 같은 인간을 의미하는 파생명사를 만들수가 있다. 따라서,

○牛肉の　試食者。(소고기의 시식자)
○米の　売買人。(쌀의 매매인)
○子供の　世話人。(아이의 돌봄이)
○都電の　利用者。(전차의 이용자)
○簿記の　教育者。(부기의 교육자)
○組合運動の　指導者。(조합운동의 지도자)

같은 連語를 만든다. 이 같은 連語는 본래 [현상]을 구체화하는 連語로 볼 수 없지만, 그 연장선상에 있는 連語로 볼 수는 있을 것이다. 때문에 다시 한번 명사를 중심(Core)으로 하는 連語와 파생명사의 관계를 생각하게 된다. 이 부분에 관련된 사항은 앞으로의 연구에 기대하는 바이다.

2. 場所を指定する種々の連語について(장소를 지정하는 連語에 대하여)

앞서 본론에서 [2.場所との関係を指定する連語(장소와의 관계를 지정하는 連語)]를 개관해 보았다. 이 이외에도, 넓은 의미에서 장소를 지정하는 連語가 다수 존재한다. 이런 連語와 관련하여 필자가 생각한 점을 여기에 서술해 두려 한다.

우선, 자연현상이나 사회현상을 의미하는 명사의 경우, 다음과 같이 그 현상이 실현되는 장소를 지정하는 것이 일반적이다.

○馬込の　大火。(코마고메의 큰 화재)
○東北地方の　地震。(지방의 지진)
○木曽の　駒改め。(기소의 망아지 구)
○薩摩の　藩政改革。(사츠마의 번행정개혁)
○ドイツの　階級闘争。(독일의 계급투쟁)
○アメリカの　独立戦争。(미국의 독립전쟁)
○政府部内の　調整。(정부부처내의 조정)

인간의 이동을 의미하는 명사에는 다음과 같이, 그 목적지나 통과점 등을 지정하는 連語가 상당수 존재한다.

○北海道の　たび。(북해도의 여행)
○会社の　行き帰り。(회사의 왕복)
○学校の　送り迎え。(학교의 송영)
○デパートの　帰り。(백화점의 귀가)
○廊下の　行き来。(복도의 왕복)
○橋の　通行。(다리의 통행)

이동하는 인간이나 사물을 의미하는 명사의 경우, 위의 경우와 똑같

은 취지의 連語가 존재한다.

○ヨーロッパの　旅行者。(유럽의 여행자)
○四国の　巡礼団。(시코쿠의 순례단)
○アメリカの　荷物。　(미국의 물건)
○大阪の　貨物。(오사카의 화물)
○東京の　速達便。(동경의 속달편)

다음과 같은 連語는 종속어에 사회적 [조직・단체]가 사용되었으므로 그와 같은 의미의 連語로 특정해야 할 것이다.

○東北大学の　出。(동북대학의 출신)
○旧制高校の　育ち。(옛 고교의 출신)
○定時制高校の　卒業生。(정시제고교의 졸업생)
○社会党の　出身者。(사회당의 출신자)
○紀州の　脱藩者。(기슈의 탈번자)

또한, 다음과 같은 連語도 존재한다. 종속어는 넓은 의미에서 장소로 보아도 무방할 수 있지만, 다시 한 번 검토해 보길 바란다.

○画中の　人物。(그림속의 인물)
○文壇の　大家。(문단의 대가)
○漢学畑の　学者。(한학자의 학자)
○教育上の　問題。(교육상의 문제)

3. 時間との関係を指定する連語について
(시간과의 관계를 지정하는 連語에 대하여)

넓은 의미에서 사물이나 인간을 의미하는 명사는 시간을 의미하는 [ノ격] 종속어명사와 결합하여 시간과의 관계를 지정하는 경우가 있다.

사물 명사인 경우 [음식물・옷・탈 것] 등 주로 시간과 관계된 사항을 의미하는 경우가 많다.

○けさの　ミソ汁。(오늘 아침의 된장국)
○午後の　ケーキ。(오후의 케익)
○夜の　おかず。(밤의 반찬)
○元旦の　晴れ着。(신년초의　나들이 옷)
○きのうの　セーター。(어제의 스웨터)
○夏の　制服。(여름의 제복)
○冬の　布団。(겨울의 이불)
○朝の　バス。(아침의 버스)
○夕方の　汽車。(저녁때의 기차)
○あしたの　飛行機。(내일의 비행기)

인간명사의 경우도 주로 시간과 관계된 것들이 대부분일 것 인가… 이는 비교적 일정한 시간을 나타내는 [ノ격] 종속어와 결합되는 것으로 보여진다.

○きのうの　太郎。(어제의 타로)
○先日の　花子。(지난날의 하나코)
○いまの　妹。(지금의 여동생)
○夕方の　友だち。(저녁때의 친구들)

○あさの　校長先生。(아침의 교장선생) ○夜の　警備員。(야간의 경비원)

이 처럼 사물명사와 인간명사의 경우 [ノ격] 시간명사를 종속어로 취할 수 있는데 사물・인간과 시간의 관계는 꽤 자의적인 느낌을 가진다. 즉 [けさのミソ汁], [午後のケーキ]의 경우 일반적으로 [けさ飲んだミソ汁], [午後に食べたケーキ]의 의미로 해석될수 있겠지만 만약 [けさのソファー]이나 [午後のメガネ]같은 경우 이 連語의 의미를 구체적으로 이미지화 하기는 어려울 것이다. 즉, [けさ掃除したソファー], [けさミルクをこぼしたソファー]나 [午後注文したメガネ], [午後こわしたメガネ]로 나타내야 할 것을 [けさのソファー], [午後のメガネ]로 줄여서 나타내고 있는 것으로 보인다. 그렇다고 한다면 이를 표현적 의미를 구체화하는 連語로 보기에는 무리가 있을 것이다.

(注)

사물이나 인간을 의미하는 명사를 중심(Core)로 하는 連語에는 [さっきの], [いまの], [この間の][その時の]등과 같은 [ノ격] 종속어명사가 간단히 부가된다. 예를 들어, [さっきのバッタ], [さっきのチョウチョ], [いまのダイヤモンド], [この間の人], [その時のお札] 등이 그것인데, 이 것들은 전부 문학작품에서 볼 수 있는 예이다. [さっきのバッタ]라는 連語에 대해서 이야기 해보면 [さっきの]라는 종속어가 나타내는 특정한 시간과 [バッタ]라고 하는 중심어가 나타내는 것의 관계는 굉장히 막연하다. 이것이 표현적 의미를 구체화하고 있다고 보긴 어려울 것이다. 결국, 이는 [バッタ]를 단순히 특정화하기 위한 連語로 [そのバッタ], [あのバッタ]와 같은 連語와 같은 차원의 것으로 보여진다. 그렇다고 한다면, 이는 連語論이 대상으로 하고 있는 連語가 아니다. 連語論은 전통적으로 [その][あの]와 같이 지시어를 종속어로 하는 連語(겉보기에는 連語지만)를 대상으로 하지 않았다. [その][あの]와 같은 지시어 문제는 언어활동과 관련된 영역으로 볼 수 있을 것이다. 즉, 필자는 이를 連語論과는 별개로 언어활동의 수

준에서 독자적으로 논해져야할 영역으로 보고 있다.

시간과의 관계를 지정하는 連語의 전형은 사물이나 인간을 의미하는 경우가 아닌 사물의 움직임이나 동작을 의미하는 경우일 것이다. 이와 같은 사항을 포함해서 이 부분에 대해서는 기존의 연구자와 젊은 연구자에게 기대하는 바이다.

4. 関係の基準をしめす連語について
(관계를 기준을 나타내는 連語에 대하여)

명사 중에는 [逆], [反対], [あべこべ], [同類], [まがいもの], [代用(品)], [類似(品)]처럼, 어떤 특정한 관계 = 상태에 근거한 표현을 의미하는 명사가 존재한다. 이 같은 명사는 [前進の逆], [おもての反対], [たぬきの同類], [ダイヤのまがいもの], [ワニ皮の代用品]과 같이 중심어명사로 나타내어지는 관계 = 상태의 기준을 나타내는 [ノ격] 종속어명사와 결합되어 그것이 어떠한 관계에 근거하여 성립하는지를 명확하게 제시하는 連語를 형성한다. 이들 명사는 문자 그대로「関係的な結び付き」을 실현 가능하게 하는 추상명사로 볼 수 있을 것이다. 이 외에도 수학에서 쓰이는 [同位角], [外接円], [逆数], [近似値]이나, 언어학에서 사용되는 [反対語], [類義語], [同音語] 등, 이와 과련된 추상명사가 다수 존재한다. 이는 앞서 본론으로 [人間関係の基準を指定する連語]에서 언급했던 사항으로 이것도 넓은 의미에서 같은 종류의 連語라 할 수 있을 것이다.

4-4. 関係規定的な連語(관계규정적인 연어)

명사를 중심(Core)으로 하는 連語로 [4-1.規定的な連語(규정적인 연어)], [4-2.関係的な連語(관계적인 연어)]를 개관해 보았다. [규정적 連語(規定的な連語)]는 사물이나 인간의 특징을 지정하는 連語를 말한다. 또, [관계적 連語]는 사물이나 인간의 외적관계를 지정하는 連語다.

이처럼 2종류의 連語가 존재하는 것은 명사가 가진 표현적 의미의 특성 때문이다. 우선 첫 번째로, 명사가 의미하는 사물이나 인간은 일정한 특징을 가지고 존재한다. 예를 들어, [千代紙]라는 사물은 [きれいな千代紙]나 [赤い千代紙], 혹은 [かわいい模様の千代紙]로 표현될 수 있을 것이다. 두번째로 명사가 의미하는 사물이나 인간은 일반적으로 그 외적 사항과의 일정한 관계를 가지고 존재한다. [千代紙]라는 명사는 [妹の千代紙]나 [ハイバラの千代紙] 혹은 [机のうえの千代紙]라는 표현으로 응용될 수 있을 것이다. 이처럼 명사가 가진 특성의 관점에서 명사를 중심(Core)로 하는 連語에는 두 가지 連語 즉, 규정적 連語와 관계적 連語가 존재할 수 있다.

그런데 명사를 중심(Core)로 하는 連語중에는, 이 2종류 連語(규정적인 連語와 관계적인 連語)의 틈을 매꾸는 것이 존재한다. 이른바 [관계규정적 連語]라고 불리는 것이 그것이다. 예를 들어 [妹のセーター]는 여동생 소유의 스웨터를 의미하는데, 이것이 여동생의 소유물인 이상 여동생의 취향이 반영되어 그 나름의 특징을 가지고 있을 것이다. 이 連語에서 종속어를 [妹の]라는 개별적인 인간이 아닌, 일반적인 여성을 의미하는 명사로 바꾸어 본다며 이는 [女のセーター]와 같이 일종의 규정적 連語([セーター]의 특징을 나타내는 連語)가 된다. 이는 소유자를 나타내는 連語가 아니다. 이 경우 관계적 連語가 규정적 連語의 기능을 하고 있는 듯 하다. 또한 [女のセーター]에서 [女の]를 특정화하여 예를 들어 [あの女のセーター]나 [妹のセーター]와 같이 나타낸다면 이는 소유자를 나타내는 連語가 된다. 일반적으로 관계규정적 連語에서 종속어를 특정화하면 관계적 連語로 돌아가게 된다.

앞선 [4-2.関係的な連語(관계적인 연어)]에서 조직・집단을 의미하는 명사의 경우 인간을 의미하는 [ノ격] 명사를 종속어로 하여 [조직원・멤버(구성원)・가입자]인 것을 나타내는 連語를 만든다고 했는데, 그 같은 連語의 종속어에 일반적인 구성원을 의미하는 명사가 오면 [教員の労働組合], [商店主の無尽講], [小学生のサッカークラブ]처럼 그 조직・집단의 성격을 규정하게 된다. 이것도 일종의 관계규정적 連語다. 이 같은 의미를 가진 連語(관계규정적 連語)는, 관계적 連語를 논하는 파트에서 추가적으로 다루어야 할 사항일지 모르나 그 나름의 특징(즉, 관계규정적 連語의 특징)이 있는 것으로 보여지므로 [4-3.関係規定的な連語(관계규정적인 연어)]로 특설해 둔다.

<1> どんなヒトが所持·使用するかという特徴を指定する連語
(어떤 사람이 소유・사용한다는 특정을 지정하는 연어)

관계규정적 連語의 전형의 하나로 [어떤 인간이 소유・사용하는가]라는 특징을 지정하는 連語가 있다. 이런 종류의 連語는 소유자를 의미하는 連語의 변형으로 생각된다. 예를 들어, 다음과 같은 連語가 그것이다. 이 連語에서 종속어를 특정화하면 당연히 소유자를 의미하는 連語가 된다.

○子どもの　自転車。(아이의 자전거)
○男の　羽織。(남성용 하오리)
○女の　スカート。(여성용 스커트)
○スチュアーデスの　制服。(스튜어디스용 제복)
○ミセスの　雑誌。(주부 잡지)
○おとなの　飲み物。(어른용 음료)

<2> なにに使用するか(使用されているか)という特徴を指定する連語(무엇에 사용하는가?(사용되는가?)라고 하는 특정을 지정하는 연어)

무엇에 사용하는가(무엇에 사용되는가)를 특징짓는 連語는 기본적으로 대상을 지정하는 連語의 변형으로 생각된다. 예를 들어, 다음과 같은 連語가 그것이다.

○風呂の　たきぎ。(목욕용 장작)
○つけものの　石。(절임용 돌)
○ガンの　新薬。(항암 신약)
○荷物の　台車。(하물 대차)
○ラジオの　受信機。(라디오 수신기)
○結婚式の　さかずき。(결혼식의 술잔)
○芝居の　切符。(연극 표)
○戦争の　武器。(전쟁 무기)
○卒業式の　記念品。(졸업식 기념품)

그런데 連語 [時計の針]라는 표현은 일반적으로 시계에 부착되어 있는 바늘을 의미한다. 이는 이런 한정적측면에서 관계적 連語(장소와의 관계를 지정하는 連語)가 된다. 하지만, 連語의 [時計の針]는 시계에 부

착되어 있지 않는 경우에도 쓸수 있다. 즉, 시계의 부분으로 사용되기 위한 [針]을 의미한다. 이와 같은 連語에 대해서는 다음과 같은 예를 제시할 수 있다.

○時計の　針。(시계의 바늘)
○ランプの　笠。(램프의 갓)
○錨の　くさり。(닻의 사슬)
○電気の　ソケット。(전기의 소켓)
○はおりの　ひも。(하오리의 끈)

＜3＞ なにを材料としているかという特徴を指定する連語
(어떤 재료로 하고 있는가? 하는 특정을 지정하는 連語)

명사를 중심(Core)로 하는 連語에는, 다음에 제시한 예와 같이 [어떤 재료로 하고 있는가?]와 같이 특징 짓은 連語가있다. 이것 또한, 대상을 지정하는 連語의 변형으로 볼 수 있을 것이다.

○金の　時計。(금시계)
○コハクの　パイプ。(호박단 파이프)
○鯨骨の　コルセット。(고래뼈 코르셋)
○桐の　長火鉢。(오동나무 화로)
○桑の　鏡台。(뽕나무 경대)
○プラスチックの　小物入れ。(플라스틱의 소지품 상자)

이런 종류의 連語로 음식물의 재료를 의미하는 것이 있다. 이는 식재료만을 의미하는 것으로 그 구체적인 조리방법에 대해서는 언급하지 않는다.

○いわしの　つみれ。(정어리의 어묵)
○さしみの　ぬた。(생선회의 초된장)
○なすの みそ汁。(가지의 된장국)
○ぶた肉の カレー。(돼지고기의 카레)
○玉子の スープ。(계란의 국)

＜4＞ ヒトの専門領域を指定する連語(사람의 전문영역을 지정하는 連語)

중심어(Core)인 명사가 사람을 의미하는 경우에, 다음과 같이 사람의 전문영역을 지정하는 連語가 존재한다. 이것도 대상을 지정하는 連語의 변형이라 할 수 있을 것이다.

○三味線の　師匠。(샤미센의 스승님)
○料理の　先生。(요리의 선생님)
○トラックの　運転手。(트럭의 운전수)
○和食の　調理人。(일식의 조리사)
○ラーメンの　マスター。(라면의 달인)

대상이 되는 [~の]는 대개의 경우 다음과 같이 장소나 조직을 의미한다.

○工場の　職工。(공장의 직원)
○中学校の　教師。(중학교의 교사)
○病院の　看護婦。(병원의 간호사)
○会社の　重役。(회사의 중역)

이 같은 連語에서 종속어가 특정지어지면 이는 결과적으로 관계적 連

語가 된다. 예를 들어 [トラックの運転手], [会社の重役]는 [運転手], [重役]의 특징을 지정하는 連語라 할 수 있는데, 종속어를 특수화하여 [このトラックの運転手], [あの会社の重役]라고 표현하다면 간혹 초보자가 트럭을 운전하거나, 이름뿐인 중역에 부임했다는 의미로도 해석될 수 있을 것이다. 이처럼 관계적 連語와 관계규정적 連語 사이에서 일정한 상관관계를 찾아볼 수 있는 것이다.

제5장

今後の研究のために(앞으로의 연구에 대하여)

명사를 중심어(Core)로 하는 連語의 원칙은 [<제4장>基本的な用法(기본적인 용법)]에서 서술한 내용과 일치한다. 하지만, 그런 틀을 기준으로 처리할 수 없는 것으로 보여지는 連語가 존재한다. [내용을 규정하는 連語]와 [목적이나 원인을 규정하는 連語]가 그것이다.

이 같은 連語는 본래 [대상을 지정하는 連語]에서 파생된 것으로 짐작된다. 필자는 [대상을 지정하는 連語]와 함께 이분야에서 행해질 앞으로의 연구를 기대하는 바이다.

(注)

[대상을 지정하는 連語]에 대해서는 [<제4장>基本的な用法(기본적인 용법)] [4-2.関係的な連語(관계적인 연어)]의 ＜보충설명＞으로 설정한 [1.コトを具体化する連語について(사항을 구체화하는 연어에 대하여)]에서 언급되어있다.

5-1. 内容を規定する連語について
(내용을 규정하는 連語에 대하여)

명사 중에는 [그림(絵)], [사진(写真)]과 같이 표현작품이나 [전기(伝記)], [소설(物語)]와 같은 언어작품을 의미하는 것이 있다. 이 같은 명사는 [花びんの絵], [山の写真], [詩人の伝記], [ライオンの物語]와 같이 그 작품의 내용을 [ノ격] 종속어명사로 규정하는 것이 있다. 이처럼 내용을 규정하는 連語는 본래 관계적 連語의 일종으로 간주되지만 그 영역이 굉장히 광대해서 그 위치규정에 관한 시행착오를 겪고 있다.

이 논문에서는 필자가 인지한 범위에 한정하여 [1.表現作品の内容を指定する連語(표현작품의 내용을 지정하는 連語)], [2.言語作品の内容を指定する連語(언어작품의 내용을 지정하는 連語)], [3.思想の内容を指定する連語(사상의 내용을 규정하는 連語)], [4.モーダル(Modality)な内容を指定する連語(모덜한 내용을 지정하는 連語)]로 그 분야를 소개하였다. 이 분야에서 행해질 앞으로의 연구를 기대하는 바이다.

<1> 表現作品の内容を指定する連語(표현작품의 내용을 지정하는 連語)

[그림(絵)], [사진(写真)], [동영상(画像)], [나무조각(木像)]등과 같이 이른바 표현 작품을 의미하는 명사는 다음 예와같이 표현작품의 소재・테마・주제・내용 등을 나타내기 위해 [ノ격] 종속어명사와 결합하는 경우가 있다.

○花びんの　絵。(화병의 그림)
○山の　写真。(산의 사진)
○だるまの　画像。(달마의 초상화)
○足利将軍の　木像。(아시카가 장군의 목상)
○ハムレットの　映画。(햄릿의 영화)
○カナリヤの　うた。(카나리야의 노래)
○黒猫の　タンゴ。(검은 고양이의 탱고)

표현작품의 내용을 지정하는 連語의 경우 종속어와 중심어의 결합정도가 강하고 다른 종속어를 끼워넣을 여지가 거의 없다. 예를 들어, 산을 배경으로 남동생을 찍은 사진이 있다고 한다면 [弟の山の写真]과 같은 連語가 만들어지는 것이 일반적이기 때문에 [山の弟の写真]라고 말하기는 어렵다. 즉, 이 경우 분명한 일정어순이 존재한다.

그런데 표현작품을 의미하는 명사에 [うつくしい絵], [みごとな木像], [悲しい映画]와 같은 종속어를 부가하는 경우가 있다. 이와 같은 連語는 [규정적 連語]로 규정해도 무리가 없을 것이다.

<2> 言語作品の内容を指定する連語(언어작품의 내용을 지정하는 連語)

[이야기(話)], [소문(うわさ)], [평판(評判)]과 같이 언어에 의한 통달(通達)을 의미하는 추상명사는 다음과 같이 그 내용을 나타내는 종속어와 결합하여 언어작품의 내용을 지정하는 連語를 만든다.

○受験の 話。(시험의 이야기)
○結婚の 話。(결혼식의 이야기)
○出火の うわさ。(출화의 소문)
○入賞の 評判。(입상의 평판)
○浮気の デマ。(바람기의 헛소문)
○倒産の 風説。(부도의 풍설)

그런데 이와 같은 連語의 종속어명사는 또한, [太郎の受験の話], [花子の結婚の話], [御所の出火のうわさ], [昨年の入賞の評判]와 같이 제2의 종속어를 이용하여 그것을 구체화하는 것도 가능하다. 그리고 이들 連語는 일종의 사건을 의미하기 때문에 [(太郎が)受験する話], [(花子が)結婚する話], [(御所で)出火したうわさ], [(新人コンクールに)入賞した評判]과 같이 동사를 종속어로 하는 표현으로 변환할 수 있다.

(注)

[受験の話], [嫁取りの話] 등과 같은 경우는 連語論의 대상이라고 생각되지만, [太郎が受験する話], [花子が結婚する話], [御所で出火した(という)うわさ], [新人コンクールに入賞した(という)評判] 등은, 이미 종속절의 문제로 문장의 연구분야에서 다루어야 할 사항일 것이다. 앞서 [第 2 部,名詞を核とする連語]의 첫머리에서 [きのうの花子の太郎のためのケーキづくり]에 대해서 다루어 보았는데, [太郎の受験の話], [花子の結婚の話], [御所の出火のうわさ], [昨年の入賞の評判] 등도 같은 종류로 보아도 무방할 것이다.

또한 언어작품의 내용을 지정하는 連語는 복합어로 표현되는 경우가 많다. 예를 들어 [受験の話], [結婚の話]등은 간단하게 [受験話], [結婚話]나 [受験談], [結婚談]로 표현할 수가 있다. 또 하나, 3 단어 連語인 [太郎の受験の話], [花子の結婚の話] 등은 [太郎の受験話], [花子の結婚話]나 [太郎の受験談], [花子の結婚談] 등과 같이 2단어 連語로 바꾸는 편이 자연스러운 느낌을 가진다.

언어작품의 내용을 지정하는 連語의 전형은 아마도 [이야기(話)]를 중심어로 하는 경우일 것이다. [話]는 동사 [말하다(はなす)]의 전성(転成)명사이다. 그렇다면 이런 종류의 連語는 동사를 중심(Core)로 하는 連語인 [はなす活動の結び付き]에서 이행된 것이라고 볼 수 있을 것이다. 그러나 이런 종류의 連語가 명사를 중심(Core)으로 하는 連語에 정착되면 [話]와 같은 전성명사에 한정되지 않고, 즉 카타고리적 의미에서 언어작품을 나타내는 명사라면 폭넓게 여기에 사용될 수 있다.

예를 들어, 다음과 같은 예가 그것인데 모두가 문자 언어인 것에 주목할 만하다.

> ○気象観察の　レポート。(기상관찰의 레포트)
> ○世論調査の　報告書。(여론조사의 보고서)

○禁止の　立て札。(금지의 팻말) ○感謝の　メモ書き。(감사의 메모) ○売却の　広告。(매각의 광고) ○御通行の　触れ書き。(통행로의 고시문) ○研究成果の　謄写刷り。(연구성과의 등사인쇄)

그런데 언어작품의 내용을 지정하는 連語의 경우, 중심어를 규정하는 [ノ격] 종속어에 대개 구체명사가 사용된다. 단, 구체명사가 사용될 경우 다음과 같이 내용보다는 단순한 테마(화제)만을 나타낸다고 보아야 할 것이다.

○刑事の　話。(형사 이야기) ○父母の　評判。(부모의 평판) ○教師の　悪口。(교사의 험담) ○アサガオの　日記。(나팔꽃의 관찰일기) ○西郷隆盛の　伝記。(사이고 다카모리의 전기)

(注)

언어작품의 내용을 지정하는 連語의 경우 이처럼 단순한 테마(화제)를 나타내는 경우가 적지 않은데 그 내용을 보충하는 느낌으로 즉, 그 사항을 자세하게 나타내기 위해 제2 종속어를 수반하는 경우가 있다. 예를 들어, [刑事の話], [父母の評判]의 경우 [すりと結託して悪事を働いた刑事巡査の話], [去年の暮東京に引越した父母の評判] 등과 같은 표현이 되는 것인데, 이와 같은 사례는 連語의 영역을 넘어 종속절의 문제(즉, [문장]의 구조의 문제)로 보아야 할 것이다.

또한, 명사 중에는 [언어(ことば)], [말씀(辞)], [문언(文言)] 등, 언어 그 자체를 의미하는 명사가 있다. 이와 같은 명사도 [別れのことば], [慰めのことば], [開会の辞], [感謝の辞], [お詫びの文言]과 같은 連語를 만

들 수 있다. 이 경우에는 일단 내용을 나타낸다고 볼 수 있지만 언어작품의 명사와는 다르게 내용을 평가적으로 특징 짓는다. 즉, [別れのことば]는 무언가를 발언하는 것에 의해 그 발언이 이별의 의미를 갖게 된다. 이것은 이별하는 것을 화제로 하는 [別れの話]와는 차이가 있다.

이와 같은 連語는 규정적 連語의 일종일 것 인가. 여기서 문제시 했던 [언어작품의 내용을 지정하는 連語]와는 차이가 있는 듯한 느낌이다.

＜3＞ 思想の内容を指定する連語(사상의 내용을 규정하는 連語)

사상(사고방식등)을 의미하는 추상명사는 사고활동의 결과로 일종의 생산물을 의미한다고 볼 수 있는데 이 같은 사상명사의 경우 그 내용을 지정하는 종속어를 요구하며 다음과 같은 連語를 만든다.

○社会重視の　思想。(사회중시의 사상)
○理論尊重の　考え方。(이론존중의 사고방식)
○町村合併の　計画。(읍면합병의 계획)
○弱者救済の　教訓。(약자구제의 교훈)
○経済優先の　政策。(경제우선의 정책)

이런 종류의 連語는 종속어에 대개의 경우 [社会重視の], [理論尊重の], [町村合併の]와 같은 임시적 복합명사가 오기 때문에 꽤 흥미롭다. [社会の重視], [理論の尊重], [町村の合併]와 같은 連語를 만들수 있기 때문에, 이것을 종속어로 하여 3단어 連語인 [社会の重視の思想], [理論の尊重の考え方], [町村の合併の計画] 등을 만들수 있는데 실제로는 위와 같은 2단어 連語로 쓰이는 경향이 있다. 3단어 連語는 확실히 부자연스

러운 면이 있고 한 사항의 내용을 한마디 말로 표현하려고 하는 경향이 있는 것으로 보여진다.

한편, 이런종류의 連語를 사상의내용을 지정하는 것으로 규정해 보았는데 이 連語의 종속어는 내용을 구체적으로 규정하지 않는다. 예를 들어, [社会重視の思想], [理論尊重の考え方]의 경우를 보면 한사항의 내용이라기 보단 사상・사고방식 그 자체가 결과로써 사회중시・이론존중을 나타낸다. 이를테면 특징을 규정한다고 볼 수 있는 것이다. 그리고 이런속성이 [社会主義の思想], [理論主義の考え方]와 같은 連語를 만든다고 할 수 있을 것이다. 그렇다고 한다면 이를 규정적인 連語의 일종으로 규정지어야 할지도 모를 일이다.

또한, [생각(考え)], [추억(思い)]와 같은 명사는 [家出の考え(を持つ)], [尊王の思い(をいだく)]와 같은 連語를 만드는데, 이 경우 [考え], [思い]는 [의지]의 의미로 사용된 것으로 보여진다. 그렇다고 한다면 이는 다음에 다룰 [모덜한 내용을 지정하는 連語]가 될 것이다.

＜4＞ モーダル(Modality)な内容を指定する連語(모덜한 내용을 지정하는 連語)

모덜리티한 심리활동을 의미하는 추상명사는 동사를 중심(Core)으로 하는 連語의 [모덜한 심리활동]에 해당하는 명사連語를 만들 수가 있다. 예를 들어, 다음과 같은 連語가 그것이다.

<소망・기원 등의 경우>
○合格の　望み。(합격의 바램)
○留学の　願い。(유학의 기대)
○進学の　希望。(진학의 희망)
○卒業の　期待。(졸업의 기대)

<결의 · 결심 등의 경우>
○改革の　決意。(개혁의 결의)
○家出の　決心。(가출의 결심)
○退学の　企て。(퇴학의 계획)

이런 종류의 連語의 종속어에는 언어작품의 내용이나 사상의 내용을 지정하는 連語와 같이 [採用試験合格の望み], [イギリス留学の願い], [高校合格の希望], [組織改革の決意] 등 대개의 경우 임시적인 복합동사가 사용된다.

모덜리티한 내용을 지정하는 連語는 [소망(望み)], [소원(願い)]이나 [결의(決意)], [결심(決心)]와 같은 동작성 추상명사를 중심(Core)으로 하는데, 거기에 추가적으로 [의지(意志)], [정신(精神)]와 같이 기분을 의미하는 명사 또한 이 분야에서 다루어져도 무리가 없을 것이다.

○安保反対の　意思。(안보반대의 의사)
○木曾山保護の　精神。(기소산보호의 정신)
○尊皇攘夷の　一念。(천황양이의 일념)
○家塾閉鎖の　意。(사숙 폐쇄의 의미)

그런데 앞서 [언어작품의 내용을 지정하는 連語]로 [(이야기)話], [(소문)うわさ], [(평판)評判] 등을 중심(Core)으로 하는 連語를 소개하였는데, 언어에서 통달(通達)을 의미하는 추상명사 중에는 [명령(命令)][권고(勧告)][선고(申し渡し)]와 같이 일정한 모덜한 의미를 내재시키는 것이 존재한다. 이러한 명사를 중심(Core)으로 하는 連語도 [모덜한 내용을 지정하는 連語]로 보아야 하지 않을까.

○外出禁止の　命令。(외출금지 명령)
○学校閉鎖の　勧告。(학교폐쇄의 권고)
○参加不要の　申し渡し。(참여 불가능의 통보서)

그런데 이 같은 連語는 언어활동을 의미하는 명사가 중심어로 사용된다는 점에서 앞서 소개한 언어작품의 내용을 지정하는 連語와 닮아 있다. 그러나 구조적 타입에 주목해보면 동일한 것으로 논할 수 없을 것 같다. 예를 들어, 여기에서 제시한 예를 보면 [(명령)命令], [(권고)勧告], [(선고)申し渡し]의 종속어명사는 [~해라!(~しろ!)]라는 모덜리티한 의미를 나타내고 있기 때문에 단순한 내용만을 나타낸다고 할 수 없을 것이다. 언어작품의 내용을 지정하는 連語, 예를 들어 [(太郎の)受験の話], [(花子の)結婚の話]와 같은 連語는 결코 [受験しろ!], [結婚しろ!]라는 뜻이 아니다.

(注)

[종(鐘)], [나팔(ラッパ)], [벨(ベル)]등은 일정한 행위・행동을 알리는 데 사용된다. 이 같은 명사를 중심(Core)으로 한 連語 [授業終了の鐘], [起床のラッパ], [発車のベル]도 일종의 전달내용을 의미하는 것으로 볼 수 있을 것이다.

5-2. 目的や原因を規定する連語について
(목적과 원인을 규정하는 連語에 대하여)

명사는 본래 사물이나 인간 등을 표현하는 단위로 생각되는데, 인간의 인식활동의 진화와 함께 사물의 움직임이나 인간의 동작 등을 표현하는 명사가 만들어지고 있다. 그러한 명사는 목적이나 원인을 나타내는 종속어를 부가시켜 독특한 連語를 만들고 있다.

이 파트에서는 목적이나 원인을 지정하는 連語를 간단히 소개하고, 이 부분이 앞으로의 연구에 도움이 되길 바라는 바이다. 또한 이 부분에 대한 기존연구자와 젊은 연구자들의 연구를 기대하는 바이다.

<1> 目的を指定する連語(목적을 지정하는 連語)

의지적으로 실현하는 인간의 행위를 의미하는 동작성 추상명사의 경우, [ノ격] 종속어명사를 부가해서 그 행위가 어떤한 것을 실현하기 위한 것인가, 그 목적을 나타 낼 수 있다. 이 경우 종속어명사는 실현을 바라는 동작이나 상태를 일반적으로 나타내는 추상명사로 그 종속어에따라 중심어명사가 나타내는 의지적 행위의 성격이나 경향이 구체화된다.

○帰省の　荷造り。(귀성의 짐 꾸리기)
○花火大会の　寄付金集め。(불꽃대회의 기부금 모음)
○安保反対の　閉店スト。(안보반대의 폐점파업)
○地域改善の　市民運動。(지역개선의 시민운동)
○植木の　水やり。(식목의 물주기)
○一級ボイラーマンの　資格試験。(1급 보일러기사의 자격시험)

종속어는 원칙적으로 [ノ격] 동작성 명사가 사용되는데 [植木の水やり], [一級ボイラーマンの資格試験]과 같이 중심어로 나타내어지는 사항이 일정한 대상을 상정하고 있는 경우에는 사물이나 인간을 의미하는 명사가 사용되어도 무리가 없을 것 같다.

그런데 종속어는 [ノ격]이 아닌 [~のための]와 같은 표현이 되는 경우가 적지 않다. [~のための]을 사용하면 다음과 같이 꽤 구체적인 사물・인간을 의미하는 경우에도 가능할 것 같다. 앞서 [中編]・名詞を核とする連語(명사를 중심으로 하는 連語)의 첫머리에서 다루었던 [太郎のためのケーキづくり]도 그 한 예라고 할 수 있을 것이다.

○スイカのための　土壌改良。(수박 재배를 위한 토양 개량) ○小学生のための　指導者養成。(초등생을 위한 지도자 양성) ○お母さんのための　テレビ放送。(어머님들을 위한 텔레비전 방송)

인간의 동작을 의미하는 추상명사 중에는 [준비(準備)], [준비(支度)], [준비(用意)]등과 같이 의지적으로 실현되는 사건의 준비적인 행위를 일반적으로 표현하는 것이 있다. 이 같은 명사를 중심(Core)으로 하는 連語의 경우 다음의 예와 같이 그 목적을 지시하는 종속어가 필요한 것을 보인다.

○授業の　準備。(수업의 준비) ○演奏会の　準備。(연주회의 준비) ○酒の　支度。(술의 준비) ○出航の　支度。(출항의 준비) ○食事の　用意。(식사의 준비) ○パーティーの　用意。(파티의 준비)

그런데 [축하(お祝い)], [축하회(祝賀会)]와 같이 의의가 내포된 행사를 의미하는 명사나 의의가 내포된 음식을 의미하는 명사도 다음에 예시된 連語를 만든다. 종속어가 나타내는 사항을 위한 것이라는 의미를 가진다.

○先生の　お祝い。(선생님의 축하)
○誕生日の　お祝い。(생일기념의 축하)
○病気全快の　お祝い。(병 완쾌의 기념축하)
○目的達成の　祝賀会。(목적달성의 기념축하회)
○送別の　食事。(송별의 회식)
○歓迎の　酒ぶるまい。(환영의 술자리)

＜2＞ 原因を指定する連語(원인을 지정하는 連語)

중심어명사가 자연・사회・심리・생리 등을 발생시키는 현상(또는 그 현상의 결과의 상태)을 의미하는 경우, 그 현상이 무엇에 의해 발생하는가. 이것은 다음과 같은 連語를 만든다.

○戦争の　被害。(전쟁의 피해)
○台風の　傷跡。(태풍의 상처)
○交通事故の　後遺症。(교통사고의 후유증)
○帰郷の　喜び。(귀향의 기쁨)
○絶交の　悲しみ。(절교의 슬픔)
○急襲の　恐れ。(급습의 두려움)
○養育の　辛苦。(양육의 어려움)
○試験勉強の　疲れ。(시험공부의 피로)
○酒の　酔い。(술의 취기)

○栗飯の　食傷。(밤 밥의 소화불량)
○打撲の　痛み。(타박상의 아픔)
○苦しい生活の　いざこざ。(괴로운 생활의 다툼)
○人種対立の　正面衝突。(인종대립의 정면충돌)

중심어가 심리현상(또는, 심리적상태)을 의미하는 추상명사일 경우, 이는 모덜한 내용을 지정하는 連語에 근접한 성향을 가진 것으로 보여진다.

○仕事の　苦しさ。(일의 어려움)
○無職業の　苦痛。(무직업의 고통)
○家出の　心細さ。(가출의 초조함)
○ひとり住みの　わびしさ。(독신생활의 쓸쓸함)

위에 제시된 예를 원인을 지정하는 連語로 생각하고 있지만, [ひとり住みのさびしさ]에서는 [ひとり住みの気もち]라고 바꾸어 말할 수 있다. 그러나 변형된 [ひとり住みの気もち]는 문맥・장면을 무시한다면 [ひとり住みの決意]의 의미로도 이해할 수 있다. [결의(決意)]는 심리활동을 나타내는 추상명사이다. 즉, 심리현상을 의미하는 추상명사가 만드는 원인을 지정하는 連語와 심리활동을 의미하는 추상명사가 만드는 모덜한 내용을 지정하는 連語가 [기분]명사를 매개로 접해있다고 볼 수 있을 것이다.

또한, 원인을 지정하는 連語는 추가적으로 [故郷を離れることの心細さ]처럼도 확대될 것이다. 이와 같은 예가 만들어 진다면 이는 종속절 수준에서 처리해야 할 것이다. 이런한 문제를 포함하여 원인을 지정하는 連語의 규정에 대해서는 독자들이 여러가지 관점에서 생각해 보았으면 한다.

Ⅳ. 下篇

連語論の研究史(連語論의 연구사)

＜제6장＞連語論研究のあけぼの
(연어론 연구의 여명기)

＜제7장＞『日本語文法・連語論(資料編)』の刊行
(일본어 문법・연어론(자료편)의 간행)

＜제8장＞鈴木康之研究室での連語論研究
(SUZUKI yasuyuki연구실에서의 연어론 연구)

＜제9장＞資料「動作を具体化する連語」について
(자료 [동작을 구체화하는 連語]에 대하여)

＜제10장＞これからの連語論研究のために
(앞으로의 연어론 연구를 위해서)

제6장

連語論研究のあけぼの(연어론 연구의 여명기)

連語論은 오쿠다 야스오(奥田靖雄)교수가 개척한 언어학 연구의 한 분야이다. 필자인 스즈키 야스유키(鈴木康之)는 학부 대학생시절부터 오쿠다 교수에게 지도를 받으면서 連語論 연구를 해왔다.

희미한 기억을 더듬어 보면 오쿠다 교수의 지도를 받으면서, 우리들이 격조사의 용례를 수집하기 시작한 것은 1954년경으로 생각된다. 아직 언어학연구회(1956년 11월 설립)는 존재하지 않았고, 그 전신인 "민주주의 과학자협회 언어부회" 시절부터이다.

(注)

또 하나, 필자는 1956년 5월 [現代日本語の助詞「の格」の働きについて]를 테마로 한, 그 골자는 [名詞と名詞の結び付き]라는 표제의 논문이 [言語学研究会ニュース：5号](1957.6.)에 게재되어 있다.

또한, [ヲ格]에 대해서는 1957년4월 오쿠다 교수가 [ニ格]에 대해서는 같은 해 11월 上村幸雄씨가, [カラ格]에 대해서는 같은 해 1월 渡辺義夫씨가 보고하였다. 거기에 [ヘ格]는 같은해 2월, [デ格]은 같은해 6월에 필자가 보고했다는 기록이 실려 있어 그 당시 연구활동이 순조롭게 시작되었다는 것을 말해준다.

그 당시 우리들은 [連語]라는 명칭을 사용하지 않았다. 連語를 [단어와 단어의 결합(単語と単語の組み合わせ)]이라 칭하였고 그것을 연구하는 문법론을 [단어와 단어의 결합론(単語と単語の組み合わせ論)]이라고 불렀다. 또한, 당시 필자의 논문에도 [단어와 단어의 결합론(単語と単語との結び付き論)] (『언어학론총(言語学論叢) : 1 号』 1959 게재)라는 이름의 것이 있다.

그러는 사이 우리들은 언젠가부터 [連語論]이라는 표현을 쓰게 되었다. 특히 [連語論]이라는 연구영역이 넓게 인지된 계기는 [MugiSyobo(むぎ書房) 『교육국어(教育国語)』 12호]에 게재된 오쿠다 교수의 논문이였다. 그 표지에는 [일본어문법/연어론1 오쿠다야스오(日本語文法・連語論 1 ……奥田靖雄)]이라고 기술되어있다. 또한, 본문의 표제는 [日本語文法・連語論] 뒤에 [を격 명사와 동사와의 결합(を格の名詞と動詞とのくみあわせ(一))]로 되어있다. 이 논문 [を格の名詞と動詞との組み合わせ]는 『教育国語』 12호~28호(1967년~72년)에 게재되게 된 것이다. 『教育国語』에 게재되었다는 의의는 중요하다고 할 수 있다. 그것으로 오쿠다 교수와 언어학연구회의 [連語論]이라는 연구영역이 확립되었다고 필자는 생각한다. 또한, 그 후(1970년경부터 수년간)

히타치다이고지역(常陸大子(茨城県))・우베지역(宇部(山口県))・운젠지역(雲仙(長崎県)) 등에서 교육과학연구회・국어부회 주최로 언어학연구회의 형태론과 連語論을 강의하는 [문법강좌](합숙연구회)가 개최되어 교육현장의 선생님들이(특히, 초등학교 선생님들이) 連語를 학습하게 되었다. 당시는 교육과학연구회・국어부회에 소속된 선생님들의 교육활동이 자유롭게 보장된 좋은 시절이었다.

이러한 일련의 [문법강좌] 중 連語論과 관련해서 특히 주목해야 할 강좌는 1972년 8월에서 여러 차례에 걸쳐 실시된 우베지역(宇部 : 山口県宇部市)의 문법강좌이다. 이 문법강좌에서 오쿠다 교수의 [일본어문법・連語論－[を격] 명사와 동사의 결합－]을 정식으로 강독한 것이다. 그 문법 강좌 강사를 스즈키시게유키(鈴木重幸)씨와 필자가 맡았었다.

물론 시게유키씨가 책임자였고 필자가 보좌역이였다. 우리들 두명이외에도 상황에 따라 그때그때 강사가 추가되기도 했다.

그런데 이 우베지역에서의 문법강좌를 위한 교과서로 [奥田靖雄著[日本語文法・連語論－を格の名詞と動詞との組み合わせ](『教育国語』連載中)를 읽기 위한 참고자료집]이 작성되었다. 이 교과서(참고자료집)은, 시게유키씨의 발안에 의해 만들어진 것으로, 다음과 같이 3부로 구성되어 있다.

○ 分類表([を格の名詞と動詞とのくみあわせ]の<結び付き>一覧表)
(분류표([を격의 명사와 동사와의 결합]의 <의미적인 관계>일람표)

○ を格の名詞と動詞とのくみあわせ 基本用例 一覧表
(を격의 명사와 동사와의 결합, 기본 용례의 일람표)

○ 結び付きの相互関係(その一覧表)
(의미적인 관계의 상호관계(그 일람표))

이 중 [분류표]와 [結び付きの相互関係(의미적인 관계의 상호관계)]는 鈴木重幸씨의 지시로 필자가 작성한 것인데, [基本用例一覧表(기본용례 일람표)]는 重幸씨가 직접 집필하였다. 이 것은 당시 鈴木重幸씨의 독창성에 의해 만들어진 것이라고 판단할 수 있을 것이다. 단순한 용례일람표가 아니기 때문이다. 이 용례일람표에는 [結び付き]의 구조적 타입이 도식화 되어있기 때문에 귀중한 자료로 평가된다. (이 도식화는 그 후 필자의 連語論 연구에 큰 영향을 미친다)

여기에 그 [기본용례 일람표]의 첫머리 부분을 소개하려한다. 거기엔 다음과 같이 기술되어있다.

Ⅰ. 対象的な結び付き

1.対象へのはたらきかけ

1-1.物に対するはたらきかけ

1-1(ａ).もようがえの結び付き

종속어(従属語・カザり)		중심어(中心語・カザラレ)
～を	～に(～く)	～する
具体名詞 (구체 명사)	状態の変化をあらわす名詞や形容詞 (상태 변화의 명사와 형용사)	もようがえ動詞 (모양 변화의 동사)
○髪を　たばねる。(머리를 묶다) ○格子戸を　あける。　(격자문을 열다) ○わらじを　そろえる。(짚신짝을 맞추다) ○開店いすを　まわす。(폐점 의자를 정리하다) ○くるみを　わる。(호두를 쪼개다) ○さんまを　やく。(꽁치를 굽다) ○茶を　あたためる。(차를 덥히다) ○ささあめを　くう。(수수엿을 먹다.) ○酒を　のむ。(술을 마시다) ○へびを　ころす。(뱀을 죽이다) ○ノートを　まっくろに　よごす。(노트를 새까맣게 더럽히다) ○手を　あかくそめる。(손을 붉게 물들이다) ○棒を　ふたつに　おる。(방망이를 둘로 쪼개다)		

1-1(ｂ).とりつけの結び付き

종속어(従属語・カザリ)		중심어(中心語・カザラレ)
～を	～に	～する
具体名詞 **(구체 명사)**	具体名詞(くっつくところ) **(구체 명사・부착하는 곳)**	とりつけ動詞(～つける,～こむ) **(부착동사)**

○キセルの吸い口を　ほおに　あてる。(담뱃대의 흡입구를 볼에 대다)
○荷物を　自転車に　のせる。(화물을 자전거에 싣다)
○トロッコに　石炭を　つむ。(대차에 석탄을 싣다)
○くろい布を　胸に　つける。(검은천을 가슴에 붙이다)
○リボンを　髪に　むすびつける。(리본을 머리에 묶다)
○口紅を　唇に　ぬりこむ。(립스틱을 입술에 칠하다)
○げたを　はく。(게다를 신다)
○帽子を　かぶる。(모자를 쓰다)
○唐人服を　まとう。(중국 의상을　걸치다)
○赤しゃつを　着る。(빨간 셔츠를 입다)
(以下,省略。)

(注)

필자는 이처럼 도식화할 수 있는 [구조적 타입]이 [結び付き] 형식이라고 생각했었다. 즉, 이 같은 구조적 타입에 의해 실현된 단어들의 관계를 [結び付き]라고 칭해야 한다고 생각했던 것이다. 그런데 重幸씨는 그런 식으로 강의를 하지 않았다. 이러한 구조적 타입을 제대로 해설하면서, 구조적 타입에서 볼 수 있는 <[ヲ격] 종속어명사>와 <중심어동사>의 관계를 [結び付き]라고 설명했었다.

예를 들어, 重幸씨에게 [とりつけの結び付き]라는 것은 3 단어로 실현된 [とりつけ]의 구조적타입에 내재된 <[ヲ격] 종속어명사>와 <중심어동사>의 관계를 의미한다. 그에 반해, 필자는 이 같은 구조적타입에 내재되어있는 단어들의 관계(이경우에는 3단어의 관계)를 [とりつけの結び付き]로 생각했던 것이다.

그 당시 필자와 鈴木重幸씨의 견해 차이는 그렇게 문제가 되지 않았다. 종속어와 중심어의 관계를 [結び付き(의미적인 관계)]라고 하는가, 일정한 표현적 단위인 連語

를 형성하는 단어들의 관계를 [結び付き]라고 하는가라는 차이는 구체적인 連語연구에 있어서 크게 문제되지 않을 것처럼 보였다.

두 사람의 견해가 표면화된 것은 21세기가 된 후의 일로, 이 사항을 중심테마로 필자의 책임 하에 2005년 [連語論 특별연구회](회의장소：大東文化大学)가 개최되었다. 여기에서 필자는 [내가 생각하는 連語論]을 鈴木重幸씨는 [鈴木康之氏에게 보내는 질문과 의견 등]을 발표했다. 그 뒤, 이 두사람의 발표는 至文堂『국문학 해석과 감상(国文学 解釈と鑑賞)』(2006년 1월호, 2006년 7월호, 2007년 1월호)에 게재되었다.

連語論 연구를 되돌아보면 [우베(宇部) 문법강좌] 직전과 직후의 사정은 여러가지를 회상하게 한다. 1971년 [常陸大子 문법강좌]에서는 鈴木重幸씨가 오쿠다 교수의 [を格の名詞と動詞との결합](『교육국어(教育国語)』에 게재)을 강독했는데, 그 전 강의로 필자가 [連語論 입문]을 강의했따. 또한, [連語論 입문]은 그 뒤 내용추가와 정정을 거처『言語学論叢：11巻』(동경교육대학 언어학연구회 1971.11.)에 [連語論のための序説]로 공표되었다. 그리고 [常陸大子 문법강좌]에서 필자는 [もちぬし格の名詞と名詞との결합]도 강의했던 것 같다.

이런 상황 속에서 1972년『にっぽんご３』가 개정되어『にっぽんご３の上』가 된다.『にっぽんご3』는 오쿠다 교수의 지도하에 むぎ書房에서 간행된, 이른바『にっぽんご』시리즈 중 하나이다. 그『3』을『3の上』으로 한 것은『にっぽんご3の下』라는 타이틀로 [連語]에 대한 내용을 실을 예정이였기 때문이다. 재빠르게 그 시안이 기획・입안되어 [にっぽんご３の下(試案)]이 작성되었다. 이 [시안]은 당시 교육과학연구회・국어부회에 소속된 뜻이 있는 교사들에 의해 여러 가지 면에서 시행・실천되게 되었다.(그러나『にっぽんご3の下』는 결국 출간되지 않았다.)

또한 連語論 논문집을 간행하려는 계획도 모색되었다. 그리고 마츠모토 히로타케(松本泰丈)의 [連語論論文集解説にむけて(연어론 논문집 해

설에 대하여)](1976.5)가 남아있었다.

이 같은 상황 하에서 오쿠다 교수의 논문 [言語の単位としての連語(언어단위로서의 연어)]가 『教育国語 : 45号』(1976.6.)에 게재되었다. 이 오쿠다 교수의 논문을 참고하면서 [常陸大子 문법강좌](1976.8.)에서 필자는 [連語論概説(その導入のために)]을 강의했다. 그 자료는 기록되어있다. 그 뒤, 필자는 필자의 연구테마 [ノ格の名詞と名詞の결합]을 정리하여 4회에 걸처 그것을 『教育国語 : 55号・56号・58号・59号』1978.12.~1979.12.)에 게재하게 되었다. 이 같은 상황을 배경으로 『日本語文法・連語論(資料編)(일본어문법・연어론(자료편))』가 간행되었던 것이다.

제7장

日本語文法・連語論(資料編)の刊行

(일본어 문법・연어론(자료편)의 간행)

『日本語文法・連語論(資料編)』은 1983년에 간행되었다. 이 논문집은 鈴木重幸씨와 필자가 편집책임자였고 당시 언어학연구회의 [동사를 중심(Core)으로한 連語] 연구를 집대성한 것이었다. 이 논문집은 사실상 오쿠다 교수 개인의 [連語論] 논문집이라 해도 무방할 것이다. [ヲ격], [ニ격], [デ격]과 관련된 중요한 논문은 모두 오쿠다 교수가 집필하였고, 그외의 논문([ヘ격]渡辺友左, [カラ격]渡辺義夫・荒正子, [マデ격]井上拡子・荒正子)은 모두 오쿠다 교수의 연구성과에 준거하여 집필된 것들이다.

『日本語文法・連語論(資料編)』의 간행은 連語論 연구에서 하나의 획기적인 사건이었다. 단, 이책은 連語論 그 자체를 개관한 것은 아니다. 이 책은 連語論을 확립시키기 위해 언어학연구회 멤버(특히 오쿠다)의 논문을 모아놓은 것이였다. 이책의 표제에 괄호를 붙여 [……(資料編)]이라고 한 것에 주목해 주었으면 한다. 또한, 이 책의 첫머리 [編集にあたって]에는 다음과 같은 설명이 있다.

> 일본어 連語연구는 동사의 형태론적 연구와 나란히, 민과(민주주의 과학자협회・언어부회)시절에도 우리들 언어학연구회의 공동연구 테마였다. 30년도 더된 일이지만, 멤버 한 명 한 명이 일본어 連語의 여러 영역 중 하나를 선택하여 기술적인 연구를 수행했다. 주1회 행해진 연구회는 이러한 연구 활동을 위한 용례수집의 장이자 서로의 연구성과를 비판하는 장이기도 했다. 이러한 작업형태가 가장 활발하게 행해졌던 때가 50년대 후반이었는

데, 정확하게 말하자면 54년부터 이러한 작업이 시작되었고 60년대에도 이것은 계속되었다. 54년은 러시아의 베베비노그라토프가 잡지『言語学の諸問題(러시아의 종합문제)』에 [連語研究の諸問題(연어연구의 종합문제)]를 연재하고 있었기 때문에 우리들에게도 잃을 수 없는 해였다.

이 책은 1960년부터 1977년 사이에 언어학연구회 멤버가 써놓은 일본어 連語 관련 논문을 집대성한 것이다. 이 책이 連語의 모든 부분을 다룬 것은 아니다. 동사를 축(센터)으로 하여 그 축에 명사가 부가된 連語와 관련된 기술적 연구 내용만이 모아져 있었다. 나머지 즉, 명사나 형용사를 축으로 하는 連語와 관련된 내용은 다음에 간행될 책에 실릴 예정이다.

따라서, 이 책은 일본어連語에 관한 개론적 체재를 취하진 않았다. 자료편이라고 표현한 것은 그 때문이다. 鈴木重幸의『日本語文法・形態論』에 이어『日本語文法・連語論』의 출판이 예정되어있는데, 누군가의 책임하게 책이 쓰여질 것이고, 새로운 내용을 담은『日本語文法・連語論』을 위해서도 미리 자료편을 준비해두는 것은 의미가 있는 일이다. 연구에 참가한 멤버 한 명 한 명의 역할를 중요하게 생각한다는 의미에서 즉, 한 명 한 명의 개성을 집단속에 매몰시키지 않기 위해서 그러한 작업은 필요했다.

우리들이『日本語文法・連語論』이라는 책의 집필을 방기했던 것은 아니다. 그러나 이 책을 완성하기에는 연구회에 미흡한 점이 있기 때문에 아직은 시간을 필요로 할 것이다. 그 사이에 일본국내외 현장에서 교육활동을 하고 있는 일본어 교사들을 위해서라도, 한동안 그 책 대용으로 사용될 자료집을 집대성해 놓는 것은 의미가 있다.

그런데『日本語文法・連語論(資料編)』의 간행에 맞추어, 이 책 소개를 겸하여 필자는『教育国語 : 73』(1983.6)에 [連語とはなにか(연어라는 것은 무엇인가?)]라는 제목의 글을 쓴 적 있다. 이 원고의 내용은 기본적으로『日本語文法・連語論(資料編)』 서론 [編集にあたって]에 입각한 것인데, 필자 나름의 견해도 포함되어 있다. 필자의 견해가 포함된 것에 오쿠다 교수는 격노하였고 이와 같은 사건이 있은 후 필자는 언어학연구회에서 連語論에 대해서 거론할 수 없게 되었다. (이 사건과 관련된 사항은 至文堂『国文学 解釈と鑑賞』(2006년 1월호, 2006년 7월호, 2007년 1월호)에 게재된 논술 [わたくしのかんがえる連語論]에 소개되어 있으니 참조하기 바란다.)

第8장

鈴木康之研究室での連語論研究

(SUZUKI yasuyuki연구실에서의 연어론 연구)

언어학연구회가『連語論(資料編)』(1983년)을 간행한 뒤, 연구회 내에서는 완전히 連語論 연구가 정체되고 말았다. 가장 큰 이유는 필자 때문일 것이다. 앞서 이야기한대로 필자의 논문 [連語とはなにか]가 오쿠다 교수를 격노하게 하였고 필자는 언어학연구회에서 連語論을 거론할 수 없게 되었던 것이다.

필자는 한동안 連語論과 멀어져 있었는데, 이런 상황을 해결해준 것이 필자 연구실 소속(大東文化大学)彭広陸씨(중국 북경대학 교수)와 呉大綱씨(중국 상해외국어대학 교수)의 連語論 연구였다.

彭씨는 80년대 말 일본에 입국한 후, 필자의 연구실에서 본격적으로 連語論 연구를 하게 되었다. 언어학연구회에도 적극적으로 참가하여 오쿠다 교수로부터도 주목을 받았다. 그리고 [日本語の名詞的な連語に関する研究]에 의해 1993년 3월 학위 [박사(일본문학)]를 취득했다. 명사를 중심(Core)으로 하는 連語를 연구했기에 필자가 彭씨를 지도하게 되었던 것인데, 그 일로 오쿠다 교수와의 관계가 악화되었다고 생각하진 않는다. 그리고 내가 다루고 있던 [ノ格の名詞と名詞とのくみあわせ(ノ格명사와 명사와의 결합)] 연구를 彭씨가 계승하게 되었다. 이일을 계기로 필자는 필자연구실에서 連語論 연구를 적극적으로 지도하게 되었던 것이다.

한편, 呉大綱씨는 1987년 4월 大東文化大学 대학원박사 전기과정으로 입학하여, 그 뒤 박사후기과정으로 진학하였다. 그리고 1996년 3월 [現

代動詞の意味・用法の連語論的な研究]로 학위[박사(일본문학)]를 취득하였다.

呉씨는 필자 연구실에 재적하기 이전부터 이미 連語論에 관심을 가지고 있었던 것으로 보였고『日本語文法・連語論(資料編)』에도 정통해 있었다. 呉씨가 連語論 연구를 위해서 필자를 찾아 왔다고 봐도 무방할 것이다. 呉씨는 필자의 지도를 매개로 필자의 連語論에 대한 사고방식을 자신의 연구성과를 빌어 충분히 활용하였다.

여기에 呉씨의 [현대동사의 의미・용법의 連語論적 연구]를 소개하려 한다. 이는 連語論의 본 형태를 구상하고 그것을 척도로 하여 동사의 의미・용법을 규정하려고 한 연구이다.

우선, 해당 동사가 지배하는 명사의 격에 주목해야한다고 하는 원칙하에 A O동사, A B동사, A C동사, B O동사, C동사, O동사라고 하는 6 종류의 그룹을 선정하였다. 거기에 A는 [ヲ격], B는 [ニ격], C는 그 외 나머지 격을 의미한다. 또한, O는 격지배가 없는 것을 의미한다. 즉, A O동사는 [ヲ격] 대상만을 필요로하는 동사]를 A B동사는 [ヲ격] 대상과 [ニ격] 대상을 필요로 하는 동사]를 A C동사는 [ヲ격] 대상과 [ヲ격][ニ격]이외의 대상을 필요로하는 동사]를 B O동사는 [ニ격 대상만을 필요로하는 동사]를 C動詞는 [ヲ격 ニ격 이외의 대상을 필요로 하는 동사]를 [O동사]는 [대상을 필요로 하지 않는 동사]를 의미한다.

이들 6종류의 그룹에 대해서 추가적으로 각각의 連語論적 특성에 주목하여, 그 각각을 세분화해 결과적으로 다음과 같이 개관하였다. 여기에선 대상을 필요로 하지 않는 동사까지도 連語論적 연구의 대상으로 취급되었다.

Ⅰ. AO動詞：ヲ格の対象だけを必要とする動詞
([ヲ격] 대상만을 필요로 하는 동사)
1. 作用的な意味を表す動詞(たばねる,とく,しばる,うごかす……)
(작용적 의미를 나타내는 동사)
2. 生産的な意味を表す動詞(つくる,こしらえる,きずく,うむ……)
(생산적 의미를 나타내는 동사)
3. 様態的な移動を意味する動詞(さまよう,ぶらつく,うろうろする……)
(양태적 이동을 의미하는 동사)
4. 態度的な意味を表す動詞(ほめる,かいかぶる,賞賛する……)
(태도적 의미를 나타내는 동사)
5. 感覚的な意味を表す動詞(みる,ながめる,のぞく,のぞむ……)
(감각적 의미를 나타내는 동사)
6. 思考的な意味を表す動詞(おもう,かんがえる,しる,わかる……)
(사고적 의미를 나타내는 동사)
7. モーダルな態度という意味を表す動詞(ちかう,たくらむ,はかる……)
(모덜한 태도를 의미를 나타내는 동사)
8. 心理状態的な意味を表す動詞(おそれる,こわがる,よろこぶ……)
(심리상태적 의미를 나타내는 동사)
9. 態度的な動作を意味する動詞(まつ,たずねる,おとずれる……)
(태도적 동작을 의미하는 동사)
10. 社会的な活動を意味する動詞(あきなう,かせぐ,そだてる……)
(사회적 활동을 의미하는 동사)

Ⅱ. AB動詞：ヲ格の対象と二格の対象とを必要とする動詞
([ヲ격] 대상과 [二격] 대상을 필요로 하는 동사)
1. とりつけ的な意味を表す動詞(つける,貼る,なする,ぬる……)
(이동적 의미를 나타내는 동사)
2. うつしかえ的な意味を表す動詞(うつす,いれる,すてる,まくる……)
(이동적 의미를 나타내는 동사)
3. 授受的な意味を表す動詞(あたえる,さずける,あずかる,貸す……)
(수수적인 의미를 나타내는 동사)
4. 言語活動的な意味を表す動詞(はなす,いう,かたる,つげる……)
(언어활동적 의미를 나타내는 동사)

Ⅲ. AC動詞：ヲ格の対象とヲ格ニ格以外の対象を必要とする動詞
([ヲ격] 대상과 [ヲ격][ニ격] 이외의 대상을 필요로 하는 동사)
1. とりはずし的な意味を表す動詞(はずす,はがす,とる,だす……)
(분리적 의미를 나타내는 동사)
2. 接触的な意味を表す動詞(こする,なでる,つまむ,かかえる……)
(접촉적 의미를 나타내는 동사)

Ⅳ. BO動詞：ニ格の対象だけを必要とする動詞
([ニ격] 대상만을 필요로 하는 동사)
1. 方向的な移動を表す動詞(いく,くる,もどる,かえる,おりる……)
(방향적 이동을 나타내는 동사)
2. 消出という現象的な意味を表す動詞(あらわれる,うかぶ,しまる……)
(나타나거나 사라지는 현상적의미를 나타내는 동사)
3. 心理状態的な意味を表す動詞(驚く,おののく,おびえる,苦しむ……)
(심리상태적 의미를 나타내는 동사)
4. 存在的な意味を表す動詞(ある,いる,存在する,滞在する……)
(존재적 의미를 나타내는 동사)
5. くっつき的な意味を表す動詞(うつる,ふれる,すがる,くるまる……)
(접착적 의미를 나타내는 동사)
6. 関係的な意味を表す動詞(にる,あたる,ひかえる,そびえる……)
(관계적 의미를 나타내는 동사)
7. 社会的な活動を表す動詞(入学する,就職する,出世する……)
(사회적 활동을 나타내는 동사)

Ⅴ. C動詞：ヲ格ニ格以外の対象を必要とする動詞
([ヲ격][ニ격] 이외의 대상을 필요로 하는 동사)
1. 人間的な接触を意味する動詞(あう,であう,会見する,わかれる……)
(인간적 접촉을 의미하는 동사)
2. 人の社会的な状態を意味する動詞(あらそう,たたかう,並行する……)
(인간의 사회적 상태를 의미하는 동사)

Ⅵ. O動詞：対象を必要としない動詞
(대상을 필요로 하지 않는 동사)
1. 現象的な意味を表す動詞(현상적 의미를 나타내는 동사)

1) 自然現象的な意味を表す動詞(ふる,ふく,はれる,くもる……)
(자연현상적 의미를 나타내는 동사)
2) ものの現象的な意味を表す動詞(あく,われる,くずれる……)
(사물의 현상적 의미를 나타내는 동사)
3) 生理的な現象という意味を表す動詞(しぼむ,かれる,しげる……)
(생리적 현상의 의미를 나타내는 동사)
2. 状態的な意味を表す動詞(상태적 의미를 나타내는 동사)
1) 人の感情的な状態を意味する動詞(なごむ,やすらぐ,いらだつ…)
(인간의 감정적 상태를 의미하는 동사)
2) 場所の状態を意味する動詞(にぎわう,こむ,混雑する……)
(장소의 상태를 의미하는 동사)
3) 特性的な状態を意味する動詞(ずばぬける,なみはずれる……)
(특성적 상태를 의미하는 동사)
3. 人の動作を意味する動詞(인간의 동작을 의미하는 동사)
1) 人のたちいふるまい的な動作を意味する動詞(たつ,すわる……)
(인간의 행동적 동작을 의미하는 동사)
2) 人の表現的な動作を意味する動詞(まう,おどる,おどける……)
(인간의 표현적 동작을 의미하는 동사)

그런데 이 같은 분류의 근거는 그것에 해당하는 連語論적 특성의 존재이다. 예를 들어, [1.A O 동사]의 [3.양태적 이동을 나타내는 동사]에는 다음과 같은 설명이 있다.

이동이라고 하는 것은 우선 주체인 임의의 인간의 위치변화이다. 사물이나 자연이 주체가 되면 의미가 형상적이 된다. [ヲ격]의 대상을 필요로하는 이동을 나타내는 동사는 그 하위분류로 양태적 이동, 통과적 이동, 출발지를 의식한 이동 이렇게 3가지 타입으로 정리할 수 있다. 이것은 이동이 가지는 의미의 다양화를 나타낸다. 이동적 의미를 나타내는 동사의 기본적 의미를 제한하기 위해서는 우선 이 같은 의미타입을 분별할 필요가 있다. 이 3가지 타입을 일괄하여 양태적 이동이라 하기로 했다.

양태적 이동을 나타내는 동사는 [장소명사를 나타내는 [ヲ격]명사 + 양태적 이동을 나타내는 동사]의 구조를 스스로 요구한다. 이 같은 기본적구조 패턴을 도형화하면 다음과 같다.

종속어(従属語・カザリ)	중심어(中心語・カザラレ)
~を	~する
場所名詞 **(장소 명사)**	様態的な移動を表わす動詞 **(양태적인 의미를 나타내는 동사)**
○(町を) さまよう。 ((마을을) 헤매다) ○(門の前を) ぶらつく。((문 앞을) 서성거리다) ○(入り口を) うろうろする。((입구를) 어정버정하다) ○(舗道を) 往来する。((포장도로를) 왕래하다) ○(この道を) 行き来する。((이 길을) 왔다갔다하다) ○(巷を) 徘徊する。((거리를) 배회하다) ○(道を) いそぐ。((길을) 재촉하다) ○(廊下を) はしる。((복도를) 달리다) ○(空を) とぶ。((하늘을) 날다) ○(プールの中を) およぐ。((풀장을) 헤엄치다) ○(坂道を) あるく。((오르막길을) 걷다) ○(野原を) かける。((들판을) 뛰다) ○(地面を) はう。((지면을) 기다) ○(階段を) すべる。((계단을) 미끄러지다) ○(山を) くだる。((산을) 내려가다) (이상은 양태적) ○(交差点を) とおる。((교차점을) 통과하다) ○(川を) わたる。((강을) 건너다) ○(歩道を) よこぎる。((보도를) 가로지르다) (이상은 통과적)	

○(店を) さる。((가게를) 떠나다) ○(東京を) はなれる。((동경을) 떠나다) (이상은 출발지적)

또 하나의 예를 들어보자. [2. A B 동사]의 [1.とりつけ적 의미를 나타내는 동사]의 설명을 인용하겠다. 거기엔 다음과 같은 설명이 있다. 이른다 [とりつけの結び付き]에 해당하는 내용이다.

[とりつけ]를 주체가 어떤 것을 어떤 장소에 붙이는 것을 의미한다.' 라고 정의한다면, 이 [とりつけ]라는 카테고리적 의미를 나타내기 위해서는 스스로 [とりつけ]대상을 나타내는 [[ヲ격] 명사+とりつけ장소]를 나타내는 [ニ격 명사+とりつけ동사]라는 3단어구조를 필요로 한다. 이 같은 기본적 連語구조의 패턴을 도형화하면 다음과 같다.

[とりつけ적 의미]를 나타내는 대표적 동사 리스트를 들어보면 다음과 같다.

종속어(従属語・カザリ)		중심어(中心語・カザラレ)
～を	～に	～する
モノ名詞 (사물 명사)	場所名詞 (장소 명사)	とりつけ的な意味を表す動詞 (부착의 동사)
○(布を胸に) つける。((천을 가슴에) 붙이다) ○(広告を壁に) 貼る。((광고를 벽에) 붙이다) ○(糊を門に) なする。((풀을 문에) 바르다) ○(ペンキをベンチに) ぬる。((페인트를 벤치에) 칠하다) ○(タオルを頭に) 締める。((타올을 머리에) 묶다) ○(針を皮膚に) 差す。((침을 피부에) 찌르다) ○(包帯を腕に) 巻く。((붕대를 팔에) 감다) ○(石炭をトラックに) 積む。((석탄을 트럭에) 쌓다)		

○(水をコップに) つぐ。((물을 컵에) 따르다))
○(ガソリンをタンクに) そそぐ。((휘발유를 통에) 붓다)
○(毛布を背中に) かける。((모포를 등에) 걸치다)
○(砂を体に) かぶせる。((모래를 몸에) 뒤집어쓰다)
○(聴診器を胸に) あてる。((청진기를 몸에) 대다)
○(指輪を指に) はめる。((반지를 손가락에) 끼다)
○(新製品をショーウィンドーに) かざる。((신제품을 쇼윈도에) 꾸미다)
○(本を棚に) おく。((책을 선반에) 놓다)
○(本を本の上に) かさねる。((책을 책 위에) 겹쳐놓다)
○(ダイヤモンドをリングに) ちりばめる。((다아아몬드를 링에) 흩여 끼우다)
○(水筒に水を) つめる。((물통에 물을) 채우다)
○(しおりを本に) はさむ。((책갈피를 책에) 끼우다)
○(荷物を車に) のせる。((화물을 차에) 싣다)
○(糸を針穴に) とおす。((실을 바늘귀에) 끼우다)
○(死体を森に) うめる。((시체를 숲에) 묻다)
○(木を庭に) うえる。((나무를 정원에) 심다)
○(バケツに井戸水を) くむ。((바케츠에 우물물을) 퍼다)
○(ご飯を茶碗に) もる。 ((밥을 그릇에) 퍼다)
○(風鈴を軒先に) さげる。 ((풍경을 처마에) 메달다)
○(蚊帳を天井に) つる。((모기장을 천정에) 매달다)
○(ペンダントを鞄に) つるす。((페너트를 안장에) 매달다)
○(釘を柱に) うちこむ。((못을 기둥에) 박다)
○(飴を口に) ふくむ。((엿을 입에) 머금다)
○(長葱をメリケンコに) まぜる。((대파를 밀가루에) 버무리다)
○(キセルを唇に) くわえる。((담배대을 입술에) 물다)
○(三を二に) たす。 ((3을 2에) 더하다)
○(コードを差し込みに) つなぐ。((코드를 콘센트에) 연결하다)
○(書くものを鞄に) かくす。((필기구를 가방에) 숨기다)
○(着物を) きる。 ((옷을) 입다)
○(草履を) はく。((스리퍼를) 신다)
○(帽子を) かぶる。((모자)를 쓰다)
○(はおりを) はおる。((겉옷을) 입다)
○(洋服を身に) まとう。((양복을 몸에) 걸치다)

이와 같이 呉씨의 [現代動詞の意味・用法の連語論的な研究]에서는 連語의 구조적 타입 (呉씨는 [구조 패턴]이라고 불렀다.)이 도식화되어 있어 각각의 동사의 連語論적 특성이 이해하기 쉽게 해설되어있다. 흡사 連語論 연구를 하고 있는 듯한 느낌이어서 필자로서는 마음이 든든했었다.

또한, 필자의 연구실에서는 설근수(薛根洙씨(현재 : 한국 전북대학교 교수)가, 논문 [動詞連語論の研究－移動動詞の日韓比較研究を中心に－]로 학위 [박사](1997년)를 취득하였다. 설근수씨의 연구는 오쿠다 교수의 [に격] 연구내용을 비판하는 내용이였고 필자도 거기에 동의했었다. 또 앞에서 [第１部,動詞を核とする連語]의 [第２章,ものの動きを意味する動詞連語] [＜５＞오쿠다論文[に格]での[ものの動き]について]에서 지적한 것과 관계가 있는 내용인데, 오쿠다 교수의 [に격] 논문에서는 [くっつきの結び付き]로 [山に行く]도 [トラックに荷物を運ぶ]도 같은 부류의 예로 다루워졌다. 설근수씨는 2단어 連語의 경우와 3단어 連語의 경우, 각각의 連語 구조적 타입이 다르다는 것을 논했다.

또한, 명사를 중심(Core)으로 하는 連語연구에 있어, 이미 소개한대로 彭広陸씨가 논문 [日本語の名詞的な連語に関する研究]로 학위[박사](1992년)를 취득하였는데 그 뒤, 필자와 彭씨의 연구를 이어받아 나카노하루미(中野はるみ)씨가 논문 [名詞連語＜ノ格の名詞＋名詞＞の研究]로 학위[박사](2003년)를 획득하였다. 中野씨의 이 논문은 해산문화연구소(재단법인 아시아기술협력회) 발행(2004.3.) 이름으로 공표되었다. (필자의 연구실에서 연구한 [ノ格の名詞と名詞の組み合わせ]에 관한 내용을 다룬 책이 정식으로『新版：現代日本語の名詞的な連語の研究)』라는 이름으로 간행될 예정이므로 참조해주길 바란다.)

또한, 필자의 연구실에서는 학위[박사] 취득자를 다수 배출하였는데, 물론 이들이 전부 連語論을 연구대상으로 한 것은 아니다. 그러나 連語

論 이외의 것을 테마로 하는 연구자라 할지라도 그 수가 많든 적든 連語論을 접목한 느낌의 연구가 주목을 받고 있다. 예를 들어, 王亜新씨(중국, 현재:日本東洋大学校교수)의 [日本語の名詞述語文の研究－中国語との対照比較を通じて－](1995년), 黄順花씨(한국 경남대학교 교수)의 [現代日本語の寄与態の研究－韓国語との対照研究を加味して－](1997년), 高靖씨(중국)의 [現代日本語のヤリモライの総合的な研究](2002年度) 등이 그것이다. 위의 모든 논문은 連語論 연구 성과를 십분 활용한 것이라고 필자는 생각한다.

그 외의 학위[박사] 취득자들도 직접적으로 連語論과 관계는 없지만, 필자 연구실에서 連語論 연구를 체험하였고, 직접적 혹은 간접적으로 각각의 문법현상연구에 일정한 성과를 일궈내었다고 생각하기에 외람되지만 이를 소개할까 한다. 李美淑씨(한국 명지대학교 교수)의 [現代日本語動詞のアスペクト研究－韓国語との対照を通じて－](1993년), 王学群씨(중국)(현재:日本東洋大学校 교수)의 [現代日本語における否定文の研究－中国語との対照比較を視野に入れて－](1996년), 全成竜씨(한국 청주대학교 교수)의 [現代日本語の動詞のなかどめの構文論的な研究－韓国語との対照研究をふまえて－](1996도), 小嶋栄子씨의 [現代日本語のうけみ文の研究－その意味と機能および文学作品における使用について－](1997년), 黒田徹씨의 [万葉歌読解のための古代語文法の研究－テンス・アスペクトの分析を踏まえて－](1998년), 崔炳奎씨 (한국 단국대학교 교수)의 [現代日本語動詞の連体節の時間の研究－韓国語との対照を通じて－](2000년), 李南姫씨(한국)의 [現代日本語の＜のだ＞文の総合的な研究](2001년), 김정란씨(한국), 우병국씨(한국), 鄭暁青씨(중국)의 [現代日本語受け身文の研究－中国語との対照比較を通して－](2001년), 白愛仙씨(중국)의 [現代日本語における動詞[ある]文の研究－[～がある]構文

を中心に－](2005년).

필자의 연구실에서는 필자인 내가 連語論을 연구대상으로 해온 것에서부터, 모든 연구자가 連語論 연구에 깊은 관심을 가지고 있다. 이러한 성향이 여러 연구 분야에서 발휘되고 있다고 필자는 생각한다.

제9장
資料「動作を具体化する連語」について
(자료 [동작을 구체화하는 連語]에 대하여)

여기에 추가적으로 소개해두고 싶은 사항이 있다. 바로 [動作を具体化する連語(동작을 구체화하는 연어)] 이다.

이 자료는 2003년8월 [鈴木康之研究室会(학내연구회)]에서 高橋弥守彦씨가 발표한 것이다. 또한, 2004년 7월24일에 개최된 연구대회 [シンポジウム：21世紀言語学研究](학회장소：大東文化大学)에서도 高靖씨의 [連語論研究の再検討]에서 소개된 내용이다. [動作を具体化する連語]에 관해서는 조언자 입장인 필자도 그 내용에 관련하여 책임이 있다고 생각한다.

이 자료에서 문제시 된 連語는 이른바 대상을 필요로하는 동사(인간의 동작을 의미하는 동사)를 중심(Core)으로 하는 連語다. 타동사뿐만 아니라 대상을 필요로 하는 자동사도 이 경우에 포함된다. 그와 같은 대상을 상정한 인간의 동작을 의미하는 連語를 일람한 자료이다. 즉, 인간의 동작을 의미하는 連語의 전대상을 총망라하려는 심산으로 만들었던 자료이다. 이는 아직 시안단계의 것으로, 각각의 [結び付き] 취급에 관련해, 이를 다시한번 재고한다는 취지로 공표한 자료이다.

자료：動作を具体化する連語
(동작을 구체화하는 連語)

Ⅰ. もようがえの結び付き(～ヲ～する)

その 1. ＜もの＞の もようがえの結び付き(사물의 모양변화)의 결합

종속어(従属語・カザリ)	중심어(中心語・カザラレ)
～を	～する
具体名詞 (구체 명사)	もようがえを意味する動詞 (모양 변화의 동사)

＜동사의 종류＞
くるみをわる・くつをそろえる・さんまをやく・茶をあたためる・たまねぎをいためる・へビをころす

○ノートを まっくろに よごす。(노트를 새카맣게 더럽히다)
○手ぬぐいを あかく 染める。(손수건을 빨갛게 물들이다)
○棒を ふたつに 折る 石を こまかく 砕く。
(봉을 두 개로 자르는 돌을 정교에게 갈다)
○レンゲ草を 花輪に 作る。(연꽃을 꽃다발로 만들다)
○ささあめを たべる。(엿을 먹다)
○酒を のむ。(술을 마시다)

その 2. <ヒト>の もようがえの結び付き(사람의 모양변화)의 결합

종속어(従属語・カザリ)	중심어(中心語・カザラレ)
～を	～する
ヒト名詞 (사람 명사)	生理的・心理的な状態変化の動詞 (생리적・심리적인 상태변화의 동사)
○子どもを　泣かす。(아이를 울리다) ○少年を　笑わせる。(소년을 웃기다) ○花子を　酔わせる。(하나코를 취하게 하다) ○おじいさんを　つかれさせる。(아저씨를 피곤하게 하다) ○母親を　いらだたせる。(엄마를 애를 태우다) ○先生を　当惑させる。(선생님을 당혹해하다)	

その 3. <ヒト>の うながしの結び付き(재촉을 의미하는 결합)

종속어(従属語・カザリ)	중심어(中心語・カザラレ)
～を	～する
ひと名詞 (사람 명사)	うながしを意味する動詞 (재촉을 의미하는 동사)
○太郎を　そそのかす。(타로를 꼬드기다) ○妹を　うながす。(여동생을 재촉하다) ○仲間を　せきたてる。(동료를 재촉하다) ○子どもを　おしえる。(아이를 가르치다) ○中学生を　教育する。(중학생을 교육하다)	

その 4. ＜こと＞の もようがえの結び付き(사항의 모양변화의 결합)

종속어(従属語・カザリ)	중심어(中心語・カザラレ)
(~の)~を	~する
側面などを意味する抽象名詞 (측면을 의미하는 추상명사)	変化(もようがえ)を意味する動詞 (변화를 의미하는 동사)
○ボートの動揺を　しずめる。(보트 흔들림을 진정시키다)	
○住民の抵抗を　よわめる。(주민 저항을 진정시키다)	
○会場の雰囲気を　やわらげる。(회의장 분위기를 진정시키다)	
○生徒の数を　へらす。(학생 수를 줄이다)	
○妹の考えを　かえさせる。(여동생의 생각을 바꾸게 하다)	
○みんなの意見を　積極的にさせる。(모두의 의견을 적극적으로 시키다)	

Ⅱ. 動かしのむすびつき(~ヲ~カラ・ニ・ヘ~する)

その 1. とりつけのむすびつき (붙히다의 결합)

종속어(従属語・カザリ)		중심어(中心語・カザラレ)
~を	~に	~する
モノ名詞 (사물 명사)	モノ名詞 (사물 명사)	とりつけ動詞 (붙힘 동사)
○バッジを　ポケットに　つける。(뱃지를 주머니에 달다)		
○針を　ゆかた地に　刺す。(바늘을 옷감에 찌르다)		
○クリームを　手に　ぬる。(크림을 손에 바르다)		
○手がみを　ドアに　はさむ。(편지를 문에 끼우다)		

その 2. とりはずしのむすびつき (떼어내다의 결합)

종속어(従属語・カザリ)		중심어(中心語・カザラレ)
～を	～から	～する
モノ名詞 (사물 명사)	モノ名詞 (사물 명사)	とりはずし動詞 (떼어냄 동사)
○はちまきを　頭から　とる。(두건을 머리에서 풀다) ○だんごを　くしから　はずす。(떡을 꼬챙이로부터 빼다) ○子どもを　自転車から　降ろす。(아이를 자전거에서 내려놓다) ○シャツ ボタンを　むしりとる。(단추를 쥐어뜯다) ○カバンから　名札を　ちぎりとる。(가방에서 명찰을 뜯어내다)		

その 3. うつしかえのむすびつき(사물이동의 결합)

종속어(従属語・カザリ)		중심어(中心語・カザラレ)
～を	～から(～に・へ・まで)	～する
モノ名詞 (사물 명사)	モノ名詞 (사물 명사)	とりはずし動詞 (사물이동 동사)
○炭火を　火鉢に　うつす。(숯불을 화로에 옮기다) ○自動車に　荷物を　つむ。　(자전거에 화물을 실다) ○自宅から　学校へ　教材を　おくる。(자택에서 학교로 교재를 보내다) ○教室から　ホールまで　机を　はこぶ。(교실에서 홀까지 책상을 옮기다) ○手ぶくろを　溝に　落とす。(장갑을 도랑에 빠뜨리다)		

その 4. ＜ヒト＞の空間的な位置変化のむすびつき(사람 공간이동의 결합)

종속어(従属語・カザリ)		중심어(中心語・カザラレ)
～を	～から(～に・へ・まで)	～する
ヒト名詞 (사람 명사)	場所名詞 (장소 명사)	空間的な状態変化を意味する動詞 (공간적인 상태변화의 동사)

○弟を 学校から 帰らせる。(동생을 학교에서 귀가시키다)
○妹を 病院へ 行かせる。(여동생을 병원에 가게하다)
○生徒たちを 校庭から 公園まで 走らせる。
(학생들을 교정에서 공원까지 달리게하다)
○太郎を 上京させる。(타로를 상경시키다)

その 5. ＜ひと＞の空間的な位置変化のむすびつき(사람 공간이동의 결합)

종속어(従属語・カザリ)		중심어(中心語・カザラレ)
～を	～から(～に・へ)	～する
ヒト名詞 (사람명사)	身分・職業・資格・組織などの名詞 (신분・직업・자격・조직의 명사)	社会的な状態変化を意味する動詞 (사회적인 상태변화의 동사)

○太郎を 大学院から 退学させる。(타로를 대학원으로부터 퇴학시키다)
○花子を 手話サークルから 除名する。(하나코를 수화서클로부터 제명하다)
○妹を デパートに 勤めさせる。(여동생을 백화점에 근무시키다)
○むすめを 商家へ 嫁がせる。(딸을 상가에 결혼시키다)
○卒業生を 事務員に 採用する。(졸업생을 사무원으로 채용하다)

その 6. 所有権の 移転 のむすびつき(소유권 이전의 결합)

종속어(従属語・カザリ)		중심어(中心語・カザラレ)
～を	～から(～に・へ)	～する
モノ名詞 (사물 명사)	ヒト名詞など (사람 명사)	所有権の移転を意味する動詞 (소유권 이전의 동사)

○エンピツを　花子に　借りる。(연필을 하나코에게 빌리다)
○ハンカチを　妹からもらう。(손수건을 여동생으로부터 받다)
○呉服屋から　反物を　買う おじさんから　土地を　借りる。
(포목집에서 옷감을 사는 아저씨로부터 토지를 빌리다)
○友人に　金を　貸す。(친구에게 돈을 빌려주다)
○太郎に　ＣＤを　売る。(타로에게 ＣＤ를 팔다)

その 7. 所有権の発生のむすびつき(소유권 이전의 결합)

종속어(従属語・カザリ)		중심어(中心語・カザラレ)
～を	～から(～に・へ)	～する
資産を示す名詞 (자산의 명사)	場所名詞など (장소 명사)	所有権の発生を意味する動詞 (소유권 이전의 동사)

○銀行に　資産を　つみたてる。(은행에 자산을 적립하다)
○手もとに　資金を　ためこむ。(손안에 자금을 모으다)
○郊外に　土地を　もつ。(교외에 토지를 가지다)
○都心に　家を　買う。(도심에 집을 사다)

Ⅲ. 移り動きの結び付き(～カラ・ニ・ヘ・ヲ～する)

その 1. 付着のむすびつき(부착의 결합)

종속어(従属語・カザリ)	중심어(中心語・カザラレ)
～に	～する
モノ名詞 (사물 명사)	付着を意味する動詞 (부착 동사)
○電柱に　つきあたる。(전신주에 부딪치다) ○自転車に　ぶつかる。(자전거에 부닥치다) ○イスに　よりかかる。(의자에 기대다)	

その 2. 到着のむすびつき(도착의 결합)

종속어(従属語・カザリ)	중심어(中心語・カザラレ)
～に	～する
場所名詞 (장소 명사)	到着を意味する動詞 (도착 동사)
○町に　着く。　(마을에 도착하다) ○駅に　到着する。(역에 도착하다) ○門に　入る。(문에 들어가다) ○寺へ　駆け込む。(절로 뛰어 들어가다) ○部屋まで　忍び込む。(방까지 몰래 들어가다) ○ベランダに　出る。(베란다로 나오나) ○道路に　飛び出す。(도로로 뛰쳐나오다) ○電車に　乗る。(전차를 타다)	

その 3. 離れのむすびつき(떠나다의 결합)

종속어(従属語・カザリ)	중심어(中心語・カザラレ)
〜に	〜する
場所を意味する名詞 (장소 명사)	離れ(出発)を意味する動詞 (떠남・출발 동사)
○事務所を　出る。(사무소를 나오다) ○新橋を　出発する。(신비시를 출발하다) ○野球場を　引きあげる。(야구장을 떠나다) ○公園から　離れる。(공원에서 떠나다)	

その 4. 空間的な移りのむすびつき(공간이동의 결합)

종속어(従属語・カザリ)	중심어(中心語・カザラレ)
〜に	〜する
場所を意味する名詞 (장소 명사)	移動動詞 (이동 동사)
○駅から 公園に 行く。(역에서 공원으로 가다) ○家まで 来る。(집까지 오다) ○川岸へ 走る。(강가로 달리다) ○山から 町まで 歩く。(산에서 마을까지 걷다) ○岸まで 泳ぐ。(연안까지 헤엄치다) ○店に 近づく。(가게에 접근하다) ○東の方へ 行く。(동쪽으로 가다)	

その 5. 移動のむすびつき(이동의 결합)

종속어(従属語・カザリ)	중심어(中心語・カザラレ)
～に	～する
場所を意味する名詞 (장소 명사)	移動動詞 (이동 동사)

○山里を　行く。(산길을 가다)
○廊下を　走る。(복도를 달리다)
○公園を　歩く。(공원을 걷다)
○湖水のうえを　飛ぶ。(호수위를 날다)
○草原のうえを　飛ぶ。(초원위를 날다)

その 6. 通過のむすびつき(통과의 결합)

종속어(従属語・カザリ)	중심어(中心語・カザラレ)
～に	～する
場所を意味する名詞 (장소 명사)	通過を意味する移動動詞 (통과 동사)

○門を　くぐる。(문을 통과하다)
○関所を　通る。(검문소를 통과하다)
○やぶを　ぬける。(덤불을 빠져나가다)
○町を　通り過ぎる。(마을을 통과하다)
○荒川を　よこぎる。(아라카와강을 가로지르다)

Ⅳ. ふれあいの結び付き(접촉의 결합)

종속어(従属語・カザリ)	중심어(中心語・カザラレ)
~を	~する
具体名詞 (구체 명사)	接触的な動作を意味する動詞 (접촉 동사)
○手で 顔を　こする。(손으로 얼굴을 문지르다) ○母の肩を　なでる。(엄마 어깨를 쓰다듬다) ○兄の背中を　押す。(형의 등을 밀다) ○バットを　にぎる。(베트를 쥐다) ○スカートのはじを　つかむ。(스커트 끝자락을 잡다) ○エンピツを　なめる。(연필을 빨다) ○指を　かむ。(손가락을 깨물다)	

~이하, 목차만을 소개하고 그 내용은 생략한다.

5. ありかのむすびつき(~ニ ~する)
(존재의 결합)

6. 生産のむすびつき(~ヲ ~する)
(생산의 결합)

7. 認識のむすびつき(~ヲ~する)
(인식의 결합)

8. 発見のむすびつき(~ニ~ヲ~する)
(발견의 결합)

9. 言語活動のむすびつき(~ニ・カラ~ヲ・ト~する)
(언어활동의 결합)

10. 直感的な態度のむすびつき(~ヲ~する)
(직감적 태도의 결합)

11. 認識的な態度のむすびつき(～ニ～する) (인식적 태도의 결합) 12. 評価的な態度のむすびつき(～ヲ～ト～する) (평가적 태도의 결합) 13. モーダルな態度のむすびつき(～ヲ～する) (모덜한 태도의 결합) 14. 内容規定のむすびつき(～ヲ～する) (내용규정의 결합) 15. 対峙のむすびつき(～ト～する) (대치의 결합)

이 자료에 대해서 좀 더 관련사항을 설명하고자 한다. 이전에 高橋씨는 일본어문법연구회『研究会報告：第24号』에 논문 [連語論研究の再検討(연어론 연구의 재검토)]과 [連語の構造的なタイプの一覧(연어의 구조적인 타입의 일람표)＜動作の具体化の場合(동작 구체화의 경우)＞]를 집필했다. 이것은『日本語文法・連語論(資料編)』 내용을 공부한 후 현대일본어 連語의 전체상을 정리하려고 했던 논문이다.

그 뒤, 高橋씨는 인간의 동작을 의미하는 連語에 한정하여, [動作を具体化する連語]에서 그 내용을 정리하였다. 高橋씨의 자료인 [動作を具体化する連語]는 필자의 연구욕구를 자극하였고 이번에 필자가 집필한『現代日本語の連語論』를 구상하게 하였다. 다시 한 번 필자 연구실에서 행해지고 있는 [언어학연구의 구룹화]에 대해서 여러모로 생각하게 만드는 사건이었다.

제10장

これからの連語論研究のために

(앞으로의 연어론 연구를 위해서)

되돌아보면 『日本語文法・連語論(資料編)(일본어문법・연어론)(자료편)』(1983)가 간행될 무렵까지 우리들은 러시아의 언어학자인 [베베비노그라도프]의 連語論 연구를 학습하고 그 연구이론을 준거하도록 노력했었다. 필자 개인적으로도 꼼꼼히 비노그라도프 의 선집(注1)과 [60年度アカデミー文法](注2) 등을 읽었으며, 또 러시아의 [바르기나]의 강의용 교과서도 많이 참조했었다.

注1) Виноградов, В. В. : Исследования по Русскои Грамматике. Издательстов Наука.

注2) Виноградов, В. В. Истрина, Е. С. Барху даров, С.Г. : Грамматика Русского Языка. 1960 Издательство Академии Наук СССР.

注3) Валгина, Н.С. : Ситасис Совремменного Русского Языка. 1973 Москва Высшая Щко ла

필자의 젊은 시절, 오쿠다 교수는 필자에게 連語論을 담당하도록 권유하였다. 그러나 앞서 이야기한대로 필자는『日本語文法・連語論(資料編)』이 간행된 시점부터 언어학연구회에서 連語論 연구에 대해서 이야기를 꺼낼 수 없게 되었다.

그 뒤에도 계속해서 언어학연구회에 連語論을 연구하고 싶어 하는 젊은 연구자들이 참가하였고 오쿠다 교수는 여러 가지 조언을 해주셨다.

그런 젊은 연구자들에게 주는 조언과 함께 필자에게도 그때마다 자주 중요한 점을 시사해주셨다. 그러한 조언과 시사 중 특별히 인상에 남는 사항(3 가지)을 여기에 써볼까 한다. 다음이 그것이다.

○連語論이 연구대상으로 하는 [連語]는 표현적 단위이다. 이는 단어를 결합하는 문법적 절차를 이용하여 표현의 기본적 단위인 [단어의 영역(어휘의 영역)]을 풍부하게 정밀화한다고 할 수 있을 것이다.

○連語論이 연구대상으로 하는 [連語]가 표현적 단위라고 한다면, 예를 들어 [인간의 동작을 의미하는 連語]나 [사물의 움직임을 의미하는 連語]등의 차원에 주목하는 것이 자연스러울 것이다. 이 부분을 생각해보는 것은 어떨까.

○언어의 구조는 어휘와 문법을 기본으로 한다. 이것이 원칙이다. 그러나 고도로 발달한 현대의 언어에서 어휘와 문법으로 구분할 수 없는 여러 가지 현상이 나타나고 있다. 그러한 현상에 대해서 언어학자들은 항상 유연하게 대응할 필요가 있을 것이다. 連語論 분야도 그러한 유연성이 필요하지 않을까.

일본의 오쿠다 교수의 連語論 연구는, 러시아의 비노그라도프의 영향을 많이 받았다고 할 수 있다. 그러나 만년의 오쿠다 교수는 비노그라도프의 이론에서 벗어나, 자신만의 독자적인 連語論을 구상하려고 했던 것은 아닐까. 필자는 그런 느낌을 강하게 받았다.

連語論에 관한 오쿠다 교수의 논문은 모두 1980년대 이전의 것들이다. 오쿠다 교수가 그 連語論에 관한 논문을 집필하지는 않았지만, 오쿠다 교수의 連語論에 관한 구상은 더욱 진화되었던 것은 아닐까. 그 구상의 일부분을 필자에게 시사해 준 듯한 느낌을 받는다.

連語論에 관한 오쿠다 교수의 과거논문은 귀중한 자료에 속한다. 이들 논문은 連語論이라고 하는 언어학의 새로운 분야를 개척하기 위한 귀중한 문헌인 것이다. 그 논문의 본의와 취지를 독자들이 깊이 이해해 주었으면 한다. 그러나 문자 그대로 충실하게 독해하려고 한다면 만년의 오쿠다 교수의 의도를 파악하지 못할 가능성이 존재할 것이라고 필자는 조심스럽게 생각한다.

連語論이 연구대상으로 하는 [連語]는 단어를 결합하는 문법적 수법을 활용하여, 본래 어휘에 속해야 할 표현적 영역을 풍부하게 하기 위해 생겨난 단위이다. 連語論 연구에서는 항상 문법론과 어휘론에 주위를 기우려야한다. 따라서 언어학을 전공으로 하는 젊은 연구자들 입장에서, 또한 넓게는 언어를 학습하고 습득하려고 하는 여러 사람들 입장에서 連語論에 대한 관심이 높아진다고 하는 것은 실용적인 관점에서도 여러 가지의 의의를 가진다고 필자는 생각한다.

전통적 언어학분야에서는 음성학을 전제로 하여 어휘론과 문법론의 틀을 설정하였지만, 새롭게 그 틈을 매우는 듯한 느낌으로 連語論을 규정해야하는 상황에 이르렀다고 생각한다. 오쿠다교수는 그러한 사명을 필자에게 위임한 것은 아닐까? 외람되지만 필자는 그렇게 생각한다.

다시 한 번 連語論을 연구하려는 젊은 연구자들에게 말씀드리고 싶다. 필자는 일본어를 대상으로 표현적 단위인 連語에대하여 논해왔지만, 이 같은 표현적 단위인 連語는 여러 언어에서 관찰될 것이다. 즉, 단어를 결합하는 문법적 수법을 활용하여 본래 어휘에 속해야할 표현적 영역을 풍부하게 해온 것이 連語다. 그러한 관점에서 각각의 언어와 관련된 連語연구의 깊이를 더해갔으면 한다. 또한 連語를 테마로 하는 대조언어연구를 구상해 보는 것을 어떨까? 하고 필자는 생각한다.

••• 참고문헌

참고문헌 리스트 작성은 중국 유학생인 BAI AiXian(白愛仙)씨에게 의뢰하였다. 이 리스트가 기본적으로는 連語論 연구의 역사적 경위를 검토하는데 사용되었으면 한다. 특히, 필자가 집필한 것들은 당시 필자의 사고방식의 미숙함을 드러내는 것으로, 그 기술내용을 면밀히 참고하는 일은 자제해 주었으면 한다.

또한 오쿠다 교수의 논문(특히 『日本語文法・連語論(資料編)』에 수록되어 있는 논문)에서는 각각의 용례의 정밀한 분석과 검토의 훌륭함을 학습하길 바란다. 단, 오쿠다 교수 자신은 자신의 연구업적을 連語論구축을 위한 기초적 연구성과로 겸허하게 평가하고 있기에, 그 논문을 오쿠다 교수의 連語論 그 자체라고 해석하여 그것을 정확하게 독해하려고 한다면, 만년의 오쿠다 교수의 생각과는 상당한 거리를 두게 되는 것이라고 필자는 생각한다. 외람되지만 그러한 오쿠다 교수의 생각은 존중해야 한다고 생각한다. 다시 한 번 성실한 언어학자인 오쿠다 교수의 대단함을 통감하는 바이다.

< 1 > 주요 참고문헌

가장 주목할 참고문헌은 동사를 중심으로하는 連語를 연구대상으로 하는 『(일본어문법・연어론(자료편)日本語文法・連語論(資料編)』 이다. 그 내용은 다음과 같다.

○言語学研究会編『日本語文法・連語論（資料編）』むぎ書房(1983)

☆鈴木重幸・鈴木康之「編集にあたって」

☆奥田靖雄「を格の名詞と動詞とのくみあわせ」

☆奥田靖雄「を格のかたちをとる名詞と動詞とのくみあわせ」

☆奥田靖雄「に格の名詞と動詞とのくみあわせ」

☆奥田靖雄「で格の名詞と動詞とのくみあわせ」

☆渡辺友左「へ格の名詞と動詞とのくみあわせ」

☆渡辺義雄「カラ格の名詞と動詞とのくみあわせ」

☆荒　正子「から格の名詞と動詞とのくみあわせ」
☆井上拡子「格助詞「まで」の研究」
☆荒　正子「まで格の名詞と動詞とのくみあわせ」

명사를 중심으로하는 連語의 참고문헌으로서는, 다음과 같은 『현대 일본어의 명사적 연어 연구(現代日本語の名詞的な連語の研究)』가 적절하다. 다만 이 책은 일본어문법연구회(日本語文法研究会)의 자유로운 간행에 의한 것으로, 일반 학계에 널리 알려지지는 않았다.

○鈴木康之(原著), 日本語文法研究会編『現代日本語の名詞的な連語の研究』日本語文法研究会(1994)

또한 현재『신판・현대일본어의 명사적 연어 연구(新版・現代日本語の名詞的な連語の研究)』를 준비하고 있고 곧 발행될 것이다. 이 책은 鈴木康之・中野はるみ・彭広陸공저(책임편집자 彭広陸)로 鈴木康之연구실의 연구성과에 근간을 두고 있다. 이것이 간행되면 참조하여 주기 바란다.

＜2＞ 언어학연구회(言語学研究会)의 참고문헌

언어학연구회(言語学研究会)에서 필자의연어론연구(連語論研究)는, 본래 奥田靖雄선생님의 지도를 받았다. 奥田선생님의 초기논문은『언어의연구・서설(ことばの研究・序説)』에 수록되어 있다. 그 중에서 [어휘적 의미의 기본 방향 (語彙的な意味のあり方)]과 [언어의 단위로서의 연어(言語の単位としての連語)]는 연어론 연구사의 필히 읽어야 할 연구 서적들이다.

○奥田靖雄『ことばの研究・序説』むぎ書房(1985)

그당시의 언어학 연구회에서 連語연구는 미야지마 타츠오(宮島達夫)의 어휘론 연구에도 활용되었다고 사료된다. 그것에 관해서는 다음2개의 연구 서적에서 살펴볼 수 있을 것이다.

○宮島達夫『動詞の意味・用法の記述的研究』（国立国語研究所報告 43）秀英出版(1972)

○宮島達夫『語彙論研究』むぎ書房(1994)

만년의 宮島는連語論 연구에 관심을가지고 있는 듯, 다음같은 논문을발표했다.

○宮島達夫「形容詞の名詞かざり」（大阪大学『現代日本語研究：2号』1995)

○宮島達夫「道具名詞の連語論」(『京都橘女子大学紀要：31号』2005)

○宮島達夫「連語論の位置づけ」（至文堂『国文学解釈と鑑賞』2005年 7月号)

언어학연구회(言語学研究会)에서는 마츠모토 히로타케(松本泰丈)도連語論에 관해서다양한견해를 제시하고 있다. 그 견해는 말년에 간행된 다음의 서적에 집약되어 있다.

○松本泰丈『連語論と統語論』至文堂(2006)

덧붙여 설명하자면 松本의논문 [<연어>개념의 발달(＜連語＞概念の発達)]에 대해서는, 나는 반대의 논지를 가지고 있다. 이에 대해서는 <4>에서 소개한다.

한편 닛타요시오(仁田義雄)는 언어학 연구회에 소속되지 않은 연구자이지만, 언어학 연구회의 연어론 연구를 호의적으로 평가하고 있고,『(국어학)国語学』에 게재된 서평은 귀중한 것이라고 평가되어 있다.

○仁田義雄『日本語文法・連語論(資料編)』言語学研究会編を読んで(国語学会『国語学：140』1985)

仁田는 연어론과 관련된 논문이 적지 않다. 여기에서는 개개의 논문의 소개를 생략하고, 다음의 저서를 소개하는데 그친다. 仁田의 연어론적인 연구 범위를 대략적으로 이해할 수 있을 것이다.

○仁田義雄『語彙論的統語論』明治書院(1980)

○仁田義雄『語彙論的統語論の観点から』ひつじ書房(2010)

＜3＞ 스즈키 야스유키(鈴木康之)연구실의 참고문헌

이미 【下篇】 연어론의 연구사(連語論の研究史)]에서 소개한 것이지만, 나의 연구실에서 連語論研究로 학위 [박사] 취득자의 학위 논문을 열거하면 다음과 같다.

○彭広陸『日本語の名詞的な連語に関する研究』(1993)

○呉大綱『現代動詞の意味・用法の連語論的な研究』(1995)

○薛根洙『動詞連語論の研究－移動動詞の日韓比較研究を中心に－』(1998)

○中野はるみ『名詞連語＜ノ格の名詞＋名詞＞の研究』(2004)

彭広陸・呉大綱・薛根洙는 이 밖에 다음과 같은 논문들이 있다.

○呉大綱「連語の構造の中日対照研究」
(至文堂『国文学解釈と鑑賞』1996年 7 月号)

○呉大綱「中国語における連語論研究の展望」(至文堂『国文学解釈と鑑賞』2005年 7 月号)

○薛根洙「連語論の研究－へ格名詞＋移動動詞を中心に」
至文堂『国文学解釈と鑑賞』2001年 1 月号)

○彭広陸「連語論研究の再出発」(白帝社『21世紀言語学研究－鈴木康之教授古希記念論集』2004)

○薛根洙「連語におけるSyntagmatic Relation とParadigmatic Relation」
(白帝社『21世紀言語学研究－鈴木康之教授古希記念論集』2004)

여기서 王亜新・高靖・白愛仙의 관련 논문도 소개한다. 王은 [명사술어문]을, 高靖는, [수주동사(ヤリモライ)]을, 白은 [존재문(存在文)]을 연구하여, 각각 박사 학위를 취득하였다. 이와 관련된 논문들도 연어론과 관련이 있고 다음과 같다.

○王亜新「名詞－名詞の意味的特徴」(至文堂『国文学解釈と鑑賞』1996年 1 月号)

○高　靖「連語論的な視点で見た直接対象のヤリモライ」(白帝社『21世紀言

語学研究－鈴木康之教授古希記念論集』2004)
○白愛仙「に格、が格の名詞と動詞「ある」との組み合わせ」（至文堂『国文学解釈と鑑賞』2005年７月号)

또 王学群의 관련 논문도 소개한다. 王은 부정문의 연구로 박사학위를 취득한 것이지만, 그것과는 별개로, 다음과 같은 연어에 관한 논문을 집필하였다.

○王学群「に格名詞・へ格名詞と動詞とのくみあわせ」福島大学国語学国文学会『言文：第38号』1992)
○王学群「「へと格」の意味用法について」（白帝社『日中言語対照研究：第11号』2009)

그런데 앞서 【下篇】 연어론의 연구사(連語論の研究史)]에서 언급했듯이, 나에게 있어 타카하시 야스히로의 (高橋弥守彦)존재는 의미가 깊다. 다음 같은 논문이 있다.

○高橋弥守彦「連語論研究の再検討」日本語文法研究会『研究会報告：第24号』2003)
○高橋弥守彦「連語の構造的なタイプの一覧－動作の具体化の場合－」（日本語文法研究会『研究会報告：第２４号』2003)
○高橋弥守彦「連語論から見る日中対照研究」（白帝社『日中言語対照研究：第９号』2007)
○高橋弥守彦「格付き空間詞と<ひと>の動作を表す動詞との関係（大東文化大学語学教育研究所『語学教育フォーラム：第17号』2009)

돌이켜보면 高橋씨는 나의 연구실에서 連語論研究를 계승하고 그 핵심 역할이 되어 주는 듯하다. 명사를 중심으로 하는 連語와 관련된 연구로서는 彭広陸와 中野はるみ에 의해서 다음과 같은 논문이 집필되었다.

○彭広陸「の格の体系とその研究について」（大東文化大学大学院　日本文学専攻院生会『日本文学論集：第16号』1992)
○彭広陸「日本語における連用格と連体格との関係」（世界語出版社『外国語

言研究：第１輯』1998)

○彭広陸「複合連体格の名詞を<かざり>にする連語」（むぎ書房『ことばの科学： 9 』1999)

○彭広陸「固有名詞と連語の間」（海山文化研究所『対照言語学研究：第11号』2001)

○中野はるみ「ノ格の名詞連語の多様性」(白帝社『21世紀言語学研究－鈴木康之教授古希記念論集』2004)

○彭広陸「『連体』と『連用』について－……新しい文法体系の構築のために－」（むぎ書房『ことばの科学：11』2006)

彭은 그 외, 이른바 복합 연체격[ヘノ・デノ・トノ・カラノ・マデノ]에 대한 논문이 다수 있지만 여기에서는 생략했다.

여기에서 타이완의 方美麗를 소개한다. 方은 言語学研究会에서 連語研究에 심취된 바 있었다. 나의 연구실에 재적하고 있던 것은 아니지만, 자주 교류하고 있어 나로서는 연구실의 일원인 듯 한 기분이다. 참고로 나의 칠순 기념 논문집에서도 다음과 같은 논문을 집필한 바 있다.

○方美麗「移動と場所との関係－日中対照研究」

(白帝社『21世紀言語学研究－鈴木康之教授古希記念論集』2004)

거슬러 올라가 方은 (奥田靖雄)의 연구를 스즈키 시게유키(鈴木重幸)로부터 면밀하게 배우고, 다음의 논문에서, 오차노미즈 여자대학대학원(お茶の水女子大学大学院)에서 박사학위을 취득했다.

○方美麗『物に対する働きかけを表す連語－日中文法対照研究－』1997)

그 후, 方은 連語論의 연구에 관한 논문을 몇 개 발표하고 있다. 여기서는 그 같은 개개의 논문을 생략하고, 다음의 저서를 소개한다. 方의연구 자세를 개관할 수 있을 것이다.

○方美麗『「移動動詞」と空間表現』白帝社 2004)

그런데 여기에서 아쉬운 점을 덧붙여두고 싶다. 여기에 소개한 연구 논문 외 李国英・続三義・鄭暁青・黄順花・小嶋栄子씨등외에도 연어론과 관련된 연구가 있을 것이라고 생각하지만, 정보 부족으로 여기에서 소개하지 못하는 점을 아쉽게 생각한다.

＜４＞스즈키 야스유키(鈴木康之)의 연구업적

저의連語論에 관계된 개별적인 논문을 소개한다. 첫째, 초기의 것으로서 다음의 2편을 소개 한다. 양쪽 다언어학연구회정기 모임에서발표하고 검토 받은 것이다.

○鈴木康之「単語と単語のむすびつき論」（東京教育大学言語学研究会『言語学論叢： 1 号』1959)

○鈴木康之「連語論のための序説」(東京教育大学言語学研究会『言語学論叢：11号』1971)

다음 두 논문은『일본어문법·연어론(자료편)(日本語文法・連語論(資料編))』이 간행되게 된 시기의 것이다. 이 중 [연어 연구의 발달(連語研究の発達)]에서는 <2>에서 언급한 마츠모토 히로다케(松本泰丈)의논문 [<연어>개념의 발달(「＜連語＞概念の発達)」을 비판하고 있다.(덧붙이자면 이때부터 마츠모토씨는 언어학연구회를 멀리하게 되었다.)

○鈴木康之「連語研究の発達」（大東文化大学東洋研究所『東洋研究：66号』1983)

○鈴木康之「連語とはなにか」（むぎ書房『教育国語：73号』1983)

나는 言語学研究会에서는 [ノ격]의 명사와 명사와의 결합을 담당하게 되었는데, 그것을 한꺼번에『教育国語』에 공표했다. 또한 이 연구에 관련되어 훗날 DaitoBunka대학(大東文化大学)에서 논문 2편을 간행한 바 있다. (덧붙여서, 이러한 연구 성과를 토대로 하되 더 시야를 넓혀서 <1>에서 소개한『현대 일본어의 명사적인 연어의 연구(現代日本語の名詞的な連語の研究)』가 간행된 것이다.)

○鈴木康之「ノ格の名詞と名詞のくみあわせ（1・2・3・4）」（むぎ書房『教育国語：55・56・58・59号』1978～1979)

○鈴木康之「抽象名詞の語彙的な意味のありかたについて」（大東文化大学東洋研究所『東洋研究：75号』1985)

○鈴木康之「名詞的な連語の構造のなかでのカザラレ名詞のカテゴリカルな意味」（大東文化大学『紀要：20号』1991)

그 후, 만년에 이르러서는 <3>에서 소개한 스즈키 야스유키(鈴木康之)의 연구실에서, 연구 성과를 토대로 다음과 같은 논문을 발표하게 되었다.

○鈴木康之「国際的な言語研究としての連語論」（至文堂『国文学解釈と鑑賞』1996年 7 月号)

○鈴木康之「連語論研究の国際性」（日中言語対照研究会『日中言語対照研究論集：創刊号』1999)

○鈴木康之「連語と文の構造」（日中言語対照研究会『日中言語対照研究論集：第 2 号』2000)

○鈴木康之「連語論の確立のために」（至文堂『国文学解釈と鑑賞』2001年 1 月号)

○鈴木康之「奥田靖雄の連語論」（至文堂『国文学解釈と鑑賞』2004年1月号)

○鈴木康之「連語論研究をふりかえる」（光生館『香坂順一先生追悼　記念論文集』2005)

○鈴木康之「ノ格の名詞と名詞とのくみあわせ－鈴木・彭・中野の研究を……」（むぎ書房『ことばの科学：11』2006)

마지막으로 나는 다음과 같은 논문 [내가 생각하는 연어론(わたくしのかんがえる連語論)]을 공표할 수 있었다. 이것은 나와 스즈키 시게유키(鈴木重幸)씨와의 논쟁에 따른 것이다.

○鈴木康之「わたくしのかんがえる連語論」（「その２」「その３」として連続掲載）（至文堂『国文学解釈と鑑賞』2006年 1 月号, 7 月号,

2007年 1 月号)

이와 관련하여 언급하고 싶다. 시게유키씨는 저에게 의식적으로 의미 있는 문제를 제기해 주었다. 그 덕분에 이러한 논문을 발표할 수 있게 되어, 다시 한번 시게유키씨에게 감사드리는 바이다.

•• 저자의 맺는 말

나는 2004년에 [다이토문화대학(大東文化大学)]을 정년 퇴직하면서,[언어학연구(言語学の研究)] 일선에서 손을 뗄 생각이었다. 그런데 정년 퇴직때의 기념 연구회에서 連語論에 대한 논쟁이 있었고, 그 이듬해 재차 [연어론연구회(連語論の研究会)]를 설립하게 되었다. 나는 그 곳에서 [내가 생각하는 연어론(わたくしのかんがえる連語論)]을 발표했는데 여기에 대해 [스즈키 시게유키(鈴木重幸)]씨가 의문·의견을 제시해 주었다. 이런 경위를 근거로 결과적으로 이『현대 일본어의 연어론(現代日本語の連語論)』을 간행하게 되었다.

뒤돌아보면『현대 일본어의연어론』의 구상은 2005년 가을경에 다카하시 야스히코씨의 적극적인 제안으로 계획되었다. 처음에는 타카하시씨와 白愛仙씨의 도움으로 느슨하게 시작되다가, 그뒤 王学群씨가 동참해 주어서 적극적으로 원고 집필에 속도를 낼 수 있었다.

각 장별로 정리가 될 때마다 高橋・王・白씨 외에, 続三義・王亜新・根岸亜紀・呉幸栄・安本真弓(連語論研究会準備会)씨 등에게서, 또한 浜野豊美・李所成・鄭栄愛・神野智久(鈴木康之言語学ゼミナール)씨 등, 여러 분들에게 도움을 받아 거듭 검토할 수 있었다. 더욱이 汪玉林・呉大綱・彭広陸・中野はるみ・小嶋栄子씨에게 검토를 받았다. 이들 관계자들에게 마음속 깊이 감사드리고, 또 수학교육연구회(数学教育研究会) (회장:上村浩郎)에게도 감사 드린다.

더욱이 [스즈키 야스유키 언어학연구실(鈴木康之言語学研究室)과 일본어 문법 연구회(日本語文法研究会)]의 관계자들은 다시 한번 나의 [일본학 세미나(언어학ゼミナール)]를 보증해 주셨다. 이러한 점에서 심심한 감사의 마음을 전하는 바이다.

著者

스즈키 야스유키(SUZUKI yasuyuki・鈴木康之)

- 現在, 日本大東文化大学名誉教授
- 現在, 国際連語論学会名誉会長
- 日本言語学研究会
- 学習塾・数学教育研究会の国語科顧問
- 東京教育大学文学部言語学科卒業

<主要研究業績>

- 日本語文法の基礎(1977)三省堂
- 古典基礎文法(1983)三省堂
- 文学のための日本語文法(1986) 三省堂
- 概説・古典日本語文法(1991)桜楓社
- 概説・現代日本語文法(1991)桜楓社
- 手話のための言語学の常識(2001) 全日本ろうあ連盟出版局
- 新版：日本語学の常識(2005)数学教育研究会
- 日本語文法・連語論(資料編)言語学研究会編(鈴木重幸・鈴木康之責任編集)(1983)むぎ書房

●● 번역자

▎설근수(薛根洙 · SEOL, GEUNSOO)

- 日本・Waseda university(中国文学科)卒業
- 日本・Daitobunka university(日本語研究科)修士・博士修了(博士)
- 中国・清華大学校(日本語科)客員教授(2007年度海外派遣教授・韓国学術振興財団支援)
- 中国・北京外国語大学校・日本研究センター客員教授(2008.3.1～8.30)
- 現在、韓国・全北大学校(日語日文学科)教授

＜主要研究業績＞

● ＜論文＞

- 動詞連語論の研究(1998)Daitobuka大学、博士論文
- 連語論のParadigmatic Relation研究(2000)第8号日本語文学、韓国日本語学会
- 連語論の研究(2001)第66巻7号国文学・解釈と鑑賞(842)日本至文堂
- 日本語Cyber講義Contents開発研究(2003)第54号日本学報、韓国至文堂
- Mutimediaを利用した言語学習方法の研究(2006)第1巻1号多様化日語教育研究, 中国西安交通大学校
- Mobileを利用した言語学習方法の研究(2007)第32巻日本語文学、韓国日本語文学会
- U-Learning Contentsの開発研究ー日本語の基礎文字(ひらがな)を中心にー(2008) 第8輯日本語言文化研究、中国学苑出版社
- 動画を利用した言語学習方法の研究-日本語の 「ひらがなの字源」 を中心に-(2009第42号 日本語文学、韓国日本語文学学会
- Thesaurus Manageを利用した語彙分類の研究-日本語の 「分類語彙表」を 中心に-(2010)第19輯日本語教育研究、韓国日本語教育学会
- 移動動詞の語彙論研究-「に格名詞＋動詞」を中心に-(2011)第32号日本学研究, 檀国大学校 日本研究所
- 動画を利用した言語学習方法の研究-日本語の 「カタカナの字源」 を中心に-」(2012) 日本学研究第35輯、檀国大学校 日本研究所
- 動画を利用した言語学習方法の研究-日本語の 「カタカナの書き順」 を中心に-」(2013) 日語日文学研究第84輯、韓国日語日文学会
- 動画を利用した言語学習方法の研究-日本語の「ひらがなとカタカナの書き順」を中心に-」(2013)日語日文学研究第87輯、韓国日語日文学会
- 目的の意味」 の研究- 「に格名詞+移動動詞」 を中心に」(2014)日語日文学研究第89輯、韓国日語日文学会
- QR-Cordを利用した言語学習方法の研究-日本語の「カタカナの書き順」を中心に-」(2014) 日本語教育研究第29輯、韓国日語教育学会

・QR-Cordを利用した言語学習方法の研究-日本語の「ひらがなの書き順」を中心に-」(2014) 日語日文学研究第90輯、韓国日語日文学会
・QR-Cordを利用した言語学習方法の研究-日本語の 「Hiraganaの字源」を中心に-」(2015) 日語日文学研究第95輯1巻、韓国日語日文学会
・複合動詞の研究- 「移動動詞の＋込む」 を中心に-」(2016)日本語教育研究第34輯, 韓国日語教育学会
・次世代日本語教育の方法論研究- 「KHUB System」を利用して-」(2016)日語日文学研究第97輯、韓国日語日文学会

- <著書>
  - 古典日本語文法(1997)韓国学文社(単独)
  - 21世紀言語学研究ーSUZUKI Yasuyuki教授古希記念論集ー(2004) 日本白帝社(共同)
  - 韓国語Thesaurus研究(2004)韓国文化社(共同)
  - 韓日分類語彙比較表-体言類本表-(2005)韓国全一出版社(共同)
  - 多様化日語教育研究(2006)中国西安交通大学出版社(共同)
  - 日本語学の研究と理解』(2007)韓国語文学社(共同)
  - 北京大学日本語学科成立60周年研究論文集(2008)北京大学日本語学科編、中国学苑出版社(共同)
  - Asia太平洋地域における日本語教育(第2巻)(2008)HongKong日本語教育研究会出版(共同)
  - 日本語の語彙論理解(2012)韓国ShinAsa出版社(単独)

- <訳書>
  - 일본어 문법高橋太郎著(2000)韓国博而精出版社(共同)
  - 현대 일본어 문법」鈴木康之著(2000)韓国学文社(単独)
  - 와세다대학은 어떻게 인재를 키우는가?」白井一彦著(2009), 韓国ShinAsa 出版社(単独)

- <知的財産権(特許)>
  - 動画を利用した言語学習方法(2005)韓国特許(第0521724)(単独)

인문학번역총서 01

국제 언어학 연구를 위한

현대 일본어의 연어론 연구

초판 인쇄 2017년 2월 1일
초판 발행 2017년 2월 8일

지은이 SUZUKI yasuyuki
역 자 설근수
펴낸이 이대현
편 집 홍혜정
디자인 홍성권
펴낸곳 도서출판 역락

서울시 서초구 동광로 46길 6-6 문창빌딩 2층
전화 02-3409-2058(영업부), 2060(편집부) 팩시밀리 02-3409-2059
이메일 youkrack@hanmail.net 역락 블로그 http://blog.naver.com/youkrack3888
등록 1999년 4월 19일 제303-2002-000014호

ISBN 979-11-5686-736-4 93730

* 책값은 표지에 있습니다.
* 파본은 구입처에서 교환해 드립니다.

이 도서의 국립중앙도서관 출판예정도서목록(CIP)은 서지정보유통지원시스템 홈페이지(http://seoji.nl.go.kr)와 국가자료공동목록시스템(http://www.nl.go.kr/kolisnet)에서 이용하실 수 있습니다.(CIP제어번호: CIP2017002511)